고양시의
역사와 문화재

행 | 주 | 얼 | 을 | 찾 | 아 | 서

김연실 著

고양시의
역사와 문화재

행|주|얼|을|찾|아|서

한국학술정보㈜

이 책을 내며

고양시와의 인연은 첫 교편을 잡게 되면서 시작되었습니다.

이 책은 낯설고 생소한 도시에 대한 호기심에서 출발하여 학생들에게 자신의 삶터에 대해 더 많은 것을 가르쳐주고 싶었던 소박한 마음에서 비롯되었습니다. 주말마다 학생들과 답사하며 보고 알게 된 내용들을 하나씩 정리한 것이 이렇게 책으로 엮어졌습니다.

최근 각 도시들이 그 지역의 특성을 부각시켜 정책을 펴고 있듯이 학교에서도 교육내용의 '지역화'를 통해 현장감을 살리고 있습니다. 이를 반영한 지역교과서도 개발되어 현장에서 활용되고 있는데 대체로 타지에서 온 선생님들이 많고 관련 자료가 부족하여 가르치는데 어려움을 겪고 있습니다. 학부모님들 역시 고양시에 대해 더 알고 싶거나 자녀들의 과제를 돕고자 할 때 관련 서적이 많지 않아 아쉬운 경우도 있었을 것입니다.

부족하나마 제 책을 통해 우리 고장에 대한 궁금증을 해결하는 데 도움이 되고 고양시의 역사와 문화재에 새로운 관심을 갖는 계기가 되었으면 하는 바램입니다.

'아는 만큼 보인다'는 말이 있듯이 오랜 역사와 경기도 내 가장 많은 문화재를 보유한 도시로서 그 가치를 안다면 자신의 삶터로서 관심과 애정 어린 마음이 생길 것입니다.

저 역시 역사학자도, 문화재 전문가도 아니지만 '우리의 것'을 사랑하고 소중히 여기는 마음으로 글을 썼고 작은 지식이나마 함께 공유하고자 책을 내게 되었습니다. 전문적이거나 특정사관을 피력한 글보다는 될 수 있는 대로 기존의 연구된 자료와 사실에 근거하여 고양시민 누구나 쉽게 이해할 수 있도록 쓰는 데 노력하였습니다. 이 책의 「역사로 본 고양시」편은 한국사의 전체적인 맥락에서 살펴볼 수 있도록 하였고, 「문화재로 본 고양시」편은 각 문화재를 이해하는 데 도움이 되도록 개론적인 설명을 함께 실었습니다. 그리고 현장답사 시 직접 확인이 가능한 시설물들을 중심으로 설명하여 알찬 문화재 답사가 될 수 있도록 돕고자 하였습니다.

아무쪼록 부족하지만 이 책이 고양시를 알고 사랑하는데 작은 도움이 되었으면 합니다. 그리고 이 자리를 통해 제게 소중한 꿈의 씨앗을 심어주신 명지대 이태호 교수님과 항상 따뜻한 조언으로 격려해 주셨던 오수길 고양문화원장님, 이 글의 단초이며 영감을 주셨던 정동일 문화재 전문위원님, 사진 분실로 난감할 때 선뜻 필요한 사진자료를 제공해 주신 정영호 고양문화원 향토사연구원님, 바쁜 와중에도 하나하나 읽으며 교정을 해주었던 박성호님, 마지막으로 말없이 지켜봐 주시고 응원해 주셨던 가족들에게 감사함을 전합니다.

김 연 실

contents

역사로 본 고양시

Ⅰ. 선사시대
구석기 13
신석기 15
청동기 19
고조선 22

Ⅱ. 삼국시대
백제 23
고구려 27
신라시대 37
통일신라시대 40

Ⅲ. 고려시대
다양한 행정구역에 속했던 고양 43
독특한 행정구역, 향(鄕)·소(所)·부곡(部曲) 45

Ⅳ. 조선시대
부각되는 고양 47
고양(高陽)의 지명 유래 49
임진왜란 53
의병활동(義兵活動) 68

Ⅴ. 근·현대
행정구역의 변화 73
격동기 속의 고양지역 74

문화재 본 고양시

I. 그 릇   가와지 토기   83
              원흥동 고려청자 도요지   87

II. 무 덤   화정동 고인돌   103
              은영 묘   106
              최영 장군 묘   108
              월산대군 묘와 신도비   113

III. 왕 릉   고려 공양왕릉(高麗 恭讓王 陵)   117
              조선의 왕릉   124
              서오릉   141
              서삼릉   161

IV. 산 성   북한산성   167

V. 비 석   진흥왕 순수비   177
              태고사 원증국사 부도탑비   179
              연산군 금표비   183
              행주대첩구비와 중건비   187
              이석탄장대비   192

Ⅵ. 건 축　　　고양의 1000년 고찰 흥국사　　　　195
　　　　　　　밤가시 초가　　　　　　　　　　212
　　　　　　　고양향교　　　　　　　　　　　232
　　　　　　　행주서원　　　　　　　　　　　244

Ⅶ. 터　　　　문봉서원 터　　　　　　　　　　253
　　　　　　　벽제관지　　　　　　　　　　　258
　　　　　　　고읍관아지　　　　　　　　　　261

Ⅷ. 부 도　　　원증국사 부도탑　　　　　　　　263

Ⅸ. 석 상　　　밥할머니 석상　　　　　　　　　273

역사로 본 고양시

I

선사시대

구석기

　우리 고양시에는 언제부터 사람들이 살았을까? 고양시의 역사는 무려 5만~7만 년 전으로 거슬러 올라간다.

　고양시의 오랜 역사는 일산신도시개발로 인해 본격적으로 드러났다. 특히 성저마을, 장성마을과 문촌마을, 후곡마을, 정발마을, 백마마을, 후곡마을, 강촌마을 등지에서 구석기 유물들이 쏟아져 나오면서 선사시대부터 고양시에서 사람이 살아왔음을 증명해주었다.

　이때 출토된 선사시대 유물들은 주먹도끼, 긁개, 밀개, 찌르개, 자르개, 몸돌찍개 등 석기들이 대부분이었다. 특히 마두동에서는 주먹도끼와 찍개, 끌개가 대화동에서는 몸돌(망치), 긁개, 몸돌이 발견되었다. 출토된 석기들 중 사냥이나 부엌용으로 쓰던 찌르개, 밀개, 긁개 등이 가장 많았고, 그 다음으로 연모를 만들기 위한 석기, 가죽·뼈, 나무를 다듬는 석기 순으로 발견되었다.

　석기의 모양과 그 쓰임새에 대해 간단히 살펴보자. 주먹도끼는 구석기 시대의 대표적인 석기이다. 주먹만 한 크기로 손으로 꽉 쥐어 사용할 수 있도록 만들어졌다. 양면을 다듬어서 끝 부분만 아니라 주변부도 날카롭게 날을 다듬어 도끼 역할 외에 찍는 날과 자르는 날을 다 가지고 있어 다양한 용도로 쓰였던 도구이다.

찌르개는 사냥할 때 동물을 잡기 위해 쓰던 무기로 주먹도끼보다는 훨씬 작고, 자루를 달아서 창처럼 사용하였다. 돌의 양쪽을 다듬고 끝 부분을 뾰족하게 만들었다.

▲ 긁개 *Scraper*
(고양일산 가와지-구석기시대)

▲ 찌르개 *Pick*
(고양일산 가와지-구석기시대)

▲ 주먹대패 *Plane*
(고양일산 가와지-구석기시대)

찍개는 주로 동물의 뼈를 찍어서 골수를 파먹는 등 망치의 역할을 하거나 거친 나무를 다듬는 데 좋았다. 그리고 긁개는 끌개라고도 하는데 비교적 작은 편이다. 한쪽 방향을 날카롭게 날을 세워서 동물의 털이나 가죽을 벗겨 옷을 만들거나 고기를 저밀 때 사용되었다.

밀개는 긁개로 쓰인 것보다는 좀더 길고 가는 돌을 이용하여 만들었다. 끝 부분에 좌우대칭으로 날이 있어서 밀어내는 날로 이용했다. 특히 나무껍질을 벗겨내는 데 효과적인 도구였다.

주먹대패는 주먹으로 쥐고 나무나 가죽을 다듬을 때 사용하는 도구이다. 이 중 주먹도끼. 찍개, 찌르개 등은 주로 사냥에서 쓰였고 긁개, 밀개 등은 조리도구로 쓰거나 옷을 만들 때 사용되었다.

이처럼 구석기인들은 돌로 여러 가지 도구를 만들면서 자연히 손으로 하는 일이 많아졌다. 따라서 그 손을 지시하는 인간의 두뇌도 점점 더 복잡하고 정교하게 발달하였다. 이러한 두뇌발달로 인해서 약한 인간이 위험한 맹수와 가혹한 자연환경을 극복하고 만물의 영장이 될 수 있었다.

신석기

1. 변화된 환경과 생활

지금으로부터 약 1만 년 전 아주 추웠던 빙하기가 끝나고 기온이 상승하여 지금과 같은 기후로 차츰 바뀌었다.

기온이 높아지자 공기가 따뜻해지고 빙하도 녹으면서 물이 풍부해졌다. 그러자 숲이 우거지고 전에 없었던 각종 열매들이 열렸고 몸집이 큰 동물은 사라져 갔다. 대신 토끼, 여우, 노루, 멧돼지, 새처럼 비교적 작고 날쌘 짐승들이 살게 되었다.

자연환경이 바뀌자 여기저기 숲이 우거져 짐승들이 쉽게 숨을 수 있었다. 몸집이 작고 날쌘 동물을 사냥하기가 더욱 힘들어져 예전보다 훨씬 날카롭고 모양도 다양하며 작지만 정교한 석기를 만들어야만 했다.

그래서 돌을 깨트려 석기를 만드는 단계를 넘어 넓은 돌판에 대고 돌을 갈아 날을 세우기 시작했다. 돌을 갈게 되자 날카롭고 원하는 모양을 쉽게 얻을 수 있었다. 이렇게 돌을 갈아 만든 석기를 '간석기'라 하며 간석기를 사용하던 시기를 '신석기 시대'라고 한다.

고양지역에서도 신석기 유물들이 출토되었다. 구석기 유물이 발견된 대화동 가와지 마을(성저마을)과 새말지역(일산구 주엽동)[1]등지에서 대부분의 신석기 유물이 발견되었다. 당시 주엽리의 대화리층과 가와지층 아랫부분에서 신석기시대의 토기와 발돌[2]이 발굴되었다. 이중 대화리층에서 나온 토기는 기원전 6000년기 말기에 속한 것으로 밝혀졌고 가와지에서 나온 토기는 기원전 5000년 중반에서 기

---

1) 옛 주엽1리의 자연촌락의 명칭이다. 이것은 아주 옛날에 주민이 살지 않다가 해방 이후 새로이 생긴 마을이라 하여 붙여진 이름이다.
2) 발돌: 어구(漁具)가 물밑으로 드리우거나 가라앉게 하기 위하여 그물 아래에 다는 납이나 돌로 만든 추.

원전 4000년 초에 속한 것으로 판명되었다. 이를 통해 신석기인들이 고양시에서 생활터전을 잡고 살아왔음을 알 수 있다.

이외에 지영동, 신원동, 지축동 등지에서는 빗살무늬토기가 출토되었다. 항일전쟁시대 때 일본인들의 조사에 따르면 지축동 지축초등학교 오부자골 마을에서 신석기 유물이 대량으로 발견되었다는 보고가 있으나 구체적인 내용은 알려져 있지 않다. 신석기 유물이 발견된 장소는 대부분 곡릉천 변(지영동, 신원동)과 창릉천 변(지축동)에 위치하고 있어 당시 강변을 중심으로 마을을 형성하여 살았음을 보여준다.

2. 창릉천, 곡릉천 일대에 살던 신석기인들

구석기 때처럼 신석기시대 사람들의 가장 큰 고민은 먹을 것을 구하는 일이었다. 날마다 필요한 만큼 동물이나 물고기를 잡기가 여간 어려운 게 아니었다. 더욱이 겨울이 오면 나무 열매조차도 구하기 힘들었다.

그래서 씨족 공동체를 이루어 먹을 것을 함께 구하고 모든 것을 똑같이 나누는 공동체 생활을 하였다. 신석기인들은 먹을 것을 조금이라도 더 많이 구하기 위해 넓은 들과 강이 있는 곳으로 모여들었다.

들에는 사냥할 동물과 나무열매가 많았고 강이 가까우면 물이 풍족하고 물고기를 잡을 수 있었기 때문이다. 이런 이유로 한강 유역에는 많은 사람들이 모여 살게 되었다.

고양시는 남서쪽으로 한강이 자리하고 한강의 제 1지류인 곡릉천과 창릉천이 흐르며, 들판과 평야지대가 펼쳐져 있다. 동쪽에는 북한산, 우암산 등 높은 산들이 우뚝 솟아 동고서저(東高西低)의 지형을 이루고 있다.

즉 강과 들, 산이 함께 어울려져 있는 고양시는 식물 채집, 사냥과 고기잡이뿐만 아니라 경작에도 알맞은 곳이었다.

고양시에 살던 신석기인들은 고봉동, 원신동, 효자동 등 창릉천과 곡릉천을 중심으로 마을을 이루어 움집을 짓고, 고기잡이와 농사를 지으면서 살았다. 그래서 대체로 고양 일대의 신석기와 청동기 시대의 선사유적은 창릉천과 곡릉천이 합류되는 소규모 하천을 끼고 있는 마을 부근에서 발견되고 있는 특징을 보이고 있다.

창릉천, 곡릉천 이외에 당시 한강 하류지역이었던 일산구 주엽동이나 대화동 가와지 마을 등지에서도 신석기인들이 생활한 흔적이 발견되었다. 그것은 무려 약 5000년 전의 것으로 보이는 볍씨이다. 이 볍씨는 고양지역에서 신석기인들이 농사를 지으며 살았음을 보여주는 확실한 증거이다.

3. 언제부터 쌀밥을 먹기 시작했을까?

◎ 신석기 혁명의 신호탄 벼농사

신석기인들은 여기 저기 떠돌아다니며 살다가 우연히 농사짓는 법을 알게 되었다. 하지만 지금과 같은 방법으로 농사를 지었던 것은 아니었다.

창릉천

곡릉천(曲陵川): 곡릉천은 양주군 장흥면 금곡리에서 시작하여 고양의 선유천, 오금천, 벽제천, 대자천, 원당천 등 여러 하천과 합류하여 파주시 교하면의 한강으로 흐르는 하천으로 총길이는 30.50km이다. 고양시의 동쪽에서 서북쪽으로 작은 언덕을 굽이굽이 흐른다고 하여 곡릉천이라고 부른다. 곡릉천 주변에는 퇴적평야가 발달하여 채소농사와, 장미 등의 화훼산업이 주를 이룬다.

창릉천(昌陵川): 덕양구 효자동 북한산 기슭에서 시작하여 지축동, 현천동, 강매동을 지나 한강으로 합류하며 총길이는 22.5km이다. 창릉천은 본래 덕수천으로 불렸다. 창릉천은 서오릉과 가까운데, 특히 예종 (조선 제8대왕)의 능인 창릉의 이름을 본떠 창릉천이라고 부른다.

처음에는 조나 피, 기장 같은 곡식의 씨를 뿌려 두고 열매를 거둘 때까지 그저 기다리는 것이어서 많은 곡식을 얻지 못했다. 그래도 농사를 지으면 적은 양이라도 일정하게 곡식을 얻을 수 있었기 때문에 점차 농사짓기에 적합한 강 유역이나 들판 등지에 정착하여 살기 시작했던 것이다.

비료나 이앙기 같은 농사에 대한 지식이 없던 시절, 직접 농사를 지어 얻은 쌀밥을 먹는다는 것은 참으로 대단한 일이었다.

그전까지는 단순히 자연에서 자라는 식물이나 열매를 직접 채취해서 먹었지만 이제 인간 스스로 땀 흘려 씨를 뿌리고 곡식을 얻기 시작했던 것이다. 이것은 농사를 지으면서 자연 환경을 적극적으로 이용하여 살았던 것을 의미한다. 농사를 시작하고 자연환경을 더욱 적극적으로 이용하자 생활에도 많은 변화가 일어났다. 이 같은 신석기 혁명은 고양지역에도 예외는 아니었다.

◎ 우리나라 최초의 재배 볍씨인 '가와지 볍씨'

▲가와지 볍씨(Ⅰ지구)/약5,020년 전
Gawaji Rice Seed
(고양일산 가와지−신석기시대)

가와지 볍씨 Ⅰ

신석기 혁명의 신호탄이 농사였던 만큼 고양지역에서 농사지으며 생활했던 흔적이 뚜렷이 남아있다.

대화동 성저마을(옛 가와지 마을)에서 12립의 볍씨들이 발견되었다. 이 볍씨의 이름은 '가와지 볍씨'인데 볍씨가 출토된 성저마을의 옛 이름인 '가와지 마을'을 본떠 지은 것이다. 가와지 볍씨는 방사성탄소연대 측정 결과 '약 5,020년' 전에 재배된 것으로 밝혀졌다. 이는 고양지역에서도 신석기 인들이 농사지으며 생활했음을 확인할 수 있는 대목이다. 이 볍씨는 지금까지 한국에서 나온 것 가운데 가장 이른 시기에 속한다. 이를 통해 고양지역이 우리나라의 신석기와 함께 나란히 했다는 것을 알 수 있다. 특히 '가와지 볍씨'는 사람이 직접 재배한 볍씨 중 우리나라에서 가장 오래된 것이라고 한다.

그렇다면 벼농사를 지어 우리나라에서 최초로 쌀밥을 먹던 사람들이 바로 고양지역에 살던 신석기인들이라고 가정해 볼 수도 있을 것이다.

가와지 볍씨는 우리나라 '벼'의 역사를 추측할 수 있는 좋은 자료가 되고 있다. 이 볍씨는 흥도동에 자리 잡은 [농업기술센터]의 농경문화전시관 전시실에 보관되어 있다.

이 외에도 약 3000년 전의 것으로 보이는 청동기 시대의 벼 껍질이 300립 이상 나와 신석기에서 청동기 시대를 거쳐 이곳에서 오랫동안 벼농사를 지어왔음을 알 수 있다.

청동기

1. 청동을 만들기 시작하다

농사를 시작한 신석기 이래로 사람들은 더 좋은 도구를 만들기 위하여 끊임없이 노력하였다. 그리하여 기원전 10세기경 마침내 돌멩이나 나무막대, 짐승 뼈 등 자연에서 얻을 수 있는 것보다 용도에 따라 자유자재로 만들 수 있는 재료를 발견한다. 그 재료가 바로 청동이다.

청동은 구리를 주원료로 하고 주석을 어느 정도 섞어 만든 금속이다. 이렇게 청동으로 만든 도구를 사용한 시기를 '청동기 시대'라 한다. 하지만 청동을 만드는 데는 정교하고 복잡한 기술이 필요했다. 게다가 청동은 깨지기 쉬웠고 그 양도 풍부하지 않아 농기구로는 그다지 적합하지 않았다.

대신에 청동은 날카롭고 단단하여 나무를 자르거나 다듬을 때 사용되었으며 거울이나 장신구를 만들 때 애용되었다.

이러한 기술의 발전은 오히려 석기의 전성시대라 불릴 만큼 석기 발전에도 상당한 영향을 주어 훨씬 다양하고 튼튼한 농기구가 개발되었다.

우리 지역에서도 청동을 만들었다는 증거로써 성사동에서 출토된 동모주범(銅鉾鑄范)³)을 들 수 있다. 이것은 덕양구 지역에서 청동기를 제작했다는 것을 증명한다. 동모주범(銅鉾鑄范)은 청동기를 제작할 수 있던 세력이 그렇지 못한 세력보다 정치적, 경제적으로 우세했음을 보여주는 증거물이며 이는 고양지역에서 발견된 고인돌의 의미와 맞물려 생각해볼 수도 있다.

또한 일산구 지역에서는 기원전 8-9세기로 추정되는 집터나 민무늬토기, 덧띠토기, 굽잔토기, 붉은 간토기, 쇠뿔모양손잡이 등도 발견되었다.

2. 300립 이상 출토된 벼 껍질

농기구의 발달과 축적된 농사 경험을 바탕으로 청동기 시대에는 재배 작물도 점차 늘어났다. 벼를 비롯하여 보리, 콩, 팥, 조, 수수 등 이전보다 더 많은 식량을 얻을 수 있게 되었다.

이와 같은 사실은 일산구 가와지 유적에서도 발견된다. 청동기 시대의 사람들은 곡릉천, 창릉천, 장진천, 원당천 등 하천 근처의 평야지대를 앞에 둔 언덕진 곳에서 생활한 것으로 보인다.

▲가와지 볍씨(Ⅱ지구)/약3,000년 전
Gawaji Rice Seed
(고양일산 가와지-청동기시대)

가와지 볍씨 Ⅱ

---

3) 동모주범(銅鉾鑄范): 구리를 재료로 한 찌르는 무기를 만드는 거푸집.

특히 당시 한강 하류지역에 위치한 가와지 마을(지금의 성저마을과 장성마을)에서 약 3000년 전 것으로 생각되는 벼 껍질이 무려 300립 이상 출토되었다. 많은 벼 껍질이 무더기로 출토되었다는 것은 그만큼 안정적으로 농사를 지을 수 있는 기술이 발달했음을 의미한다.

훗날 큰 마을의 형성과 화정동, 벽제, 원당, 신도, 일산지역 등지에 있었던 고인돌과 그 밑에서 발견된 청동검이나 마제돌칼 등은 안정적인 농업생산기술을 토대로 제작되었음을 짐작하게 하는 부분이다.

3. 가와지 유적

구석기 시대를 걸쳐 청동기 시대까지 선사문화의 중심지였던 가와지는 옛 고양군 송포면 대화군 4리 가와지 마을, 지금의 성저마을과 장성마을 일대를 말한다. 이곳은 선사시대에는 한강 하류지역에 속해있었던 장소로 발굴 당시 가와지 Ⅰ지구에서 모두 12립의 볍씨와 가래나무, 박, 오이, 복숭아, 콩 등이 온전한 상태로 발견되었다. 가와지 Ⅱ지구에서는 300개 이상의 많은 볍씨와 토기, 화살촉 등 청동기 시대 유물들이 출토되었다. 또한 소과 동물의 긴 뼈를 이용하여 만든 뼈 연모와 개의 이빨 등이 출토되어 당시의 가축 사육에 대한 자료도 제공하고 있다.

이로써 가와지 유적은 (후기)구석기 시대부터 신석기, 청동기 시대의 자료들이 연속적으로 출토되어 당시 한강 유역 선사문화의 중요한 장소임을 보여준다.

고조선

고조선 시대의 유물로 대화동에서 발견된 볍씨가 발견되어 농경생활이 본격적으로 이루어졌음을 의미한다.

이렇게 안정적인 농경생활과 수확량의 증가는 농기구의 발달과 관계가 깊다. 고조선 시대에는 철로 만든 농기구를 사용했기 때문에 이전과 비교할 수 없을 만큼 농업이 발달하였다.

괭이, 따비 등 쇠 농기구는 돌과 나무로 만든 농기구보다 흙에 대한 마찰력이 적고 단단하여 흙을 깊게 갈아엎을 수 있었다. 이는 바로 수확량에 영향을 미쳤다. 또한 그전까지 쓰던 반달돌칼은 벼이삭만 베었지만 쇠 낫은 벼의 밑바닥을 포기 채 베기 때문에 추수하기 쉬웠고 볏짚을 이용할 수 있게 해주었다.

쇠 농기구의 사용은 농경 발전과 생산력증가를 촉진하게 하였고 더 나아가 고대국가를 만드는 기틀이 되었다.

II 삼국시대

백 제

1. 고양시를 가장 먼저 차지한 백제

백제는 삼국 중 고양시를 가장 먼저 차지한 나라였다.

삼국 중 백제가 제일 먼저 전성기를 맞이할 수 있었던 배경에는 우리나라의 젖줄 '한강'유역을 차지한 데서 비롯된다.

백제의 건국 시조인 온조는 나라의 도읍지 자리를 살피던 중 주변 지리가 훤히 잘 보이는 '한산 부아악'에 올라갔다고 전해진다.

'한산 부아악'은 북한산으로 보이는데 [숙종실록]에 [북한산은 곧 온조의 옛 도읍이며 또 도성과 지극히 가깝다. 염려되는 것은…]이라 기록되어 그 근거를 뒷받침한다.

만약 '한산 부아악'이 북한산이라면 한강이 가까워 물이 풍부하고 농사짓기에도 좋으며 뒤로는 북한산이, 앞으로는 크고 깊은 한강이 있어 적을 쉽게 막기에도 적합하게 보였을 것이다. 또한 서쪽으로 큰 바다가 펼쳐져 있어서 여러 나라와 해상무역과 외교활동에도 안성맞춤이었을 것이다.

고대국가에서 도읍을 정할 때 우선적으로 고려하는 면이 바로 방어이다. 적으로부터 '도성'(都城)을 얼마나 잘 지키느냐 하는 것은 한나라의 운명을 좌우할 정도로 중요한 일이기 때문이다. 이러한 면에서 본다면 북한산 일대의 지리적 환경은 도읍지로서 매력이 있었을 것이다.

하지만 도읍지로서 북한산 일대보다 한강 중상류 지역이 훨씬 사람이 살기에 좋았을 것이다. 그러나 이미 그곳에는 토착민들이 살았을 것이므로 어쩔 수없이 강북 쪽에 터전을 잡고 한강 상류의 집단들과 교류를 하면서 비류의 도움을 받아 점차 세력을 넓혔을 것으로 보인다.

그러나 이는 하나의 가정일 뿐 온조와 열명의 신하들이 올랐다는 '한산 부아악'이 정확히 어느 산인지는 학자들마다 의견이 분분하다.

'한산 부아악'이 지금의 북한산 백운대나 인수봉이라고 하고 어떤 학자들은 천안시 직산의 어떤 높은 산이라고도 주장한다.

아무튼 온조가 한산 부아악을 올라 살피고 처음 도읍지를 세운 곳이 하북위례성(河北慰禮城)인데 이 또한 그 위치에 대한 의견이 엇갈린다. 대체로 북한산 일대나 세검정 일대, 중량천 일대를 꼽고 있다.

북한산 전경

◎ 지리적으로 중요한 고양

백제 영토로서 고양은 전략적으로 중요한 지역이었다.

첫째 고양은 고구려 수도 개성으로 나갈 수 있는 육상 통로였다. 정복전쟁이 치열했던 삼국시대였던 만큼 북으로 진출하는 중요한 지역이었던 것이다. 그래서 개루왕은 이곳에 북한산성을 쌓아 중요한 방어기지로 삼았다.

특히 백제의 전성기를 이끈 근초고왕은 북한산성으로 왕성을 옮겨 고구려를 향해 칼끝을 세웠다. 이때 근초고왕은 평양성 전투에서 고구려 고국원왕을 전사시킬 정도로 대승을 거둬 자신감이 넘치는 상태였다.

이러한 여세를 몰아 고구려에 대한 공격을 한껏 강화하기 위해 북한산성으로 도읍을 옮겼다는 기록(근초고왕 26년 371년)도 남아있다. 그러나 고구려 장수왕의 강력한 남진정책으로 불과 수십 년 뒤에 다시 하남위례성으로 도읍을 옮겨야 했다.

둘째, 고양은 서해안으로 나갈 수 있어 중국이나 일본과 함께 해상무역과 외교활동을 가능케 하는 길목이었다. '백제'란 국호는 '백가제해(百家濟海)'란 뜻으로 '백 개의 부족집단이 바다를 건너와 세운 국가'라는 의미를 가진다.

백제는 해상강국으로 일본을 비롯해 베트남이나 인도네시아 등 남지나해 국가들과도 교류했다.

백제의 건국시조 비류는 서해바다가 보이는 미추홀(지금의 인천지역)에서 나라를 세웠던 만큼 해상무역활동을 중시했다. 훗날 온조가 비류와 합치면서 자연히 백제는 해상을 통한 무역과 외교활동을 활발히 할 수 있었다. 이때 고양은 서해안으로 드나드는 '관문'의 역할을 하였다.

2. 북한산성을 쌓아라

북한산은 최고봉인 백운봉, 인수봉, 만경봉을 비롯하여 크고 작은 바위 봉우리들이 여기저기에 우뚝 솟아 있고 여러 곳에 험한 절벽들이 줄지어 있다.

이러한 험한 산세 때문에 적군을 쉽게 막아내고 한강유역의 지킴이로서 훌륭한 방어기지가 되었다. 때문에 삼국은 이곳을 차지하기 위한 격전을 벌였다.

특히 북한산은 백제의 도읍지인 위례성과 가까웠고 고구려와 맞닿는 곳이라 늘 긴장감이 감돌았다. 백제 개루왕은 북한산성을 쌓아 고구려와 신라를 견제하였다.

백제는 4세기 근초고왕 때 이르러 전성기를 맞이한다.

특히 근초고왕은 북으로 영토를 넓히기 위하여 북한산 가까이 도읍을 옮겨 고구려를 긴장하게 만들었다. 더 나아가 고구려가 중국의 '연'나라와 싸움을 하는 틈을 타서 평양성까지 쳐들어가 고구려의 고국원왕을 죽이는 성과도 올렸다. 또 곡창지대가 많았던 마한을 정복하고 중국이나 일본 등과 해상무역과 외교활동을 활발히 하여 대외적으로 백제의 힘을 과시하였다.

그러나 고구려의 광개토대왕과 장수왕의 활발한 남진정책으로 인해 북한산성에서 많은 전쟁을 치렀다.

특히 장수왕 때 고구려와 백제군은 7일간 북한산성을 두고 치열한 쟁탈전을 벌였다. 백제에게는 북한산성이 최전방으로써 수도를 지키는 요새였고 고구려에게는 한강유역을 차지할 수 있는 길목이었기 때문에 두 나라간의 목숨을 건 싸움은 불가피했던 것이다.

하지만 승리의 여신은 고구려 편이었다. 설상가상으로 백제는 북한산성을 함락 당하고 급기야 당시 백제 개로왕이 잡혀 전사하고 마는 비운을 맞는다. 결국에는 개로왕의 아들 문주왕이 왕위를 이어 하남위례성(한성)을 떠나 '웅진'(지금의 공주)으로 천도하는 수난을 겪고 만다. 결국 한강유역일대를 포함한 고양지역은 고구려를 새로운 주인으로 맞이하게 된다.

고구려

1. 고구려의 남진정책(南進政策)과 고양

◎ 가자! 남쪽의 넓은 평야를 찾아서

고양시의 두 번째 주인은 고구려였다. 고구려는 백두산에서 뻗어 내린 장백산 맥 줄기에 있는 졸본 지방과 그 동쪽 170km지점인 압록강 유역인 국내성에서 일 어났다.

삼국 중 가장 일찍 고대 국가로서의 모습을 갖춘 나라였던 고구려는 단군 신 화의 무대인 백두산 자락에서 성장하였다.

400년 간 고구려의 수도였던 국내성(중국 지린성 지안시)과 그 주변 북쪽 지역 은 농사를 지으며 살아가기에는 적당하지 못한 곳이었다.

중국인들은 고구려인들의 어려운 생활 모습을 『삼국지』, 『위서동이전』에서 다음 과 같이 전하고 있다.

[이곳은 큰 산과 깊은 계곡이 많고 넓은 들판이 없어 산골짜기에 의지해 살면 서 골짜기에 흐르는 물을 먹고 산다. 기름진 농토가 없어 부지런히 농사를 지어 도 먹고살기 힘들다.]

그러나 고구려인들은 열악한 자연 환경에도 불구하고 어느 나라 못지않게 강 인하고 용감하였다. 어려운 환경은 오히려 극복하려는 강인한 의지가 되었고 광 활한 중국대륙으로 뻗어나가기 위한 발판이 되었다.

점차 고구려는 중국처럼 넓지는 않지만 따뜻한 기후, 너른 평야와 풍부한 물이 있어 농사짓기 좋은 한반도 남쪽의 농경지대에 눈을 돌리게 된다.

특히 장수왕은 드넓은 중국대륙보다 한강유역과 남쪽의 비옥한 땅에 관심을 두었다. 아울러 삼국통일의 발판을 마련하기 위해 수도를 평양으로 옮겼다. 뿐만 아니라 광개토대왕이 넓힌 땅을 지키기 위해 전쟁보다 뛰어난 외교정책으로 북방을 안정시키고 남진정책을 펴 나갔다.

고구려가 남진정책을 강하게 펴자 백제와 신라는 불안하여 급기야 백제(비류왕)와 신라(눌지왕)는 나제동맹(羅濟同盟)을 맺었다. 고구려는 나제연합군의 협공으로 한동안 공격을 중지할 수밖에 없었다.

그러던 중 장수왕 56년(468년)에 고구려는 나제동맹에 아랑곳하지 않고 말갈군사 1만 명을 동원하여 신라의 '실직주성'을 빼앗아 버렸다.

그러자 위기감을 느낀 백제의 개로왕은 고구려의 남쪽 변경을 공격하고 중국 '북위'에게 도움을 청했으나 '북위'는 이미 고구려와 화친관계를 맺고 있었던 터라 백제의 요구를 거절했다. 이 사실을 안 장수왕(475년)은 크게 노하여 3만 명의 군사를 이끌고 백제를 공격하였다.

이때 백제의 요새인 북한산성에서 7일간의 치열한 공방전이 펼쳐진다. 고구려는 북한산성을 빼앗고 그 여세를 몰아 백제의 수도인 한성(위례성)까지 함락시킨다. 당시 고구려가 백제의 수도를 공격할 때 북한산성을 비롯하여 행주산성, 고봉산성, 멱절성, 성저토성을 주로 사용했을 것으로 보인다. 이는 모두 고구려가 한강유역의 전략적인 요충지로써 고양지역을 차지함으로써 가능했던 것이다.

이 과정에서 백제의 개로왕이 고구려 군에 의해 전사되고 마는데 이는 고구려의 고국원왕이 백제의 근초고왕과 싸우던 중 화살에 맞고 죽었던 치욕을 되갚는 일이기도 했다.

◎ 고양시의 두 번째 주인

드디어 고구려는 백제에 이어 고양지역과 북한산성의 새 주인이 되었다.

아울러 한강유역을 차지함으로써 북쪽지방에서 보지 못했던 넓은 평야와 풍부한 곡식을 얻을 수 있었다. 영토 확장과 뛰어난 외교로 고구려 역사에서 가장 부강한 시대를 이끌었던 장수왕은 즉위 79년째인 491년에 세상을 떠나고 말았다. 그러나 남진정책은 그 뒤로도 꾸준히 진행되었다.

특히 지금의 북한산 지역과 서울 지역에 북한산군(北漢山郡)을 설치하여 '남평양'이라 부를 만큼 중요하게 생각하였다. 그 이유는 고양지역이 신라와 백제를 공격하는 중요한 거점이었고 남진정책을 펴기 위해 거쳐야만 하는 전략적인 지역이었기 때문이다.

우리 고장에서 남진정책의 흔적을 찾아 볼 수 있는 곳이 있으니 바로 일산구에서 가장 높은 '고봉산'이다.

◎ 달을성현(達乙省縣)과 개백현(皆伯縣)으로 나뉘진 고양지역

아쉽게도 고구려는 삼국 중 가장 북쪽에 자리하고 있어 중남부지방에서는 고구려의 유적을 찾아보기 힘들다.

다행히도 장수왕 이래로 펼쳤던 남진정책과 한강유역을 점령하기 위한 과정에서 그 발자취를 어렴풋이나마 찾아볼 수 있다.

장수왕의 뒤를 이어 제 21대 문자명왕(文咨明王)이 왕위에 올랐다. 문자명왕은 장수왕의 정책을 그대로 이어받았다. 북으로는 중국의 북위와 양(梁)나라 사이에서 실리를 취하고 남으로는 백제와 신라의 연합공격을 잘 막아냈다. 그리고 나라를 군(郡)과 현(縣)으로 나누어 다스렸다. 고구려는 지금의 일산구 일대에 달을성현(達乙省縣)을 설치하고 덕양구 일대에 개백현(皆伯縣)을 설치하여 다스렸다.

◎ 안장왕과 한주미녀설화

문자명왕에 이어 고구려 제 22대 안장왕(安臧王)이 왕위를 계승하였다. 안장왕은 북위와 양나라 모두 두루 친하게 지내는 한편 백제와 오곡성 싸움에 직접 참가해 큰 승리를 거두기도 했다.

안장왕도 장수왕에 이어 남진정책을 꾸준히 펼쳤으며 한강유역을 점령하기 위한 길목이었던 고양지역과도 인연이 깊다.

특히 나제동맹을 맺은 신라와 백제의 협공 때문에 빼앗긴 한강유역을 되찾기 위한 과정 속에서 「한주미녀설화」의 주인공이 되기도 한다.

한주미녀설화는 삼국사기를 비롯해 해상잡록(海上雜錄)에도 기록되어 있는데 줄거리가 춘향전과 매우 비슷하다. 설화 속 이야기처럼 실제로 안장왕이 정말로 고봉산에 왔는지 혹은 한주를 만났는지는 정확히 알 수는 없다. 그러나 로맨틱한 설화 줄거리대로 안장왕이 한주를 얻기 위해 백제와 혈투를 벌였다고 보기는 좀 무리다.

이보다 고구려의 남진 정책에서 고양지역이 한강유역을 점령하기 위한 길목으로서 전략적으로 중요한 지역이었음을 간접적으로 짐작할 수 있는 이야기이다. 그리고 고구려 안장왕이 당시 백제 영토였던 고봉산 지역의 세력가였던 한씨 세력을 자기편으로 끌어들이기 위해 결혼이라는 방편을 택했을지 모른다는 시나리오도 그려봄직하다.

또 '한주미녀설화'를 통해 짐작할 수 있는 점은 안장왕이 백제와의 싸움에서 육로를 피하고 해로를 통해 공격하여 지금의 행주를 점령한 것으로 보인다.

아마도 안장왕이 이곳으로 쳐들어오기 전에 혈성(강화)을 점령했던 것으로 보아 강화를 점령한 후 그 여세를 몰아 한강을 거슬러 올라왔을 것이다. 그리고 서북쪽으로 한강의 지류인 곡릉천을 통해 봉일천을 지나 고봉산 쪽으로 공격방향을 잡았을 가능성이 없지 않아 있다.

봉일천[4]에서 일산으로 오는 길은 지금도 아주 중요한 교통로이다. 이 지역에는 설화와 연결시킬 수 있는 흔적들이 많이 남아 있다.

우선 고대에서 왕을 의미하는 언어는 유목민족들에게 칸·간·한이었으며 칭기즈칸이 대표적인 예이다. 우리나라에 와서 감·검·곰·금이라는 글자가 임금의 '금'에서처럼 동일한 음으로 변하였고 왕의 의미를 담기도 하였다. 또 왕의 상징물로는 용이나 해 등이 있다.

이러한 왕의 흔적을 드러내는 지명과 관련지어 본다면 안장왕이 왔을 것으로 추측되는 한강에서 고봉산까지의 길은 한강→곡릉천→금촌→봉일천→감내→중산마을→고봉산으로 연결된다. 이 길에서 왕을 뜻하는 말로는 곡릉천 건너편 한강에 金浦(김포, 왕의나루)가 있으며 곡릉천을 올라오다 金村(금촌, 왕의 마을)이 있다. 금촌은 바로 왕이 머물렀던 마을로 해석해 볼 수 있다. 금촌에 이어서 바로 奉日

---

4) 「고봉산 설화를 사실이라고 믿는 근거」, 53p 요약, 행주얼 겨울 35호, 2002

川(봉일천)이 있으며 봉일천이라는 의미 또한 해(왕)와 만나는 냇물이라는 의미로 해석해 볼 수 있다. 봉일천과 고봉산 사이에는 감내(왕의 냇물)와 황룡산(용은 왕의 의미)으로 이어지고 있다.

　지명은 역사적으로 깊은 뜻이 담겨 있어서 비록 그 배경은 잊혀졌더라도 지명만은 남아서 그 뜻을 전하고 있다. 이렇게 볼 때 안장왕이 고봉산까지 왔던 길에 있는 김포, 금촌, 봉일천, 감내, 황룡산이란 지명은 한주미녀설화에서 안장왕이 왔던 길과 깊은 관련이 있는 지명들이라고 할 수 있다.

◎ 한주미녀설화와 달을성현과 개백현의 유래

　삼국사기 지리지편에 따르면 [한씨 미녀가 달을성현(達乙省縣)의 높은 산위에서 봉화를 피우고 안장왕을 맞이한 곳이라 하여 '고봉'(高烽)이라 하였다]는 기록이 남아있다. 달을성현에서 가장 높은 산이라면 고봉산밖에 없다. 훗날 통일신라 때 달을성현이 한자이름으로 변하면서 고봉현(高烽縣)으로 이름이 바뀌게 된다. 이를 통해 '한주미녀설화'가 이때까지 회자되었음을 짐작케 한다.

　또 개백현(皆伯縣)이란 지명도 한주와 안장왕의 설화를 뒷받침 한다.

　개백(皆伯)은 '가맛'을 이두문자로 쓴 것이다. '가'는 고구려에서 '왕'이나 '귀족'을 일컫는 말이고 '맛'은 '만나본다'는 뜻이다. 즉 가맛이란 '왕을 만나보다'는 의미이다. 이때 왕은 안장왕이며 안장왕을 만난 사람은 한주였을 것이다. 이 '가맛'을 한자로 바꾸면 왕봉(王逢)이 된다.

　이를 통해 왕을 만나본 후에 만들어진 지명이므로 개백현이 달을성현보다 뒤늦게 설치되었음을 알 수 있다. 통일신라에 이르면 개백현(皆伯縣)이 왕봉현(王逢縣), 우왕현(遇王縣), 행주(幸州) 등 다양한 명칭으로 불렸는데 이 모두 왕과 관련되었음을 확인할 수 있다.

◑ 안장왕과 한주의 사랑이야기

【안장왕의 이름은 흥안(興安)이었다. 흥안은 백제에게 빼앗긴 한강유역을 되찾기 위해 장사꾼 차림으로 변장하고 지금의 행주지역인 개백현으로 들어와 백제의 사정을 살피고 있었다. 그런데 그곳에 순찰 나온 백제의 정탐꾼들에게 들키고 말았다. 흥안은 정신없이 도망치다가 그 마을의 제일 큰 부잣집으로 숨어 들어갔다. 높은 담을 뛰어 넘어서 살펴보니 후원에 별당이 있었다.

"거기, 누구시요?" 갑자기 침입한 흥안을 향해 누군가 물었다. 바로 그 별당의 주인이자 이 집 딸 한주였다.

흥안은 한주의 너무 아름다운 모습에 넋을 잃고 바라보았다. 한참 동안 한주의 모습을 바라보고 있던 흥안은 용기를 내어 한주에게 가까이 갔다. 한주는 깜짝 놀라 흥안을 바라보았다.

"나는 고구려 사람 흥안이오. 지금 백제의 정탐꾼에게 쫓겨서 정신없이 도망치다 보니 무례하게도 아가씨의 거처인 줄도 모르고 뛰어들었소.

잠시 숨어 있도록 해 주셨으면 하오."

한주는 당황해 잠시 망설였다. 그러나 누추한 천민의 옷차림이었지만 준수한 외모와 어딘가 위엄 있게 보이는 낯선 청년이 어쩐지 싫지 않아 숨겨 주었다.

그 후 한주와 흥안은 몇 차례 몰래 만났다. 그리고 두 사람은 사랑하는 연인이 되고 말았다.

그러던 어느 날 흥안은 "나는 사실 고구려 태자요. 이곳 사정을 알아보기 위해 잠시 머물러 있었소. 이제 내 임무가 끝났으니 이곳을 떠나 고구려로 돌아가야 하오. 돌아가는 즉시 군사를 동원하여 반드시 이곳을 쳐서 정복하고 낭자를 아내로 맞이할 테니 기다려 주시오." 하고는 고구려로 돌아갔다.

태자는 얼마 후 고구려의 왕이 되었다. 이 사람이 바로 고구려의 안장왕이었다. 안장왕은 한주에게 약속한 대로 여러 차례 군사를 내어 백제를 공격했다. 그러나 번번이 실패하여 한주의 마음을 더욱 안타깝게 만들었다.

그러던 중 한주의 아름다움은 소문을 더하여 인근 지방의 백제 태수에게까지 알려지게 되었다. 태수는 사람을 보내 한주에게 청혼하였다.

그러나 한주는 "제게는 이미 혼인을 맹세한 사람이 있소. 지금은 멀리 가서 돌아올 수 없으니, 그분의 생사나 알아본 뒤에 혼인에 대해 말씀드리리다."

이 말을 듣고 태수는 무척 화가 나 한주를 강제로 붙잡아 들여 물었다.

"네가 장래를 약속한 사람이 누구이더냐?"

한주는 대답을 하지 않았다.

"음…, 네가 장래를 약속한 사람을 밝히지 않는 것을 보니 적의 첩자와 장래를 약속하고 몰래 연락한 것이 틀림없구나. 그대는 적국의 첩자와 정을 통하였으니 죽어도 할 말이 없을 것이오!"라고 말하며 한주를 옥에 가두어 버렸다.

한편, 이 소식을 듣게 된 고구려의 안장왕은 한주를 무척 걱정하였다. 마음이 초조해진 안장왕은 여러 장수들을 불러 말했다.

"누구든 개백현을 다시 되찾아 한주를 구해 오는 사람이 있으면 높은 벼슬과 천금의 상을 내리겠노라. 누가 개백현을 가겠느냐?"

당시 안장왕에게는 안학이라는 어여쁜 여동생이 있었는데 을밀이란 장군이 안학공주를 마음속으로 사모하였다.

을밀은 안학공주에게 청혼 할 수 있는 좋은 기회다 싶어 용기를 내어 말하였다.

"폐하, 제가 개백현으로 가겠나이다. 신은 높은 벼슬이나 천금의 상을 바라고 개백현으로 가려는 것이 아닙니다. 단지 신의 소원은 오직 안학공주와 결혼하는 것뿐입니다. 제가 개백현을 정복하고 한주를 구해오겠으니 안학 공주와의 결혼을 허락해 주십시오."

그러자 안장왕은 이를 흔쾌히 허락하였다.

을밀은 수군 5천명을 거느리고 떠났고 안장왕은 그 뒤를 이어 육로를 통해 군사를 이끌고 국경 근처에 주둔하여 사정을 살피기로 하였다.

일단 을밀은 20여 명의 용감한 병사들과 함께 무기를 옷 속에 감춘 채 마치 광대놀이를 하는 무객처럼 변장한 후 잠입하였다.

한편, 옥에 갇혀 있던 한주는 "죽어죽어 일백 번 다시 죽어 백골이 진토되고 넋이라도 있건 없건, 임 향한 일편단심 가실 줄이 있으랴"[5] 라고 말하며 목숨이 위태로움에도 불구하고 태수의 청혼을 계속 거부하였다. 하지만 태수는 한주의 굳은 결심에도 아랑곳하지 않은 채 포기하지 않았다.

그러던 중 태수의 생일 잔칫날이 되었다. 태수는 옥에 갇혀 있던 한주를 끌어내어 다시 청혼을 하였다.

"오늘은 내 생일이다. 사실 너를 오늘 죽이기로 하였으나 네가 마음을 바꾸어

---

5) "죽어죽어 일백 번 고쳐 죽어 백골이 진토 되고 넋이라도 있건 없건, 임 향한 일편단심 가실 줄이 있으랴"(단심가丹心歌)
   :이 구절은 고려 마지막 충신 포은 정몽주가 지은 것으로 많이 알고 있다. 하지만 신채호는 [조선상고사]에서 이것이 한주가 지은 것을 정몽주가 불러 이조 태종 이방원의 노래에 화답한 것이며 포은의 자작시가 아니라고 주장하였다.

내 청을 들어준다면 목숨은 살려 주겠노라!"

그러나 한주의 마음은 변함이 없었다. 화가 머리끝까지 치민 태수는 한주를 죽이라고 명령하였다.

바로 이때 무객으로 가장한 채 잠입해 있던 을밀과 그의 부하들은 몸속에 무기를 꺼내 들고 일제히 뛰쳐나오면서 큰 소리로 외쳤다.

"고구려 대군이 이미 이곳에 쳐들어 왔다!"

그리고 나서 생일잔치로 술에 취한 백제의 군졸들을 죽이니 태수는 갑작스러운 사태에 혼비백산해서 도망치기에 바빴다.

이렇게 하여 을밀은 백제군을 몰아내고 한주를 무사히 구해 냈다.

군사들과 함께 국경에 주둔하고 있던 안장왕은 이 소식을 듣고 크게 기뻐하였다. 한주 역시 안장왕을 빨리 보고 싶은 마음에 가장 높은 산에 올라 봉화를 밝혀 안장왕을 맞이하였다.

이렇게 한주가 달을성현의 높은 산 위에서 봉화를 올려 안장왕을 맞이한 연유로 '고봉'(高熢)이라는 말이 유래하게 되었다.

한주가 왕을 맞이하기 위해 봉화를 올렸던 산이 바로 고봉산(高熢山)이었다.】

이 설화는 해상잡록(海上雜錄)에 실린 이야기이다.

이들의 사랑이야기를 간직하고자 고봉산 근처 중산마을 거리의 이름을 안장로, 한주로로 지어 그 자취를 담고 있다.

2. 고봉산에 쌓았던 고구려 토성

◎ 산성의 나라 고구려

성이란 본래 적을 막기 위하여 흙이나 돌로 높이 쌓은 큰 담이다.

고구려에는 170여 개가 넘는 성들이 우뚝 서 있었다고 한다. 고구려는 왜 이토록 많은 산성을 만들었을까?

그 이유는 엄청난 규모의 전쟁이 계속 일어났기 때문이다. 고구려인들에게 있어서 산성은 생명을 보호해주는 믿음직한 보호자와 같았다.

특히 고구려가 산성의 나라라는 것은 그 이름에서도 알 수 있다. 고구려의 '구려'(句麗)는 성(城)이나 고을을 뜻하는 '구루'에서 나왔고 여기에 '태양 신'을 의미하는 높은 곳이란 뜻의 '고(高)'를 붙인 것이다. 즉 고구려는 '태양과 가깝고 높은 산성이 있는 나라'를 뜻한다.

고봉산 토성

◎ 고봉산에 쌓았던 고구려 토성

경기도 지역에서 발견된 고구려성으로 구리시 아천동 아차산 4보루 (국가사적 추진 중), 연천군 미산면 당포성(도기념물 제174호), 연천군 전곡읍 은대리성(도기념물 제197호), 고양시 성석동 고봉산성 등이 산재되어 있다.

이중 고봉산(208.8m)에 쌓았던 고봉산성에 대한 기록은 세종실록의 지리지(地理志)와 신증동국여지승람(新增東國興地勝覽) 등에 간단한 언급만 있을 뿐 성의 연혁, 규모, 부속시설 등 자세한 기록이 남아있지 않다. 그나마 고봉산성의 자취가 지명 유래에서 엿보이는데 성석동(城石洞)은 돌과 흙으로 성을 쌓았기 때문에 붙여진 이름이다.

고봉산성은 테뫼식 산성으로 이곳에서 백제의 연질 토기 파편과 고구려식의 붉은색 와편, 다수의 신라계 유물들이 발견되었다. 이를 통해 고봉산성이 삼국시대 이후에도 군사적 요충지였음을 알 수 있다.

조선시대에는 이곳에 봉화시설이 설치되었으나 현재 군사시설이 있어 자세히 살필 수가 없다.

고봉산에 있던 봉화시설은 강매동 봉화(대)산 봉수대, 문봉동 독산봉수대와 함께 의주에서 오는 군사소식을 곧바로 남산(옛 서울 목멱산)으로 알려 주었다.

고봉산은 산세가 험하거나 높지는 않지만 일산의 너른 벌판 가운데 우뚝 솟아 주변의 평야지대를 한눈에 볼 수 있다. 또한 한강 쪽으로는 성저토성, 통일로 쪽은 명봉산성이 있었던 것으로 보아 고봉산성이 전략적으로 가장 중요한 요충지임을 짐작케 한다.

성저토성과 관련하여 [신동국여지승람]과 [고양군지]에는 대화동 성저마을 앞 벌판에 성터가 있었다고 기록되어 있으나 안타깝게도 일산신시가지 공사로 거의 파괴되었다.

고봉산성은 오랜 기간 고구려의 전투기지 역할을 하였다. 훗날 신라에게 북한산성을 빼앗겼을 때도 고봉산성에 머물며 다시 기회를 엿보았다. 그러나 나당연합군이 고봉산성에 머물었던 고구려군마저도 쫓아내면서 고구려는 76년간 지켜왔던 한강유역의 주인자리를 신라에게 내어주고 만다.

◑ 고봉산의 다양한 이름

한씨미녀설화만큼이나 낙조 모습이 아름답다고 알려진 고봉산!

고봉산은 일산구 일산 2동과 성석동 사이에 위치하고 있다. 중산마을 3단지와 5단지 중간지점에 있는 놀이터 뒤편으로 등산로가 있는데, 그 길로 쭉 올라가다 보면 가장 높은 봉우리에 송전탑이 설치되어 있다.

이곳이 바로 '왕봉'이라고 불리는 봉우리이며 봉화가 있었던 장소이기도 하다.

고봉산은 일산구에서 가장 높은 산이다.

그래서 고봉산 정상에 올라가 보면 사방을 모두 훤히 바라볼 수 있다.

이런 이유로 이곳에는 삼국시대에 쌓은 토성이 있었고 조선시대에는 봉수대를 설치했으며 오늘날 역시 군사시설이 있다. 그래서인지 고봉산 근처에는 토기나 기와 등 사람이 살았던 흔적이 여기저기에서 발견된다.

고봉산의 이름도 다양하다. 봉우리가 계단을 설치한 것처럼 정상은 운동장처럼 평평하게 2층으로 이루어졌으나 정상에서 중턱 쪽 10미터 아래에는 폭 3미터 정도의 평퍼짐하게 띠를 두른 듯한 평지가 봉우리 전체를 감싸고 둘러 있었다고 한다. 그래서 송포 쪽에서 이산을 바라보면 고봉산이 띠를 두른 것 같아 보이므로 대위산(帶圍山)이나 대산(帶山)이라고 불렀으며 발음상으로는 "테미산" 또는 "탬산"이라고도 한다. 이러한 이름들은 고봉산의 모양에서 비롯된 것이다.

그러나 현재는 군부대가 주둔하면서 정상부분을 깎아버려 모양이 변형되어 이름에 걸맞은 산의 모습을 찾아보기 힘들다.

신라시대

1. 신라의 북방 방어기지였던 고양

삼국 중에서 세력이 가장 약하고 고립된 신라로서는 한강 유역이 여러모로 중요하였다.

그리하여 백제와 손을 잡고 당시 한강유역을 차지하고 있던 고구려군을 물리친다. 2년 후, 신라는 백제를 배신하고 기습공격을 하여 고양지역을 포함한 한강유역을 빼앗아 버렸다.

이로써 백제와 신라의 백년동맹은 깨지고 만다. 당시 백제왕이었던 성왕은 신라의 배신에 화가 나 직접 관산성(지금의 옥천)으로 쳐들어갔다가 불행하게도 이 싸움에서 전사하고 말았다.

신라가 점차 강성해지자 한강유역을 빼앗긴 고구려와 백제는 여제동맹을 맺어 견제하였으나 다시 한강유역을 차지하긴 힘들었다.

신라는 고구려, 백제와의 치열한 싸움을 통해 어렵게 얻은 한강유역에 북한산주(北漢山州)를 설치하였다. 그리고 그곳에 강력한 군대를 배치하여 고구려의 재침입에 단단히 대비하였다. 이때 고양은 임진강을 북쪽 경계로 한 신라의 북방방어기지로서 중요한 역할을 하게 된다.

신라는 한강유역을 차지함으로서 한반도의 중심부를 차지하고 백제와 고구려의 교류를 끊어 놓을 수 있었다. 뿐만 아니라 서해안 남양만에 당항성을 설치하여 당과의 활발한 교류가 가능했으며 훗날 당(唐)의 힘을 빌려 삼국을 통일(676년)할 수 있는 발판을 다지게 된다.

2. 신라의 삼국통일과 북한산성

◎ 북한산성을 둘러싼 신라와 고구려의 대격전

5세기 말 6세기 초 신라가 한강유역을 점령한 후 북한산성을 둘러싼 삼국간의 치열한 격전이 있었다.

그 가운데 가장 큰 전투는 진평왕 25년 8월에 있었던 고구려의 장군 고승(高僧)과의 북한산성 전투였다.

고승은 수천 명의 군사를 이끌고 신라의 최북방 기지인 북한산성을 포위하고 맹렬히 공격하였다. 그러자 진평왕은 직접 군사 1만 명을 거느리고 한강을 건너 고구려군을 물리쳤다.

661년 신라 무열왕 8년(661년) 고구려는 다시 쳐들어 왔다.

이번에는 고구려 장군 뇌음신이 말갈 장군 생해와 함께 군대를 이끌고 와 북한산성을 포위하고 신라와 대격전을 벌였다.

당시 북한산성 내에는 남녀 2800명밖에 없어 불리했지만 성주 동타천(東陀川)은 신라군을 잘 격려하며 목숨을 걸고 싸웠다.

고구려군은 포차(抛車)6)를 벌여 놓고 돌을 날려서 성(城)을 무너뜨렸다. 적군의 거센 공격 앞에서 동타천은 고구려군이 성으로 올라오지 못하도록 마름쇠7)를 성

---

6) 옛날 군대에서 돌을 던지는 군사용 차.
7) 도둑이나 적을 막기 위하여 흩어두는 마름 모양처럼 생겨 크기는 작은 편이고 뾰족하여

바깥으로 던져 사람과 말이 다닐 수 없게 하였다. 또 북한산성 안에 있던 절의 창고를 부숴 성이 파괴된 곳을 따라 누로(樓櫓)⁸⁾를 만들고 그 위에 굵은 줄로 그물을 얽었다. 그리고 소, 말가죽과 무명옷을 걸치고 그 안에 노포(弩砲)⁹⁾를 설치하여 지켰다.

이렇게 신라군은 어려운 상황을 슬기롭게 대처하면서 악전고투하였다. 하지만 20여 일이 지나자 먹을 양식은 떨어지고 싸울 힘도 다하게 되었다. 이에 동타천과 신라군은 마지막이라는 마음을 가지고 지성을 다하여 하늘에 기도하였다.

그런데 하늘이 기도를 들어주신 걸까?

갑자기 큰 별이 고구려 진영에 떨어지고 벼락과 번개가 치며 폭풍우가 몰아치지 않겠는가!

계속되는 전쟁으로 지친 고구려 군사들은 갑작스런 기후 변화에 영문을 몰라 당황하여 우왕좌왕하기 시작했다. 결국 두려움에 떨던 고구려군은 사기가 떨어져 북쪽으로 물러났다.

그렇다고 고구려군은 쉽게 포기하지 않았다. 근처 고봉산성에 머물면서 다시 기회를 엿보았다. 그러나 사기충천한 신라는 당나라와 손을 잡고 고봉산 부근에 있는 고구려군마저 쫓아냈다.

만약에 북한산성 전투에서 신라가 패배하고 고구려군이 승리하였다면 어떻게 되었을까? 아마도 신라의 삼국통일은 매우 어려웠을 것이라고 한다. 결국 신라는 한반도의 중심지이며 교통의 요충지인 북한산성과 한강유역을 완전히 장악함으로써 '삼국통일'이라는 위업을 달성하였다.

상처 입기가 쉬운 얇은 무쇠덩이.
8) 적의 동정을 망보는 높은 대로 망대라고도 한다.
9) 여러 개의 화살을 한꺼번에 쏘는 활의 한 가지.

통일신라시대

◎ 한산주에 속한 고양시

드디어 삼국통일을 이룬 신라는 비록 당나라의 힘을 빌렸던 점과 옛 고구려의 영토를 모두 되찾지 못했다는 아쉬운 점을 남겼지만, 분리되었던 한반도를 하나의 국가로 통일하여 새로운 발전을 이루는 계기를 마련하였다.

신라는 지리적으로 동쪽으로 치우쳐 있고 노령산맥, 소백산맥, 태백산맥 등 첩첩이 가려진 산들 때문에 넓은 평야가 좀처럼 없었다. 하지만 통일 후 백제가 가지고 있던 드넓은 평야와 고구려의 들녘을 얻게 됨으로써 더욱 풍요로운 생활을 할 수 있게 되었다.

이렇게 옛 백제, 고구려 땅과 그곳에 사는 백성들을 효율적으로 지배하기 위해서는 무엇보다 새로운 행정제도의 개편이 필요하였다.

신라는 전국을 크게 9주(州) 5소경(小京)으로 나누어 지방을 다스렸다. 그리고 효과적인 영토통치를 위해 행정구역의 기본 조직으로 주(州),군(郡), 현(縣)제를 실시했다.

전국을 무진주, 완산주, 웅천주(이상 옛 백제 땅), 사벌주, 삽량주(양주), 청주(강주)<이상 옛 신라 및 가야 땅>, 하서주(명주), 수약주(삭주), 한산주(한주)<이상 옛 고구려 땅> 등 전국을 9주로 나누었다.

그리고 중원경(충주), 북원경(원주), 금관경(김해), 서원경(청주), 남원경(남원) 등 5소경을 두었는데 오늘날 도청 소재지가 있는 지역으로 비교할 수 있다. 경주는 동쪽으로 치우쳐 있어 전국을 효과적으로 다스릴 수 없어 중요한 지역에 소경을 두었던 것이다. 이렇게 전국을 크게 9주 5소경으로 나눈 다음 그 밑으로 군(郡)과 그보다 작은 지역단위인 현(縣)을 설치하였다.

즉 주(州), 소경(小京), 군(郡), 현(縣)의 순으로 전국을 나누어 다스렸다.

그렇다면 우리가 살고 있는 고양지역은 통일 신라 때 어느 지역에 속해 있었을까?

초기에는 지방행정구역을 정비하면서 달을성현과 개백현(지금의 고양시 일대)을 한산주에 포함시켰다. 한산주는 지금의 경기도, 충청북도, 황해도를 아우르는 넓은 지역이다.

이때까지만 해도 주, 군, 현의 명칭은 종전에 쓰던 명칭 그대로 사용해서 고양지역은 여전히 달을성현과 개백현으로 불렸다.

그러다 757년(경덕왕16년) 행정지명을 모두 중국식으로 고치게 된다. 한산주는 '한주(漢州)'가 되고 달을성현은 고봉현(高烽縣)으로 바뀌고 교하군(交河郡)에 속하게 된다. 개백현은 왕봉현(또는 우왕현)으로 바뀌고 한양군에 속하게 된다.

앞서 설명한대로 고봉현, 왕봉현 모두 고구려 안장왕의 남진정책과 한주미녀설화에서 비롯된 것이다.

교하군과 한양군에 설치된 고봉현과 왕봉현에는 현령(縣令)을 파견하였다. 고양지역은 고구려 때와 마찬가지로 고봉산성을 중심으로 다스렸다.

III 고려시대

1. 다양한 행정구역에 속했던 고양

통일신라 말, 견훤은 전주를 중심으로 후백제를 세웠다. 또한 궁예는 철원에 도읍지를 정하고 태봉을 세우면서 후삼국시대가 도래하였다.

후삼국시대에는 [903년에 궁예가 철원과 평강(부양)에 이르러 산수를 살펴보고 갔다][10]는 기록으로 보아 고봉현은 궁예의 세력판도에 속하게 되었으리라 생각된다. 918년 궁예가 내부정변으로 쫓겨나고 왕건이 고려를 재건하였다. 이때 고양지역은 고려에 속해 있었으며 한강유역을 지켜나가는 과정에서 의미가 있었을 것으로 추측된다. 고려, 후백제, 신라의 대결 속에서 후백제가 왕권 계승을 둘러싼 내부갈등으로 세력이 약화되어 결국 고려가 주도권을 잡는다.

고려는 935년에 신라를, 그 다음해에는 후백제를 통합하여 삼국의 재통일(936년)을 이뤘다. 통일 후 고려는 전국의 행정개편을 감행했는데 고양지역은 고려시대동안 행정구역이 여러 번 바뀌었다.

그럼 고려 건국 당시 고양지역의 행정지명은 무엇이었을까?

---

10) <삼국사기> 권 12, 효공왕 7년조

통일 신라 때 속해 있던 한주(漢州)는 광주(廣州)로 바뀌고 한양군은 양주(楊洲)로 바뀌었다. 고봉현은 그대로 쓰였으나 그 표기가 高烽(봉화:봉)보다는 高峰(봉우리:봉)으로 많이 사용되었다.

그리고 우왕현을 행주(幸州) 또는 덕양(德陽)으로 불렀다. 이때 덕양(德陽)은 행주(幸州)의 별호로서 고려 성종이 지은 이름이다.

983년(성종2년) 성종은 중앙집권적 체제를 구축하기 위해 전국에 12목을 설치하고 지방관을 파견하였다. 12목 설치로 지방조직을 완전히 장악하자 995년 다시 전국을 열 개 지역으로 나누는 10도제를 실시한다. 이는 우리나라 도제의 시초이다. 또한 10도제와 함께 주현제도 함께 실시됐다. 주현제는 주군현제에서 군을 없애고 행정조직을 간소화하여 명령체계의 단순화 및 인력을 효과적으로 사용하는 데 장점이 있다.

이때 고양지역은 양광도에 속한다. 양광도(楊廣道)는 고양지역을 비롯해 경기도 일부와 충청북도 일부지역을 포함한 곳이다.

점차 고려가 안정되면서 중앙집권적인 지방통치제도를 확립해 나갔다.

1018년(현종 9년) 고봉현과 행주현을 양광도의 양주에 속현으로 예속시켰다. 그러다 1067년(문종 21년) 양주를 다스리는 양주지주사가 삼경(남경, 동경, 서경) 중 남경유수관으로 승진하면서 고봉현도 남경에 속하게 된다.

당시 남경은 현재 경기도 서쪽 대부분 지역과 서울 인천지역 일부로 그 지위가 매우 높았다. 곧이어 1069년에는 양광도에 속했던 고봉과 행주 등 고양지역이 경기지역에 포함된다.

'경기'(京畿)는 서울 주변지역을 일컫는 지명이다. 왕실과 왕경을 보위하는 울타리라는 의미로 매우 중요한 지역이었음을 알 수 있다. 경기는 고려의 수도 개경과 함께 정치의 중심지로 떠올랐다.

이는 고려 건국 시 경기지역의 호족들이 많이 도와주었기 때문이다. 특히 고양을 비롯하여 포천, 양주, 부평, 수원, 과천, 광주 등 지방호족들이 왕건을 도와 후삼국 통일을 달성하는 데 큰 역할을 했다. 이것은 오늘날 경기도에 속한 지역이 우리나라 역사의 중심부로 성장하는 데 결정적인 역할을 한다.

고양지역에서도 호족(토호)세력의 존재를 알려주는 유적으로 일산구 중산마을에서 '더부골' 고분군 두 곳이 발견되었다. 이 고분군은 12C-13C의 것으로 밝혀졌으며 청자접시, 매병, 청자 잔, 호형토기, 대형항아리와 약 4세기에 걸쳐 사용된 화폐들이 출토되었다. 이를 통해 이 지역에서 부와 권력을 가진 호족(토호)세력들이 거주해 왔음을 보여준다.

　이렇듯 고양지역이 '경기'에 속하면서 그 지위가 한층 높아졌으나 원(元)의 내정 간섭이 심했던 충렬왕(34년, 1308년)때는 남경유수관을 한양부로 격하시킴에 따라 고봉현과 행주현의 지위도 떨어졌다. 마지막 고려왕이었던 공양왕은 1390년 경기를 좌도와 우도로 나누면서 문종 때 양광도에 속했던 고봉현을 경기좌도에 소속시켰다.

2. 독특한 행정구역, 향(鄕)·소(所)·부곡(部曲)

　향·소·부곡은 단순히 천민 거주 집단으로 알려져 있으나 이에 대한 다양한 연구가 진행되면서 새로운 관점으로 접근되고 있다.

　향·소·부곡은 고려시대의 행정구역 중 일반 행정구역과 달리 특수행정구역이었으며 인구나 토지가 적은 곳에 설치되었다.

　대체로 향과 부곡은 농업에 종사하면서 공과(公課)나 공역(公役)등을 부담하였으며 소는 금, 은, 동, 철, 실, 옷감, 종이, 먹 같은 특정 수공업품과 차, 생강, 수산물 같은 물품을 생산하기 위해서 정해진 곳이다.

　고려시대의 향·소·부곡은 때에 따라서 일반 군현으로 승격이 될 수도 있었다. 반대로 일반군현에서 반역 및 적에게 투항하는 등 중대한 범죄를 저지를 경우 그 격이 강등되어 향·소·부곡이 되는 경우도 있었다.

　향·소·부곡에서 사는 사람들의 신분은 일반적으로 천민으로 보고 있으나 최근에는 상급천민이나 일반양인(평민)과 천민의 중간정도로 보는 견해도 있어 앞으로의 연구과제로 남아 있다.

이런 향, 소, 부곡은 조선시대에 들어와서 일반 군현으로 대부분 승격되었다. 고양지역에 있던 향·소·부곡은 조선 초기까지 존재했던 것으로 보인다.

◎ 황조향(荒調鄕), 장사향(長史鄕)

황조향이 있던 자리는 현재 주엽동과 그 주변 일대인 것 같다.

세종실록지리지에 「황조향은 군(관청-지금의 대자동 고읍마을) 서쪽 15리 지점에 있으며 속칭 주엽리(注葉里)라 했다.」고 기록되어 있다.

장사향은 「군 동쪽 10리 지점 건자산(巾子山) 밑에 있다」고 기록되어 있으나 그 위치가 어디인지 확실치 않다. 현재 양주 또는 파주지역으로 추정된다.

◎ 파을곶소(巴乙串所), 건자산소(巾子山所)

파을곶소는 오늘날 한강 근처에 있는 덕양구 행주내동·외동 지역인 듯 하다. 이곳은 고양지역에서 가장 큰 포구나루가 있던 자리로서 교통이 편리하며 특산물로 웅어나 갈대 등을 국가에 공납했던 것으로 기록되어 있다. 건자산소는 원흥동 고려청자 가마터가 있는 곳으로 이곳에서 청자나 그릇이 전문적으로 만들어져 주로 국가에 공납되어진 것으로 보인다.

◎ 율악부곡(栗岳部曲)

율악부곡은 그 이름처럼 밤나무가 많았다는 밤가시 마을과 그 주변지역으로 짐작되나 이미 건물이 밀집되어 정밀조사가 이루어지진 못했다. 세종실록지리지에 「고봉현에 있으며 군 서쪽 12리 거리에 있다」고 기록되어 있다.

IV 조선시대

부각되는 고양지역

◎ 한양과 가까운 고양

조선시대는 어느 시대보다 고양지역이 부각되던 시대였다.

당시 한양이 나라의 수도로서 면모를 갖추기 위해서는 적잖은 시간이 필요했을 것이다. 이때 고양지역은 개경과 한양 사이를 이어주는 다리 역할을 하였다. 도로가 정비되고 사람들의 왕래가 전보다 훨씬 많아졌다. 뿐만 아니라 중국사신이 왕래하는 길목이었으며 관서로와 연행로가 통과하는 곳이었다. 또 동지사(冬至使)¹⁾가 통과하던 곳으로서 이곳에 벽제관과 같은 역원이 설치되었다. 이는 고

---

1) 조선시대에 중국 명·청나라에 보내던 사신으로 대개 동지(冬至)를 전후로 하여 갔기 때문에 동지사라 하였다. 공물로는 조선의 특산인 인삼·호피, 수달피, 화문석, 종이, 모시, 명주, 금 등이 있었다. 1429년(세종11) 명나라에 사신을 보내 금·은 세공의 면제를 청하였다. 선물을 받은 명·청나라에서도 특산품을 선물하여 공무역(公貿易)형식이 되었으며 갑오개혁 때까지 파견되었다.

양지역이 교통의 요지였으며 외교 관계에서 중요한 지역으로 떠올랐음을 보여주는 대목이다.

그리고 고양지역은 왕의 강무(講武) 또는 수렵장으로서 중요한 구실을 했고 능, 원, 묘의 집합지로써 조선왕조의 입장에서 어느 지역보다 중요한 지역으로 떠올랐다.

반면 이로 인해 고양 주민들은 각종 노역에 동원되거나 활동에 제약을 받는 등 생업에 막대한 지장을 초래했기 때문에 고양지역 자체의 독자적인 경제 발전에는 오히려 저해 요소가 되기도 했다.

◎ 경기도에 속한 고양

조선은 전국을 크게 8도로 나누고 각 도에 관찰사를 보내어 다스렸다. 각 도를 주·부·군·현 등으로 다시 나누어 그곳에 수령을 파견하였다.

우리 고장은 고려 때와 마찬가지로 경기도 고양현(高陽縣)에 속하게 된다. 물론 이런 행정지명은 정치적인 상황이나 고장의 크기에 따라 조금씩 변화한다. 예를 들면 고양지역의 면적이 커지거나 왕릉을 이곳에 만드는 등 그 중요성이 커질 때는 고양현(高陽縣)에서 고양군(高陽郡)으로 승격되었으나 연산군 시절에는 정치적인 이유로 고양군(高陽郡)이 폐지되어 역사가 단절되는 수난을 겪기도 했다.

조선이 건국된 지 3년 후 1394년, 행정구역 개편 시 고려시대의 고봉현과 행주현, 부원현(지금의 서울 용산 지역), 황조향(일산 신시가지의 주엽동 일대)등을 합쳐 고봉현으로 칭하였다. 이때 면적은 오늘날 고양시와 대략 비슷하다. 그러자 고봉현을 속현에서 주현으로 승격하고 이곳에 '감무'(監務)라는 지방관을 파견하였다.

점차 고양지역은 변두리 지역에서 벗어나 수도 한양과 인접한 주요 지방행정구역의 하나로 자리매김한다.

고양(高陽)의 지명 유래

◎ 1413년, 고봉의 고(高)와 덕양의 양(陽)을 합쳐 고양(高陽)으로

고양(高陽)이라는 지명은 언제부터, 어떻게 부르게 된 것일까?

우리 고장을 고양(高陽)으로 부르게 된 시기는 1413년(태종 13년)부터이다. 조선 초기 고양으로 불리기 전, 이곳은 크게 고봉현과 행주(덕양)현으로 나누어진 상태였다.

이때 행정구역이 개편되면서 고봉현을 중심으로 합치게 되었다. 그런데 당시 덕양현이 고봉현을 관할하고 있을 정도로 크기 면이나 행정적인 규모면에서 고봉현보다 훨씬 우위를 차지하고 있었다. 그럼에도 불구하고 '고봉현'을 중심으로 합쳐지고 행정지명도 '고봉현'으로 만 부르게 되었다.

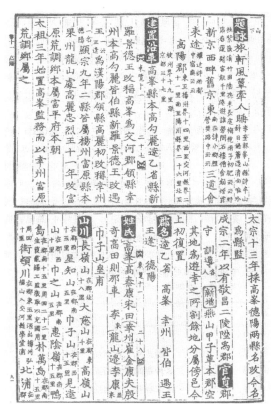

동국여지승람 고양군 부분

그러자 행주에 살던 주민들의 불만이 높아졌다. 오래 전부터 고봉현이 행주현에 속해 있었는데 '고봉현'으로만 부르는 것은 이치에 맞지 않을뿐더러 관아에서 조차 '행주'의 옛 이름인 '덕양'을 쓰기보다는 '고봉'을 더 많이 사용하여 '덕양'

이라는 이름이 사라질까봐 못내 안타까워했다.

이러한 불만은 결국 '고봉현'의 명칭을 바꿔달라는 상소문으로 전개되었다.

그리하여 '고봉'의 첫 글자 '고'(高)와 행주의 옛 이름인 '덕양'의 '양(陽)'자를 따서 '고양(高陽)'으로 이름을 바꿨다. 이름이 바뀌던 날이 1413년 음력 3월 23일이므로 이때가 고양시의 생일인 셈이다.

당시 '고양현'의 면적은 지금의 고양시와 거의 비슷할 정도로 커져 지방관도 '감무'보다 더 높은 위치인 '현감'(종6품관)을 파견하였다.

◎ 고양현(高陽縣)에서 고양군(高陽郡)으로

1470년 고양지역은 고양현(高陽縣)에서 고양군(高陽郡)으로 승격되었다. 이는 덕양구 용두동에 경릉(덕종과 소혜왕후의 능)과 창릉(예종과 안순왕비의 능)이 조성되어져 관례에 따라 현(縣)에서 군(郡)으로 승격한 것이다. 이후 익릉, 명릉, 홍릉 등 서오릉으로 불리는 왕릉이 들어섬에 따라 대동미(大同米)가 감해지는 혜택도 받았다.

하지만 연산군의 폭정이 이루어지던 시절에는 고양군이 혁파되는 수난을 당했다.

1504년 지언, 이오을, 미장수 등이 왕을 모독한 죄로 처벌을 받는 사건이 일어났다. 연산군은 그들의 고향이 광주와 고양군이라는 이유로 고양군을 폐지시켜야 한다고 주장하였다. 영의정 유순(柳洵)은 선왕의 능이 있으므로 함부로 혁파할 수 없다고 설득하였다. 대신 죄인들이 살던 지역만 떼어 다른 고을로 붙이고 광주와 고양군을 그대로 두자고 타협안을 제시하였다. 그러나 결국 연산군의 뜻대로 두 고을은 혁파당하고 말았다.

이윽고 연산군은 이곳에 금표비를 세워 왕의 사냥터, 유흥지, 목초지 등으로 사용하고 군창(軍倉)의 곡식을 파주로 옮겼다. 그 과정 속에서 관아가 있던 장소가 놀이터로 전락되었고 모든 역사적 기록이 분실되어 고양지역의 역사가 끊겨지는 비운을 당하고 만다.

그 뒤 1506년, 중종반정으로 고양군(高陽郡)으로 다시 복구되었다. 하지만 당시 고양군은 매우 피폐하고 충해까지 심해 곡식의 피해가 컸다. 이러한 황폐한 상황은 중정반정 이후 점차 정치적으로 안정을 찾자 나아졌으나 완전히 복구가 되지 않는 상태에서 다시 임진왜란을 겪고 만다.

◐ 숯고개과 태조 이성계

〈태조 이성계와 관련된 설화〉

고양시 일산구 탄현동에는 조선을 세운 태조 이성계와 관련된 전설이 전해져 내려오고 있다. 참나무가 많아 숯을 많이 구워 탄현(炭縣)이라 부르게 된 이곳은 아마도 매우 숲이 우거졌던 모양이다.

〈숯고개에서 살아남은 태조 이성계〉

【고려 왕조가 차츰 기울어지고 있을 때 이성계는 새로운 나라 조선을 건국하고자 했다. 이성계는 새 나라의 수도를 정하기 위해 고민하고 있었다. 고려의 수도인 개경에는 멸망하더라도 고려를 그리워하는 사람도 많을 것이고 북쪽으로 치우쳐 있어 나랏일을 보기에도 힘들었다. 그래서 민심을 수습하고 더 살기 좋은 도읍지를 찾아보기로 했다.

그리하여 이성계는 동생과 함께 여기저기를 돌아다녔다. 그러던 중, 고양 땅 탄현 일명 숯고개를 넘어갈 때였다. 화창한 하늘에 갑자기 구름이 몰리더니 소나기가 퍼붓기 시작했다. 숯고개에는 다행히도 참나무가 빼곡히 우거져 있어 잠시 나무 밑에서 비를 피했다. 그러나 소나기는 그칠 줄 모르고 점점 더 세차게 오기만 했다.

이성계는 동생에게 말했다.

"비가 금방 그치지 않을 것 같구나. 그래도 우리가 명색이 양반인데 이곳에서 계속 비를 맞을 수도 없으니 잠시 피할 만한 곳을 찾아보자꾸나."

"형님, 제가 이 주변에 피할 곳이 있는지 둘러보고 오겠습니다."

잠시 후 동생이 주변을 둘러보고 왔다.

"이곳에서 조금만 더 가면 천막처럼 생긴 바위 밑에 굴이 뚫려 있습니다. 그곳이 적당할 것 같습니다."

이성계와 동생은 굴속에 들어가 비에 젖은 옷을 말리고 있었다. 그런데 굴 밖에서 이상한 소리가 나는 것이 아니겠는가?

"어~흥~"

그 소리는 다름 아닌 바로 호랑이 울음 소리였다. 호랑이는 자기 허락도 없이 굴속에 들어온 침입자를 보고 무척 흥분해 있었다. 번뜩이는 두 눈을 부릅뜨고 앞발로 땅을 매섭게 파헤치며 큰소리로 으르렁거렸다.

두 사람은 혼비백산하여 덜덜 떨기만 했다. 동생은 정신을 가다듬고 이성계에게 말했다.

"형님, 여기서 둘 다 호랑이 밥이 될 수는 없습니다. 한 사람이라도 목숨을 구해야 되지 않겠습니까? 형님은 나라를 세우실 분이고 큰일을 이룰 분이니 제가 죽겠습니다."

"아우야, 그럴 수는 없다. 어찌 내가 살겠다고 너를 호랑이에게 던질 수 있겠느냐?"

그러자 동생은 잠시 생각을 하더니

"사람 생명은 하늘의 뜻에 달렸다는 말이 있습니다. 그러니 각자 굴 밖으로 옷을 던져서 호랑이가 깔고 앉은 옷의 임자가 굴 밖으로 나가 호랑이의 밥이 되는 것이 어떻습니까?"

이성계는 고개를 끄덕이며

"그래, 하늘의 뜻에 맡겨보는 수밖에……"

그리하여 이성계와 동생은 옷을 굴 밖으로 던졌다.

그러자 호랑이는 기다렸다는 듯이 이성계의 옷을 깔고 앉아 두 눈을 번뜩이며 으르렁거렸다. 이성계는 하염없이 눈물을 흘리고 있는 동생을 두고 약속한 대로 호랑이의 밥이 되기 위해 성큼성큼 굴 밖으로 나왔다.

그런데 이게 어찌된 일인가?

호랑이는 이성계를 잡아먹기는커녕 바로 굴 안으로 들어가 동생을 죽이는 것이 아닌가? 그렇다. 동물인 호랑이도 이성계가 나라를 세울 큰 인물임을 알고 이성계 대신 그의 동생을 죽였던 것이다.

마침내 이성계는 조선을 세우고 왕이 되고 난 후 동생의 명복을 빌기 위해 호랑이에게 물려 죽은 동생의 묏자리를 쓰게 된다.

그 묏자리가 현재 홀트 학교가 있는 고개 쪽이라 전해지고 있다.】

임진왜란

임진왜란과 고양지역은 불가분한 관계를 맺고 있다. 이 지역은 한양 근교였던 만큼 한성 수복을 위해서는 이 근처에서 크고 작은 싸움이 불가피했기 때문이다. 고양지역에서의 대표적인 전투로는 해유령 전투(1592. 5월)와 벽제관 전투(1593. 1. 27) 행주대첩(1593. 2. 12)을 들 수 있다.

1. 해유령(蟹踰領) 전투

해유령 전투는 조선 관군이 왜군과의 싸움에서 승리한 두 번째 전투이다. 1592년 5월, 왜군이 한성 근교에서 식량과 가축을 약탈하자 이양원, 이혼, 신각, 이시언 등이 해유령(고양과 양주의 경계부근)에 잠복해 있다가 양주에서 한성으로 돌아가려는 왜군을 기습공격하여 무찔렀다. 이때 왜군은 경계병도 세우지 않고 방심하다 별로 대응하지 못한 채 몰살당하고 한성으로 도망쳤다. 이 전투로 인해 우리 군사들은 왜군에 대한 두려움과 공포심을 떨치고 자신감을 가질 수 있게 되었다.

2. 벽제관(碧啼舘) 전투

벽제관 전투는 중국 명나라 장수 이여송이 평양을 탈환하고 그 여세를 몰아

군사 20만을 거느리고 한양을 수복하기 위해 내려오다가 벽제관 근처에서 패한 전투로써 아군의 큰 패전 중 하나이다. 왜군은 평양성 전투에서 패한 것을 만회하기 위해 벽제관 남쪽 3km지점에 4만 명 정도의 병력을 이끌고 숫돌고개에서 진을 치고 기다렸다.

드디어 1593년 1월 27일 오전 7시경, 오금동 숫돌고개(여석령)에서 명나라 선봉부대와 왜군이 첫 전투를 했다. 이때 명나라 군대는 고전을 면치 못하고 퇴각하고 만다. 숫돌고개가 좁은 지역인 데다 왜군이 조총의 집중사격에 이어 검과 창으로 백병전까지 치르다 보니 명나라의 장기인 기마전술을 펴기 힘들었기 때문

숫돌고개

이다. 때마침 명군의 선봉장 이녕이 7천 명의 군사를 이끌고 오니 다시 전세가 역전된 듯하였다. 명의 총대장 이여송도 급히 혜음령을 넘어 벽제관으로 이동하여 망객현으로 진출하였다. 하지만 상황이 불리하게 된 왜군이 다시 1만 명을 벽제관 방향으로 출전시키니 전세가 역전되고 말았다. 명과 왜군은 숫돌고개와 혜음령 사이의 골짜기에서 격전을 벌이게 된다. 하지만 전세는 명나라에 불리하게 흘러갔다. 날씨가 흐린 데다 비까지 내려 얼음이 녹아 흙이 질펀하여 기마전술을 펴기엔 좋지 않았기 때문이다. 결국 명나라 기병부대가 포위되어 참패당하고 만다. 27일 오후, 결국 명군은 혜음령과 퇴패고개를 넘어 파주로 후퇴했으며 28일에는 파주를 떠나 안전한 개성에 와버렸다. 이 싸움으로 명나라 군대는 전쟁에서 주도권을 상실하고 만다. 그 뒤 유성룡의 독려에도 불구하고 행주대첩이후 한성을 수복하기 전까지 전투에 참여하지 않았다. 이 벽제관 전투는 북한산 노적봉에 깃든 '밥할머니 석상' 전설과 관련된 싸움이다.

반면 벽제관 전투는 일본의 입장에서 보면 임진왜란 중 가장 자랑스러운 승전이기도 하다. 그래서 항일전쟁시대(일제시대)때 일본의 고관(高官)들이 우리나라를 방문하면 반드시 이곳을 돌아보았다고 한다.

뿐만 아니라 이를 기념하기 위한 일본군 위령탑을 고양동 뒷산에 세웠는데 당

시 벽제면장에게 승전내용을 설명하도록 했다고 한다.

그러나 이 위령탑은 조국탈환일(광복)과 더불어 마을 주민들에게 의해 파괴되었고 지금은 그 조각만이 나뒹굴고 있다.

3. 행주대첩

고양시의 자랑거리 중 으뜸을 꼽으라면 임진왜란 3대 대첩 중 하나인 행주대첩일 것이다.

1592년 왜군들이 조선 천지를 뒤흔들고 있을 때 '임진왜란'의 전황을 180도 바꾼 중요한 전투가 있었으니 바로 '행주대첩'이다.

행주대첩은 기고만장했던 왜군들의 기세를 꺾고 임진왜란의 전세를 바꿀 수 있는 계기가 된 전투였다. 임진왜란 때 고양지역은 지리적으로 왜군들에게 점령당한 한양을 되찾을 수 있는 최전방지역으로서 매우 중요한 역할을 하였다.

◎ 천혜의 요새 '행주산성'

행주대첩을 이룬 행주산성(사적 제 56호)은 한강변에 있는 토성으로 덕양산에 자리하고 있다.

행주산성은 산 정상근처에 만든 터라 주위가 매우 가파르고 한강을 끼고 있다. 천혜의 요새로 적군이 접근하기 힘들어 쉽게 공격하기 힘들다. 산성 안에는 우물이 한 개밖에 없으나 밑에 한강이 있어 물 걱정은 하지 않아도 되었다. 위치도 높은 곳에 자리하므로 적의 움직임을 쉽게 파악할 수 있어 공격하기 좋았다.

하지만 아무리 행주산성이 좋은 조건을 가지고 있다 해도 사면 둘레가 넓지 않아 큰 군대를 둘 수가 없었다. 일단 적들에게 점령당하면 한강이 뒤로 있어 더 이상 물러설 수도 없으며 도망갈 수도 없는 위험한 곳이기도 하다.

그런데도 권율 장군이 행주산성을 택한 이유는 무엇일까?

바로 죽기를 각오하고 결사적으로 싸우겠다는 의지였으며 방어보다 공격을 목표로 삼겠다는 의미가 담겨있다.

훗날 선조는 이를 두고 "난이 일어난 후, 한 사람도 진을 치고 적에게 대적한 사람이 없었는데, 권율은 서생으로서 능히 행주에서 크게 이겼으니 모든 진들의 장수, 높은 관직의 무장들이 어찌 부끄럽지 않겠는가?" 하며 크게 칭찬하였다.

◎ 호국의지와 최첨단 무기가 이뤄낸 빛나는 승리

행주대첩은 매우 불리한 상황에서도 철저한 준비, 최첨단 무기, 하나로 똘똘 뭉친 호국의지로 수적인 열세를 극복하고 당당히 싸워 이긴 자랑스러운 전투이다.

또한 한양수복의 밑거름이 되었으며 어려운 난국에서도 "이길 수 있다"라는 자신감을 주었다. 이는 임진왜란을 극복할 수 있는 용기를 주어 불리한 상황을 바꾸는 계기가 되었다.

특히 행주대첩이 빛나는 이유는 일본군 3만 명 대 조선군 2천 3백 명, 10분의 1도 안 되는 숫자로 치러졌으며 그것도 단 하루 만에 끝난 전투였다는 것이다.

자, 과연 어떻게 이 기적 같은 승리를 일구었을까?

임진왜란이 일어나자 물밀듯이 왜군들이 조선 천지를 뒤흔들고 선조는 황급히 의주로 피신을 갔다.

권율 장군은 왜군이 가장 많이 모여 있던 한양을 공격하여 왕이 피신한 서쪽(의주)으로 더 이상 진출할 수 없게 하는 것이 바람직하다고 판단하였다.

한양수복을 위해 한양근교의 서쪽 지역으로 이동하려고 적당한 장소를 물색하였다. 처음에는 아현 고개에 진을 치려다 그의 부하였던 조경(趙儆) 장군이 행주 덕양산을 추천, 검토한 결과 행주산성이 적합하다고 판단하였다.

이리하여 행주산성을 최전방기지로 삼아 2천 3백 명의 군사를 이끌고 몰래 행주산성으로 이동하여 배수진을 치게 된다.

이때 한양에는 왜군들이 점점 모여들기 시작했다.

평양에서 이여송 장군에게 패하고 겨우 목숨을 건졌거나 개성에서 후퇴한 자,

황해도에서 탈출한 자, 함경도에서 소문을 듣고 도망친 왜군들이 속속히 한양으로 모여 그 수가 갈수록 많아졌다.

설상가상으로 평양에서 승리의 여세를 몰아 한양으로 오던 명군이 벽제관 전투에서 크게 패하여 상황이 매우 불리해졌다.

게다가 수적으로 왜군에게 절대적으로 밀리는 등 전체적인 상황이 매우 불리하였다. 하지만 권율 장군은 조금도 흔들리거나 두려워하지 않고 의연한 자세로 왜군의 공격에 철저히 대비하였다.

일단 덕양산 중턱의 삼국시대에 쌓은 토성에 이중 목책성(木柵城)을 설치하였다 목책성은 쉽게 말하면 나무로 만든 울타리로써 왜군의 공격을 최대한 저지하고 그만큼 시간을 벌 수 있다는 장점이 있었다.

흙담도 쌓았다. 당시 왜군들은 최신식무기였던 조총을 가지고 위협하였다. 조총은 조선을 순식간에 점령할 수 있게 한 장본인(張本人)이었다. 그 만큼 매우 위험한 무기였기 때문에 두려움의 대상이기도 했다. 그래서 조총탄환을 피하기 위한 방탄벽 역할을 하도록 흙담을 쌓아 최대한 피해를 줄이고자 했다.

이렇게 방어 준비가 철저하다 해도 우수한 무기가 없었다면 이길 수 없었을 것이다. 우리 군사들은 활과 화살, 칼과 방패를 들고 휴대용으로 재를 담은 주머니를 찼다.

특히 전라도 출신이었던 군사들은 백발백중을 자랑할 만큼 활을 잘 쏘았다고 한다. 그래서 왜장 중 이들에게 화살을 맞고 부상을 입거나 죽은 자들이 많았다.

위급한 상황에서는 재를 뿌려 왜군들의 눈을 가려 혼란스럽게 하는 등 수적으로 밀리는 상황을 지혜롭게 극복하였다.

뿐만 아니라 임진왜란을 승리로 이끌었다 해도 과언이 아닌 최첨단 무기들이 대거 사용되었다. 화차(火車)를 비롯하여 행주대첩의 비밀병기였던 시한폭탄 비격진천뢰, 대포역할을 하며 적진을 격파시키는 총통과 완구, 수차석포 등 우수한 무기를 사용하여 당당히 맞섰다.

그러나 아무리 철저한 준비와 우수한 무기를 가졌다 해도 2천 3백 명이 13배가량이나 더 많은 3만 명의 왜군들을 이긴다는 것은 매우 어려운 일이었을 것이다. 권율 장군과 관군, 승병, 의병, 심지어 여성들까지 행주산성에서의 전투가 국가의 운명을 좌우하는 중요한 싸움이라는 것을 알았다. 그러기에 모두 죽기를 각오하고 꼭 이기겠다는 호국 정신으로 뭉쳐 믿을 수 없는 기적을 만들었던 것이다.

4. 행주대첩의 과정

◎ 시작된 왜군의 공격

1593. 2. 12 새벽이 밝아오고 있었다.

정찰병이 달려와 다급한 목소리로 "적군이 이쪽을 향해 움직이기 시작했다"고 외치며 왜군의 공격이 다가왔음을 알렸다.

그러자 비장한 전운이 감돌기 시작했다.

권율 장군은 휘하의 장군과 병졸들에게 전투를 앞두고 "남자는 오직 의와 기만을 생각할 뿐이지, 어찌 하찮은 부귀와 명예를 따르겠느냐!(男兒는 感意,氣요 功名을 誰復論하랴)" 하며 구국의지를 가슴에 새기게 하였다.

드디어 왜군 총수 우키타 히데이에(宇熹多秀家)가 7개의 부대로 이루어진 '3만 대군'을 이끌고 먼저 공격을 감행했다. 덕양산 높은 곳에서 보니 왜군들이 벌써 벌 떼처럼 가득히 몰려오는 듯하였다. 처음에는 기병 100여 명이 접근하다 싶더니 그 뒤로 어마어마한 군대가 뒤따라와 순식간에 성을 에워쌌다.

◎ 1차 공격

왜장 코니시 유키나카(小西行長)가 이끄는 제1대의 공격이 시작되었다.

왜군의 첫 공격부대는 조총부대였다. 최신식 무기인 조총을 앞세워 기세등등하게 마구 쏘며 목책성(木柵成)까지 접근하였다. 우리 군사들은 화차(火車)와 수차석포로 돌을 퍼붓고 비격진천뢰와 총통을 쏘며 맹렬하게 공격하였다.

그러자 왜군들의 말들이 놀라 발버둥 쳤고 말에서 떨어진 왜군들은 혼비백산하며 후퇴하였다. 조총은 조선군 화차의 상대가 되지 못했던 것이다.

◎ 2차 공격

뒤를 이어 이시다 미쓰나리(石田三成)가 이끈 제2대가 공격하였다. 우리의 화차로 혼쭐이 났는데도 아군보다 수적으로 많았던 왜군들은 여전히 자신만만했다. 그러나 우리 군사들의 화살과 화차의 공격을 이기지는 못했다. 결국 선봉장 마에노 나카야스(前野長康)의 가슴에 화살이 꽂혀 중상을 입자 공격대가 무너지면서 뒷걸음치며 도망갔다.

◎ 3차 공격

왜군들은 포기하지 않고 다시 쳐들어왔다.

제3대 구로다 나가마사(黑田長政)의 군사들은 방어막이었던 성책을 부수기 위해 누대를 만들어 공격했지만 지자총통의 장군전 앞에 누대는 맥없이 무너져 버렸다. 또한 석포(石砲)로 계속 퍼붓는 돌들과 화포 앞에서 또 한 번 무릎을 꿇어야 했다. 구로다 나가마사는 앞으로도 나가지도, 뒤로 후퇴하지도 못하여 곤혹스러워 했다. 장군으로서 면목이 없어질 것이 두려워 게걸음 작전으로 슬금슬금 옆으로 피하기만 하였다. 이에 우리 군사들은 후퇴하는 적진을 향해 우리군의 비밀병기였던 시한폭탄 비격진천뢰를 발사하였다. 비격진천뢰의 우레와 같은 폭음으로 왜군의 말들이 광란하기 시작했다. 왜군들은 일시에 혼돈의 소용돌이에 빠져 엄청난 사상자를 내고 말았다.

◎ 4차 공격

제4대 22세의 젊은 총사 우키타 히데이에(宇喜多秀家)가 선발이 되어 목책성을 무너뜨리고 성 깊숙이 들어오는 위기를 맞이했다. 그러나 이때도 화차가 맹활약을 하였다.

◎ 5차 공격

왜군들은 상황이 계속 불리해지자, 갈대를 묶어서 바람 부는 방향으로 성에 불을 지름으로써 목책성을 태우려 했다. 그러나 미리 준비한 방화수로 위기를 넘겼다.

요시가와 히로이에(吉川廣家)가 이끈 제5대는 안쪽 목책성까지 들어왔다. 결국에는 죽은 시체가 160여구에 달할 정도로 우리 군사의 집중적인 공격 앞에서 속수무책이었다. 특히 비 오듯 돌을 퍼붓자 말을 탄 채로 후퇴하던 요시가와 히로이에는 말이 거꾸러지는 바람에 몹시 다치게 되었다.

◎ 6차 공격

모오리 모토야스(毛利元康)과 고바야카 히데가네(小早秀包)는 전략을 바꾸어 지형적으로 가장 취약한 산성 서북쪽 산성의 완만한 비탈로 쳐들어왔다. 그곳에는 단결력이 가장 뛰어난 승병들이 인해전술로 밀려오는 왜군들을 맞아 용감하게 저지했다.

이때 승장 처영이 거느리는 1천의 승군은 최후의 전법으로 주머니에 차고 있던 재 주머니를 터트려 눈을 뜨지 못하게 하였다. 그러나 승병이 지키고 있던 곳은 가장 위험한 장소로서 그들의 피해는 관군보다 매우 컸다.

◎ 7차 공격

마지막으로 고바야카 히데가네(小早秀包)가 이끈 제7대가 그 뒤를 이어 승군 진영을 뚫고 성안으로 들어왔다.

이때부터 왜군들과의 아주 처절한 육박전이 시작되었다. 행주산성에 있던 관군, 의병, 승려, 백성들이 모두 한마음이 되었다. 그나마 있던 화살과 총알이 떨어지자 부녀자들은 너나 할 것 없이 앞치마에 돌을 날라 던지며 맞서 싸웠다. 이렇게 행주치마는 행주대첩 때 부녀자들이 앞치마로 보여 준 애국심에서 유래되어 부르게 되었다. 하지만 왜군은 아군의 화살이 다 떨어진 것을 보고 기세가 등등해졌다. 때마침 경기수사 이빈(李蘋)이 수만 개의 화살을 싣고 한강을 거슬러 왔다. 이를 본 왜군은 후방에서 칠까 두려워 물러가고 만다.

이렇게 행주산성에서 새벽 여섯 시부터 오후 여섯 시까지 무려 열두 시간 동안 싸운 결과 2천 3백 명이 3만 명의 왜적 중 2만 4천명의 사상자를 내게 하고 물리쳤다.

당시 현장에서 잡혀 처형당한 적군은 무려 130여 명이나 되었으며 혼쭐이 난 왜군들은 깃발, 투구, 갑옷, 무기 등을 그대로 버린 채 도망가기 바빴다.

5. 행주대첩을 이끈 최첨단 무기

행주대첩 하면 으레 떠오르는 것이 행주치마와 돌멩이일 것이다.

행주대첩 때 부녀자들이 앞치마에 돌을 담아 날라서 앞치마의 이름이 행주치마로 바뀌었다는 것은 너무도 유명한 얘기다.

그런데 과연 부녀자들이 행주치마로 날라 온 돌멩이만으로 행주대첩을 이룰 수 있었을까?

일본군은 당시로서 조총이라는 최신식 무기로 무장했다. 그렇다면 행주대첩은 단순히 앞치마와 돌멩이로 상징되는 '호국정신'만으로 왜적을 이겨냈다고 하기에는 엄청난 전투였다.

일본군 3만 명 대 조선군 2천 3백 명, 10분의 1도 안 되는 숫자로 그것도, 단 하루 만에 끝난 전투였다.

거기에는 대형 총통과 비격진천뢰, 그리고 화차와 신기전 등 최첨단 무기들의 맹활약이 있었기에 가능했던 것이다. [대첩기념관]에는 행주대첩 때 사용되었던 무기들이 전시되어 있다.

자, 과연 어떠한 무기였기에 이 기적 같은 승리를 일구었을까?

(1) 적진을 부수는 대포, 총통과 총통전(銃筒, 銃筒箭)

총통은 오늘날 대포에 해당한다.

오늘날 대포와 다른 점은 총통에 대포알 대신 각종 화살을 넣는다는 것이다. 화살도 가장 작은 화살인 세전부터 크게는 장군전까지 다양한 화살이 있다. 이런 화살을 일컬어 총통전이라고 한다.

그리고 이 화살을 쏘는 대포가 총통이다.

총통 역시 크기에 따라 세총통부터 크게는 천자총통까지 다양하다. 대표적으로 천자총통(天字銃筒), 지자총통(地字銃筒), 현자총통(玄字銃筒) 등이 있다. 총통의 이름은 천자문의 순서를 본떠 그 크기에 따라 이름을 붙였다. 즉 가장 큰 총통은 하늘 천(天)을 본떠 천자총통, 그 다음 큰 것은 땅 지(地)를 본떠 지자총통으로, 그 다음은 검을 현(玄)을 본떠 현자총통으로 이름을 지었다.

총통 속에 넣는 탄환으로는 대장군전, 장군전, 차대전 등 기다랗고 날개가 달린 화살을 넣거나 철로 만들어진 직경 2cm의 둥근 주철탄 100개~200개 정도를 넣기도 한다.

이 총통들은 다만 크기와 위력이 조금씩 다를 뿐이지, 작동원리는 모두 같다. 총통들은 무거운 장군전이나 주철탄을 발사하기 때문에 '대포'라고 해서 '쾅' 하고 굉음을 내며 터지는 것이 아니라 '휘잉' 소리를 내며 적진을 부순다는 것이 특징이다. 총통의 구조는 크게 취, 약통, 격목통으로 나뉜다. 취는 화살이 발사되는 입구이며, 약통은 화약을 넣는 통, 격목통은 화약이 점화되면서 화살을 밀어 발사시키도록 돕기 위해 나무를 넣는 통이다.

◎ 대첩기념관에 전시된 총통

대첩 기념관에서 일총통, 이총통, 삼총통 사전총통, 사전장총통, 팔전총통, 신제 총통 등을 볼 수 있다.

가) 일총통

세종 30년(1448년) 화약 병기를 대대적으로 개량할 때 개발된 무기이다. 장군화통(將軍火筒) 다음으로 두 번째로 큰 무기이다. 일총통은 입구(취), 격목통, 약통으로 나누어진다.

이 무기의 작동방법은 약통 속에 있는 화약에 점화선을 넣어 불을 붙인다. 그러면 화약이 폭발하면서 격목통에 들어있던 나무가 빠져나가면서 입구(취) 속에 들어있는 화살(中箭, 次大箭)들이 발사된다.

나) 이총통

이총통은 입구(취)가 삼각형인 것이 특이하다. 사용방법은 일총통과 같으나 단지 발사물로 소전을 이용하여 한 번에 한 발씩 발사한다는 점이 다르다.

다) 삼총통

발사물로 차중전 한 개씩 발사할 수 있다. 발사거리는 약 300m정도이다.

라) 사전총통

세전 네 발 혹은 차세전 여섯 발을 동시에 발사할 수 있다. 다섯 명이 한 조를 이룬다. 네 명은 사수이고 한 명은 화약을 넣고 다지는 역할을 했다.

마) 사전 장총통

4개의 화살을 발사하는 긴 총통이다. 사전총통보다 약통(화약을 넣는 통)과 취(입구)의 길이가 두 배 정도 길다. 화살은 세장전과 차세장전을 사용하는데 한 번에 발사하는 화살은 세장전은 네 개, 차세장전은 여섯 개, 차소전은 한 개를 넣고 발사한다.

바) 팔전총통

팔전총통은 세전 여덟 발을 동시에 발사할 수 있는 것이다. 발사물로는 세전 여덟 개, 차세전은 열두 개를 한 번에 발사한다. 사정거리는 180~200m 가량이다.

(2) 소총, 승자총통(小銃, 勝字銃筒)

우리나라에도 소총이 있었으나 왜군의 소총에 비해서 명중률이 낮았다.

계속 소총의 단점을 보완하고 발전시켜 승자총통을 만들었다. 명중률을 높이기 위해 총의 부리를 길게 하여 사정거리를 늘였고 철환을 한 번에 두 발에서 열다섯 발까지 쏠 수 있도록 만들었다.

승자총통도 그 크기에 따라 대승자총통(大勝字銃筒), 차승자총통(次勝字銃筒), 소승자총통(小勝字銃筒)으로 나눈다.

특히 권율장군은 승자총통을 실은 300여대의 화차를 이용하여 왜군을 막았다고 한다. 만약에 화차 한 대에 승자총통이 40개가 설치되었다면 승자총통 속 80개에서 600개의 탄환을 동시에 발사하는 위력을 뽐내었을 것이다.

(3) 날아다니는 로켓 화살, 신기전(神機箭)과 신기전기(神機箭機)

신기전은 행주산성에서 왜군을 물리치는 데 큰 공을 세운 무기였다. '귀신 붙은 기계 화살'이란 뜻으로 그 당시에는 귀신이 붙었다 할 정도로 꽤나 위력이 대단했다.

신기전은 오늘날 로켓이나 미사일과 같은 무기이다. 고려시대 말 최무선이 화약을 개발하면서 '주화(走火)라는 무기를 개발했다.

주화는 '달리는 불'이라는 뜻으로 세종 때 이를 개량하여 신기전을 만들었다.

신기전의 종류는 그 크기에 따라 대신기전, 중신기전, 소신기전, 산화 신기전 등이 있다.

특히 대첩기념관에 전시되어 있는 '대신기전'은 발화통을 종이로 만든 로켓 병기이다. 대신기전은 전체길이가 5.6m가 되는 대형로켓으로 세종 29년(1447년)에 제작되었다. 유럽에서 제작한 연대(1805년)보다 약 350년 정도 앞선 것이며 세계에서 가장 큰 종이로켓이기도 하다. 대신기전은 목표지점에 도달하면 발화통이 자동적으로 폭발하는 무기이다.

발화통은 종이를 말아서 만든 원통 속에 화약을 넣어 사용한 폭탄의 일종으로 수류탄 역할을 한다. 발화통도 그 크기에 따라 대발화통, 중발화통, 소발화통으로 나뉜다.

대신기전을 변형한 것이 산화신기전이다. 이는 불을 퍼뜨리며 날아가는 것이 특징이다. 지금의 신호탄이나 조명탄과 같은 역할을 하며 적의 진지와 배에 화재를 낼 때도 사용했다.

신기전기는 중신기전이나 소신기전 등 '신기전 발사틀'을 화차의 수레 위에 올려놓고 사용한 로켓무기였다.

100발의 화살이 연달아 발사되는 최첨단 무기로 세계에서 가장 오래된 제작 설계도가 남아 있다.

신기전기에서 신기전은 어떻게 발사되었을까?

일단 목표물을 조준한다. 그 다음 화차 수레의 발사 각도를 조절한 다음 각 줄의 신기전 약통에 부착된 점화선(심지)을 한데 모아 불을 붙인다. 그러면 점화선(심지)이 타 들어가면서 위층에서 아래층까지 100발가량의 신기전들이 적진을 향해 날아간다.

(4) 완구(碗口)

완구 역시 총통처럼 대포의 역할을 한다.

하지만 완구는 길쭉하게 생긴 총통과 달리 바리 모양으로 생겼다. 큰 구멍에 둥근 돌로 만든 둥근 탄이나 비격진천뢰 등을 넣어 쏘았다.

특히 완구는 성을 공격할 때 으뜸가는 무기였다고 한다.

직경이 30cm나 되는 커다란 쇠공이나 돌덩어리를 쏘아 대면 성벽을 부수기에 좋았다. 또 쏘아 올린 돌덩어리가 멀리까지 나아가 성벽 너머의 적까지 공격하였다.

완구의 크기에 따라 별대완구, 대완구, 중완구, 소완구, 소소완구로 나눠진다.

(5) 승리의 주역 "화차"

권율 장군이 "화차가 있어 행주대첩의 승리가 가능했다"고 말할 만큼 화차는 임진왜란 때 가장 맹활약했던 무기였다.

특히 행주대첩 때 수적 열세를 단숨에 극복할 수 있도록 해준 무기였다.

왜냐하면 군사 200명의 몫을 화차가 거뜬히 해낼 만큼 그 위력이 막강했기 때문이다.

◎ 움직이는 기관총, 화차=수레＋총통기

화차는 문종 1년(1451)에 만들어졌다. '불 수레'라는 뜻으로 오늘날 '움직이는 기관총'이라 할 수 있다.

밑에는 수레가 있어 움직일 수 있고, 그 위에 총통기를 설치하여 총통기에서 무수한 화살이나 총알들이 연달아 발사되었기 때문에 그 위력은 막강했다.

또한 총통기에는 사전총통 50개 정도를 놓고 사전총통 안에 네 발의 화살을 넣으면 200발의 화살(細箭)이 연달아 발사되는 효과를 얻었다.

아니면 승자총통 속에 철환(총알)을 2~5개정도 넣어 발사하면 무려 80~200개의 작은 탄환이 발사되어 기관총을 방불케 했다.

특히 권율 장군은 승자총통을 실은 300대의 화차를 사용하여 왜군을 막아냈다고 하니 그 위력이 대단했음을 보여준다.

이외에 화차의 특징으로 발사 각도를 0~45도까지 조절할 수 있고 평상시에는 수레로 사용할 수 있는 이점이 있었다. 그리고 신기전기와 마찬가지로 총통의 심지를 서로 연결하여 한 개의 점화선에 불을 붙여 연달아 발사되도록 고안되어 있다. 그 위력 역시 막강했는데 120m~180m 정도 날아가서 150명~200명을 죽이거나 다치게 할 수 있는 막강한 무기였다. 화차를 끄는 데도 2~4명 정도만 있으면 거뜬히 움직일 수 있으니 수적으로 밀리는 상황에서 매우 큰 역할을 한 일등공신이었다.

(6) 질려포통

질려포통의 종류에는 대, 중, 소 세 가지가 있다. 이 질려포통은 나무를 깎아 만든 둥근 통속에 화약, 철파편(마름쇠), 쑥 등을 넣어 사용하였다. 철파편은 말이나 적을 공격하고 쑥 잎은 독한 연기를 발생시켜 화생방 공격을 방불케 했다. 또한 심지 길이를 조절하여 적이 오는 시간을 계산하여 폭파시킬 수 있어 시한폭탄의 역할도 겸했다.

(7) 각궁·수노

각궁은 우리나라 활 가운데 가장 대표적인 것으로 물소 뿔, 뽕나무, 소 힘줄, 실 등을 복합적으로 사용해 만든 활이며 그 탄력성이 매우 강하다.

일반적으로 약 200보가량 날아간다. 수노는 활을 발전시킨 것으로 수노틀의 앞부분에는 활을 설치하고 뒷부분에는 방아쇠를 장치하며 틀 위에 화살을 올려놓고 발사하는 무기이다.

(8) 시한폭탄 비격진천뢰(飛擊震天雷)

◎ 행주대첩의 숨은 비밀병기

화차 외에 행주대첩에서 큰 몫을 했던 무기가 비격진천뢰(飛擊震天雷)이다. 비격진천뢰는 우리나라 최초의 폭탄이었으며 행주대첩 때 최첨단 무기 중 하나였다.

오늘날 무기로 치자면 수류탄이나 시한폭탄과 같다.

사실 조선시대에 사용되었던 화차, 총통기 등 대포 역할을 했던 무기들은 그냥 커다란 화살이나 철환(총알)만이 '휘잉~'하고 날아가 적진을 파괴시키는 정도였는데 어쩐지 허전하다는 느낌을 준다.

대포라고 하면 뭔가 '펑펑'하고 요란한 소리를 내며 터져야 할 것 같은데 말이다. 그러나 비격진천뢰는 지금 사용되는 폭탄과 매우 비슷하다.

비격진천뢰는 전통적인 금속 무기 중 유일하게 목표물에 날아가 '꽝'하고 폭발하는 폭탄이다. 게다가 폭발하는 시간까지 조절하는 시한 폭탄기능까지 겸비하고 있다. 비격진천뢰의 모양은 볼링공처럼 둥근 원형이며, 그 무게는 무쇠로 만든 까닭에 약 15㎏정도에 이른다.

비격진천뢰는 중완구라는 대포로 발사된다.

발사된 비격진천뢰는 그 안에 있는 심지의 길이에 따라 시간이 되면 '꽝'하고 터지는데, 이때 안에 있던 뾰족한 마름쇠(철편)가 사방으로 퍼지면서 적군을 죽이거나 다치게 하도록 고안되었다.

비격진천뢰는 그 위력이 매우 우수하여 임진왜란 때 많은 성과를 올렸다고 한다. 또한 시한폭탄 비격진천뢰는 지금 남아있는 같은 종류의 유물 중 만드는 과정이 가장 우수하고 보존 상태가 좋아 국방과학기술 문화재로서도 가치가 높다.

의병활동(義兵活動)

1. 의병들의 활약

행주대첩은 권율 장군 개인의 전술만 뛰어나 이룬 성과가 아니었다. 관군, 승병, 의병과 고양 주민들이 마음을 하나로 모아 이룬 기적이었다.

특히 나라를 지키기 위해 스스로 부대를 만들어 싸운 의병활동은 왜적을 물리치는 데 커다란 역할을 하였다.

의병은 대개 그 지역에 살고 있는 농민들이 스스로 부대를 만들어 싸웠던 사람들이다. 관리였거나, 그 지역에서 학식이 높고 존경받는 학자 또는 승려들이 의병을 지휘했다.

하지만 의병들이 만든 부대라 해봤자 그 수가 적은 편이었다. 그래서 정면 대결보다는 기습공격이 주요 사용되었다. 행주대첩도 의병들이 뒤에서 왜군을 교란시키고 끊임없이 기습공격을 시도했기에 큰 성과를 볼 수 있었다.

뿐만 아니라 의병들은 관군에 비해서 사기도 매우 높았다.

왜적들에게 짓밟히고 있는 나라를 그냥 눈으로 볼 수 없어 스스로 일어났기 때문이다.

관군(官軍)은 "도망가는 사람은 목을 베겠다"고 엄포를 놓아도 떠나는 사람이 많았지만, 의병부대는 "떠나기를 원하는 사람은 가도 좋다"고 해도 빠져나가는 사람이 없었을 정도였다.

이렇게 자신의 목숨보다 나라를 지키기 위해 스스로 부대를 만들어 싸운 의병들이 있었기에 임진왜란을 극복할 수 있었던 것이다.

2. 고양 지역의 의병들

우리 고장에서도 의병활동이 활발하게 이루어졌다.

고양 지역의 농민들로 이루어진 의병들은 소규모로 부대를 만들어 서오릉이나 행주산성 부근 그리고 벽제와 파주 등 경계지역에서 활동하였다. 이렇게 고양지역의 농민들이 스스로 의병을 만들어 활동한 까닭은 무엇이었을까?

물론 나라가 왜군들에게 무참히 짓밟히는 것을 참지 못하는 애국심이 앞섰기 때문이었을 것이다. 고양지역은 관서대로가 지나는 교통의 요충지인 데다 한양이 가까워 자주 왜군들이 침략하여 식량을 빼앗기고 피해를 보기 일쑤였다.

그래서 고양 주민들은 스스로 우리 고장을 지키고 왜군들의 약탈로부터 가족과 이웃을 보호하기 위해 의병을 만들었다. 다행히도 우리 고장에는 의병을 이끌고, 용기를 북돋을 수 있는 훌륭한 분이 계셨으니 석탄 이신의 장군이다. 이러한 이신의 장군의 의병활동을 증명하는 이석탄장대(李石灘將臺)가 도내동에 위치하고 있다.

◎ 지명에 남겨진 임진왜란의 흔적

① 도내동(道乃洞)

도내동은 대부분 옛 자연촌락을 유지하고 있다. 마을 앞으로 창릉천이 흐르고 뒤로는 도란산이 둘러쳐져 풍수지리학적으로 명당임에 손색이 없다. 이런 도내동의 지명유래는 조선조 임진왜란 당시로 거슬러 올라간다. 임진왜란 당시 왜군이 창릉을 넘어 용두동에 진을 치고 있었을 때였다. 창릉천을 사이에 두고 대치하고 있었는데 왜군의 수에 비해 아군의 수가 적은지라 자칫 쉽게 공격당할 처지였다. 이에 이석탄 장군은 아군도 왜군만큼 병사가 많다는 것을 보여주기 위해 병사 3백여 명을 이끌고 사흘 동안 산을 돌았다고 한다. 이런 사연으로 인해 이곳의 산이름이 도란산이 되었다. 마을 또한 도래울이라 부르게 되었고 오늘날에 와서 도내동이 되었다.

한편 어떤 사람은 이곳 도란산의 생김새가 사랑:애(愛)자의 형상이기 때문에 '돌애울'이라 부르던 것이 '도래울'로 바뀌게 된 것이라 말하기도 한다.

② 석탄촌(石灘村)

도내동 안에 있는 마을 이름이다. 석탄 이신의 장군의 유적지와 전장터가 있어 장군의 호를 따 석탄촌이라 부른다. 반면 석탄촌의 '탄'자가 '여울 탄'자이듯이 북한산에서 시작된 창릉천 물줄기가 이곳 석탄촌 바위벽에 부딪혀 다시 반대로 흘렀다 하여 붙여진 이름이라고도 한다.

③ 노적봉(露積峰)

북한산 중성문을 지나 조금 오르다보면 왼쪽에 큰 봉우리가 보인다. 그 모습이 멀리서 보면 노적가리 모습 같다 하여 붙여진 이름이다. 밥할머니의 전설과 관련된 곳이다.

④ 피장산

고양동 벽제관지 뒤편 야산의 이름이다. 벽제관 전투 중에 명, 왜군의 장수뿐만 아니라 6.25 당시 중공군, 인민군 등 많은 사람들이 피를 흘리며 죽었다 하여 붙여졌다.

⑤ 왜정수(倭井水)

원당에 위치했던 우물인데 벽제관 전투 때 왜군들이 이 우물물을 마셨다 하여 붙여진 이름이다.

⑥ 진텃말

진텃말 앞쪽으로 곡릉천과 매봉재가 있어 진을 치기 좋은 곳이다. 벽제관 전투 때 이곳에서 왜군들이 진을 쳤다고 한다. 벽제관 전투가 벌어진 곳까지 약 2km 정도밖에 떨어져 있지 않다.

⑦ 퇴패현, 퇴박고개

고양시 벽제동, 양주시, 파주시의 경계에 있는 고개인데 매우 험준한 고개이다. 벽제관 전투에서 패한 이여송이 남은 군사를 이끌고 후퇴한 데서 붙여진 지명이다.

⑧ 여석령, 숫돌고개

숫돌고개는 1번 국도(통일로) 삼송동에서 문산 방면으로 넘어가는 큰 고개의 이름이다. 임진왜란 때 명나라 장군 이여송이 오금동에 있는 이병산(二兵山)과 대치하면서 벽제관에서의 패배를 복수하기 위해 숫돌 성분을 지닌 고개 위 바위에 칼을 갈았다 하여 붙여진 이름이다. 실제로 이곳에는 숫돌로 사용되는 돌들이 많았다.

V 근·현대

행정구역의 변화

조선조 말엽에 근대적인 개혁의 일환으로 지방행정제도가 자주 변화한다. 고종 32년(1895년)에는 한성부 소속의 고양군이 되었다가 1906년 9월(광무 10년)에는 양주군 신혈면이 고양으로 편입되었다. 이에 따라 고양군의 관할 구역이 8개 면 (사리대면, 원당면, 하도면, 구지도면, 구이면, 중면, 송산면, 사포면)에서 9개 면으로 확대되었다. 1910년 8월에는 관내의 마을 이름을 합병하거나 명칭을 고쳤다.

1911년 4월에는 9면 50개 리를 관할하였고 그 후 3년 뒤 고양군은 12개 면 155개 리를 관할하는 등 구역이 2배 가까이 대폭 확장되었다. 당시 서울지역을 아우르는 넓은 구역이었는데 이때 고양군청은 고양리에서 지금의 충정로 1가(현 서대문 적십자 병원)로 이전하였다.

그 후 1936년 4월 지금의 서울지역인 용강면, 연희면, 한지면 3개 면이 경성부로 편입되었다. 그러자 면적이 대폭 축소되어 고양군청 자리가 지금의 동대문 부근의 을지로 5가로 옮겨졌다. 1945년 대한민국정부 수립 후 서울시는 행정구역을 확대해갔다. 은평면, 숭인면, 독도면 일부를 서울시에 편입했고 고양군은 경기도 내에서 가장 적은 면적의 군이 되었다.

당시 고양군은 원당, 벽제, 신도, 지도, 송포, 중면 등 6개 면만 관할하였다. 1961년 서울특별시 중구 을지로 6가 18번지에 있던 고양군청 자리를 고양군 원당면으로 이전했다. 그리고 2년 후 1963년 3월에 고양군청을 원당면 주교리 97-1번지로 다시 이전했다. 1967년에는 신도면에 화전출장소를 설치하였다. 1970년대 말부터 1980년대 중반까지 신도, 벽제, 지도, 화전, 일산, 원당이 면에서 읍으로 승격되었다. 1960, 70년대에 새마을운동 같은 근대화 작업이 시작되었으며 능곡, 원당, 일산을 중심으로 점차 도시화 작업이 이루어졌다. 특히 가장 중점적으로 도시화 작업이 이루어진 곳은 주교동과 성사동이다. 주교동에는 고양군청을 비롯한 관공서가 밀집되어 있고 성사동에는 많은 아파트와 주택이 지어졌다. 일산지역은 일산재래시장 중심의 상권이 일산 사거리와 탄현동 지역으로 분산되었고 고층 아파트 단지가 건설되었다.

1989년 4월에 일산신도시 건설계획이 발표되면서 옛 일산읍 일산리, 마두리, 장항리, 주엽리, 백석리 일대 560여만 평이 일산 신도시로 건설되기 시작했다. 이어 중산, 탄현, 성사, 화정, 능곡, 행신지구 모두 6곳도 택지개발지구로 추가 발표되었다.

1992년 10월에는 고양군이 고양시로 승격되었고 1996년에는 덕양구와 일산구로 나눠졌다. 고양시는 외부 인구의 점진적인 유입으로 현재 약 87만에 이르고 있다.

격동기 속의 고양지역

근·현대사에서 격동기라면 항일전쟁시대(抗日戰爭時代)와 한국전쟁(6.25)을 들 수 있다.

이 시기는 고양지역에 엄청난 피해와 상처를 남겼다. 항일전쟁시대에는 정치, 사회, 문화 등 각 측면에서 많은 침략을 당하였다. 심지어는 고양의 명산인 고봉산과 북한산의 산봉우리, 산줄기에 쇠못을 박아 우리 민족의 정기를 끊으려고 했다. 일본은 말살정책을 통해 정발산 말머리 도당굿 등 마을굿이나 공동체 도당 행사를 중단시키고 그 맥을 끊으려 했다.

일본의 갖은 만행에도 불구하고 1919년 3·1운동이 전개되면서 관내 연희면 연희전문학교(지금의 연세대학교)에서 활발하게 저항운동을 했으며 노동 야학 운동도 폭넓게 전개되었다. 게다가 일본의 억압이 심해지면서 독립운동이 경성부에서 벗어나 근교였던 고양군 지역으로 확산되었다.

일본은 우민화 교육을 위해 원당초교, 일산초교, 고양초교 등 학교를 설립하여 식민지 교육을 실시하였다. 또한 관개사업으로 한강제방 축조 및 경의선을 중심으로 화전 지역에 대규모 일본군 군수공장을 만들었다. 이곳에는 조선인 노동자 거주지역과 대흥관사와 같은 일본인 거주 지역이 형성되었으며 신작로라 불리는 길들이 곳곳에 만들어졌다.

경의선과 통일로의 건설은 기존의 고양리 중심의 상권을 무너뜨렸으며 일산, 능곡, 벽제 등지로 상권이 옮겨갔다. 또 이곳에 일본 경찰이 주재하면서 고양지역에 내려오는 전통과 민속을 파괴하였다.

1945년, 8월 15일 조국을 되찾았으나 약 35년간 침략 일본이 남긴 어둠은 너무나도 깊었다. 즉 정신·물질·문화의 변질, 친일 인맥들에 대한 엄중한 처단의 부재, 역사 왜곡 등을 남겼으며 불행하게도 이러한 문제들을 제대로 정리하지 못한 채 이념갈등의 소용돌이 속에 빠지고 만다.

한국전쟁(6·25) 당시 고양지역의 피해는 매우 심각하였다. 서울이 가까워 전쟁 초기 아군의 일방적인 후퇴와 9·28 서울 수복, 1·4 후퇴에 의한 인민군과 중공군의 침략 등 후퇴와 수복이 반복되면서 다른 지역보다 피해가 매우 컸던 것이다. 뿐만 아니라 그 정신적 상처 또한 이루 말할 수 없으며 아직까지 그 아픔은 현재진행형이기도 하다.

우리 고장에서 이와 같은 비극은 반공구국 운동을 펼쳤던 태극단 활동과 9·28 수복 후 보도연맹활동에 가담했던 사람들의 죽음(소위 금정굴 사건)이 대표적이라 할 수 있다. 이들의 죽음은 이데올로기 앞에서 동족에게 총을 겨눌 수밖에 없었던 분단 조국의 뼈아픈 상처였다.

이제부터 우리는 세계 속에 우뚝 서기 위해서 반세기 전에 있었던 이 같은 사건들로 더 이상 대립과 갈등으로 일관해서는 안 될 것이며 용서와 화합으로서 아픔을 치유해야 한다. 이는 새천년 역사를 이끌 후손들에게 물려줄 의무이기 때문이다.

◐ 신도시 개발을 반대했던 주민들

노태우 정부는 국민들에게 주택 200만호 공급을 하겠다는 정책을 발표했다. 그 사업의 일환으로 고양군이 신도시 개발 계획 속에 들어갔다. 일산신도시개발계획은 한편으로 정부의 농정포기정책으로 받아들여졌고 일산 지역 주민들은 조상 대대로 살아온 삶의 터전과 농경지를 떠나야 하는 현실에 반대하고 나섰다.

주민들은 '일산신도시 개발 반대 투쟁 위원회'를 조직하였는데 이들의 신도시 개발 반대의 주요 이슈는 정부의 농정포기정책이었다. 실제로 당시 일산지역은 3분의 2 이상이 비옥한 평야지대인 전형적인 농촌지역이었다. 이곳의 평야를 매립해서 아파트를 건설한다는 것은 토박이들에게 큰 상처를 주는 것이었다. 또한 땅에 대한 보상금이 이후의 삶을 보장해주리라는 기대가 낮았고 대대로 형성해온 지역공동체와 백 년에 걸쳐 일가(一家)를 형성한 가족공동체가 해체되어 고양지역만이 가지고 있는 고유 생활사를 잃을 수 있다는 절박함이 앞섰다.

실제로 개발 전 고양군에는 예부터 집성촌(集姓村)을 이루어 사는 마을이 많았다. 옛 주엽 2리에는 순수한 해주 오씨들이 동족 촌락(1684년 정착)을 이루었으며 옛 주엽 3리(문촌마을)에는 밀양 박씨들이, 옛 주엽 4리(강선마을)에는 달성 서씨들이 주엽 5, 6리에는 달성 서씨와 전주 이씨들이(1800년경에 정착) 살았다. 또한 정발산 기슭에 자리 잡은 촌락에는 옛날부터 논·밭농사 위주의 농업에 종사했던 전주 이씨 효령대군의 자손들이 살았다. 한강 가 벌판에는 낙민마을이 있었는데 주로 초계 정씨가 많았고 진주 강씨의 마을인 강촌말, 경의선 쪽으로 개성 설씨의 설촌말, 해주 최씨가 살던 냉촌(천)말이 있었다. 아직도 시골마을의 모습을 잘 간직한 도내동에는 인천 장씨가 집성촌을(906년에 정착) 이루어 살고 있다.

이들은 논과 밭이 어우러진 곳에서 집성촌을 이루며 온 마을 사람들이 정겨운 인심을 나누고 지내 왔었다. 이렇듯 고양지역의 토박이들에게 '개발'의 의미를 뛰어넘는 '역사'와 '무형의 가치'가 숨쉬는 삶의 터전인 곳이었다.

정부는 '목이 좋은 곳에 상가를 분양하겠다, 아파트 선택도 우선권을 부여 하겠다'는 등의 회유정책을 펴나갔고 점차 시간이 흐르면서 이탈자가 생겨났다. 89년부터 시작한 반대운동은 92년에 막을 내리며 결국 신도시는 건설되었다.

앞으로는 신도시 개발 전의 사진이나 비디오로 담은 자료와 개발 후의 과정을 정리해서 자료로 보관하고 개발의 명암(明暗)을 재조명해야 할 것이다. 그 일환으로 흩어져 있는 유물을 환수하고 고양의 중요 문화 자료에 대한 기초연구를 활성화하고, 고양시에 대한 역사, 문화, 애향심을 고취시킬 수 있는 박물관 건립 등을 적극적으로 고려해야 할 것이다.

◑ 개발 전 고양시의 식생활과 주거

외형적으로 탈 전통의 모습을 확연히 보여주고 있는 신도시 개발 이전의 생활모습은 어떠했을까? 아파트가 70%를 차지하는 주거생활, 시민 4인당 음식점 1개소라는 통계로는 상상하기 힘든 모습을 살펴보자.

(1) 주생활

이○숙 씨 집: 현존하는 집으로 일산구 구산동에 위치하며 좌향이 정동향에 가까운 'ㄱ'자형 집이다. 집의 공간 구성은 안방, 건넌방, 대청, 부엌으로 이루어진 단출한 집, 바깥마당에 집의 규모에 비해 비교적 큰 외양간이 자리잡고 있다.

안마당에는 기둥 하나를 세워 안채에서 담까지 연결되는 지붕을 받치고 있다. 때문에 하늘이 보이지 않고 비도 안마당으로 들이치지 않는다. 이 집의 안마당은 아직도 흙마당을 유지하고 있다.

난방은 안방에는 연탄을, 건넌방은 안마당에 있는 아궁이에 장작을 이용한다.

(2) 식생활

대개는 자급자족해서 먹었는데 시장도 이용했다. 북한동의 경우 영천이나 남대문 사장을 이용하다 구파발이나 연신내 시장을 이용했으며 일산구 구산동 등은 5일장인 일산장(3, 8일)을 이용했다.

주식은 거의가 밥이었으나 보릿고개가 남아있던 시절에는 보리밥이나 밀기울을 쪄서 만든 우거짓밥을 먹었다. 또 보리죽, 김치죽, 시래깃국을 먹었으며 반찬은 배추김치, 짠지, 오이상치, 오이짠지, 가지무침, 취나물, 더덕, 도라지, 콩나물, 자반고등어 등을 먹었다. 구황음식으로 도토리떡, 송구떡, 쑥떡, 칡뿌리 등을 먹었으며 새참으로 찐 감자, 개떡, 밀빵 등을 먹었다.

(3) 정발산 말머리 도당굿

일산의 6개 자연촌락인 낙민, 강촌, 설촌, 냉촌, 놀메기, 다밭마을 사람들이 진산인 정발산에서 행하던 도당굿이다. 2년마다 한번씩 음력 3월 초순경에 좋은 날을 잡아 굿판을 벌였다.

도당굿을 관장하는 단골무당은 만신(여자 무당)이 맡는데 보통 무당 5~6명, 악사 3~5명이 참여한다. 악기는 피리, 대금, 호적, 장구 등이 사용됐다.

첫 장구 소리인 초당을 시작으로 부정거리, 부정말명, 성황거리, 대감놀이, 불사거리, 칠성거리, 도당대받이, 산신거리, 장군놀이, 별산거리, 신장거리, 걸립, 영산풀기 등의 순서로 보통 12거리 또는 16거리로 치르게 된다.

연세대 김인회 교수는 도당굿의 특성과 문화재적 가치에 대해 △온 주민이 참여하는 합동축제라는 점 △6개 마을 주민들 거의 전부가 굿에 참여하지만 이중에서 할머니들은 전원 참석하여 중심적 역할을 하는 일종의 경로잔치라는 점 △굿의 제의적인 전통과 절차가 큰 변화 없이 지켜왔다는 점에 있다고 주장했다.

정발산 말머리 도당굿은 토속신앙의 독특한 특징을 갖고 있는 공동굿으로서 전통문화의 가치 또한 매우 높은 토속신앙이다.

〈고양신문 제 544호 4면에서 발췌하여 실은 것임〉

◗ 항일시대의 재해석

종종 우리들은 막연히 일본에 만 35년간 망했었다고 가르치거나 배운 적이 있지 않은가? 선생님이 우리에게 가르쳤던 것처럼 후세들에게 깊은 숙고를 거치지 않고 다시 대물림하고 있지는 않을까? 그렇다면 우리나라는 한일합방 이후 일본에게 망해서 통치를 받은 그저 힘없던 국가에 불과했던 것인가? 아니다. 망했다는 주장은 분명 침략 일본의 논리일 뿐이다. 우리는 결코 망한 나라가 아니었다.

우리의 역사를 잇는 정통의 애국인맥이 만주벌이나 연해주에 망명 집단으로 분명하게 살아 있었기 때문이다. 그들은 단 한 번도 망국을 인정한 적이 없었다. 그렇기에 전 재산을 바치고 심지어 목숨까지 바치면서 구국의 성스러운 길을 갔었던 것이다. 그렇기에 그간 망국을 인정했던 역사 서술은 일본인의 입장에서 침략을 인정한 식민사관의 역사 서술이다.

앞으로 일본제정시대 대신 항일전쟁시대, 해방 대신 조국탈환일을 사용하자!

현시대에 들어서 침략일본에 의한 어둠의 시대를 불러왔던 호칭은 바로 우리가 갖고 있었던 그 시대의 역사관을 말해준다. 그것은 생생하게 우리의 시각을 반영하면서 오늘에 이르렀다. 우선 어둠의 시대, 당시에 부르던 호칭으로서 '일본제정시대'라 불렀다. 이는 침략일본의 침략이 옳았다고 그들 스스로 부르던 호칭으로서 우리 민족 가운데서 친일 매국의 인맥이 그 시대를 그리 불렀다.

다음으로 자유당 시대에 부르던 '일제침략시대', '왜정시대'라는 호칭이 있다. 이 호칭 또한 일제 침략을 그대로 인정하고서 그 자체만을 나쁘다고 부르는 상당히 소극적인 입장이다.

점차 민족운동에 대한 연구가 축적되는 가운데 '일제강점시대'라 부르는 것으로 정리되면서 최근까지 이어져 왔다. 일제 침략에 따른 그들의 행위를 우리 조국강토를 잠시 강점한 것일 뿐이라는 역사 해석인 것이다. 강제 점령에 의해 국토가 유린되었을 뿐이지 그것을 인정할 수 없다는 역사해석이다. 이쯤 되면 거의 친일 매국의 인맥이 용납될 수 없는 수준으로 서서히 역사 해석의 중심추가 애국인맥으로 옮겨가고 있음을 뜻하며 망국도 인정할 수 없다는 입장이다.

그런데 요즘에는 역사 해석의 주체를 완전히 항일 인맥에 중점을 두어 '항일전쟁시대'로 부르게 되었다. 역사를 독립군의 관점으로 보면 절대 우리나라는 망하지 않았으며 1945년 8월 15일은 침략 일본과 친일파가 망한 날이며 항일전쟁의 승리의 날이며 '조국탈환의 날'이다. 즉 우리 역사는 단군이래로 단절 없이 면면히 흘러왔음을 선언하는 것이다.

그러므로 단기 4278년(서기1945년) 8월 15일을 부르는 호칭도 달라져야 한다. 그 날을 지금까지 해방으로 불러왔지만 역사의 중심세력이었던 애국인맥의 입장에서 그날은 당당히 조국을 찾은 감격적인 조국탈환일이며 제 2차 세계대전에 승리하고 이긴 영광의 전승일인 것이다. 그리고 그간 우리가 조국탈환을 그저 미국의 도움으로 얼떨결에 얻은 열매로 해석해 온 흐름이 주류였다. 하지만 이러한 시각은 항일전쟁에 참전하지 않았던 비굴한 인맥들의 시각으로 본 것에 불과하며 침략일본과 싸워 혈전을 치룬 애국인맥의 시각으로 본 것이 아니었다. 의병들의 장렬한 혈투와 수많은 독립지사들의 살신성인, 독립군들의 성스러운 항일전투와 광복군의 노력이 없었다면 조국탈환은 오지 않았다. 침략일본은 단지 원자탄 하나로 무너진 것이 아니다. 침략일본의 근본을 꺾는 일은 우리 민족이 했고 거기에 중국 군인들이 연이어 합세한 것이며 미국이나 영국군은 마지막에 끝내기를 한 것일 뿐이다.

　우리 모두가 역사에 관심을 갖고 있는 것은 아니다. 하지만 학생이나 자녀들에게 우리 역사의 상처를 전할 때 어떤 태도와 단어를 가지고 설명하느냐에 따라 그들의 역사관에 끼칠 영향력을 생각해본다면 더욱 숙고해 볼 일이다.

　그 시대를 일컬어 망국의 패배자로서 '일본제정시대'라는 명칭을 쓸 때와 외세에 끝까지 저항한 승리자로서 '항일전쟁시대'로 부를 경우는 분명 다를 것이다. 또한 이 두 가지 시각은 분명 자라나는 세대들에게 다른 역사관을 심어줄 것이 자명하다.

문화재로 본 고양시

문화유적·유물로 본 고양시

고양시는 지리적 여건상 자연스럽게 선사시대부터 자연촌락이 발생해 사람이 살아온 삶의 터전이었다. 이런 이유로 구석기시대부터 조선조에 이르는 각종 유물과 유적이 발견될 수 있는 조건을 갖추고 있다.

우리고장에서는 가와지 볍씨, 토기, 고려청자, 분청사기, 구슬, 장신구, 동전 등 수천점이 출토되었고 왕릉, 비석, 부도, 산성, 사찰, 향교, 서원, 초가집 등 다양한 유적이 자리하는 등 선사시대부터 조선시대까지 많은 유물, 유적이 산재하고 있다.

또한 고양시는 예로부터 한강하구의 평야지대로서 쌀 생산에 유리하였고 지리적 여건상 전략적 요충지로써 삼국 시대부터 격전지이기도 했다. 때문에 삼국시대의 다양한 유물들이 출토되었고 고려와 조선시대에는 수도였던 개성과 한양이 가까워 고양지역이 공신들의 노급지로 활용되었다.

그러다 보니 자연스럽게 신하들이 고양지역에 모여 살게 되었고 그 자손들 역시 뿌리를 내리고 살게 됐다. 그래서 서삼릉, 서오릉과 같은 왕릉과 태실을 비롯하여 많은 사대부들의 묘와 사당이 위치하고 있다.

뿐만 아니라 고양시는 도성에 곡식을 공급하는 곳이기도 했다. 이는 농토가 비옥하여 촌락이 형성되기 쉬운 평야지대이기도 하며 한강이나 임진강을 통해 한양이나 개성으로 이동하는 교통의 편리함 때문이다. 이런 점 때문에 조선조 광해군 때는 궁궐을 고양시로 옮기려는 시도가 있었고 북한산에 행궁을 마련하여 국가의 위기를 효율적으로 막으려 하였다. 근래에는 충전공 정응두의 묘소에서 미라가 발견되었고(1988년) 56점의 임진왜란 전 의복도 발견됐다.

하지만 이와 같이 발굴된 많은 유물들은 발굴에 참여한 학자들에 의해 전국 각지에 흩어져 있으며 유형문화재를 제외한 세시풍속 등 무형문화재 역시 무분별한 신도시 개발로 인해 전승 및 보존이 미흡한 실정이다.

I 그 릇

가와지 토기

1. 부엌살림 제1호 '토기'

신석기인들이 생활했던 장소를 발굴하다 보면 다양한 석기와 더불어 토기가 발견된다. 토기란 진흙으로 그릇의 형태를 빚어 말린 뒤 600-800도 정도의 비교적 낮은 온도에서 구운 그릇이다.

토기를 만들었다는 것은 뭔가를 저장했다는 것을 의미한다.

이는 농사를 짓게 되면서 예전보다 더 많은 식량생산과 함께 잉여 생산물을 저장할 용기가 필요했다는 것을 뜻한다. 물론 이 전부터 나무 그릇이나 가죽으로 만든 주머니 혹은 식물 줄기를 엮어서 만든 간단한 용기가 있었다. 하지만 신석기인들은 흙을 가지고 그릇을 빚기 시작하여 토기를 만든 것이다. 이는 동물과 달리 자연을 그저 있는 그대로 이용하는 데서 벗어나 새로운 것을 만들어내는 창조적인 인간이었음을 증명하는 것이다.

토기의 발명으로 그동안 날것을 그대로 먹거나 구워먹는 데서 벗어나 음식을 끓여 먹게 되었다. 덕택에 솥이나 냄비처럼 주방기구의 역할을 톡톡히 해내면서 요리법도 다양해지고 음식 맛도 풍부해졌다.

그만큼 신석기인들에 있어서 벼농사를 시작한 것만큼이나 토기 그릇의 발명은 식생활을 변화시키는 실로 대단한 일이었다. 이처럼 토기는 신석기인들에게 부엌살림 제1호였으며 생활수준이 더욱 발전하였음을 증명해 주는 유물이다.

2. 빗살무늬토기가 유행하다

우리 고장의 곡릉천, 창릉천, 한강변과 일산구 주엽동, 대화동, 지영동 등지에서 신석기인들의 흔적을 찾아 볼 수 있는 토기가 발견되었다. 특히 이 중 지영동, 신원동, 지축동에서 발견된 토기는 빗살무늬토기이다.

그런데 왜 신석기인들은 토기에 많은 무늬들 중 하필 빗살무늬를 새겼던 것일까? 빗살무늬는 신석기인들의 생활환경과 매우 밀접한 관계가 있다.

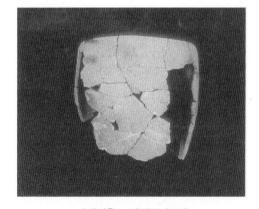

가와지출토 빗살무늬토기

벼농사를 시작한 신석기인들은 농사를 잘 짓기 위해서는 기후 변화 등 자연법칙을 잘 알아야 했고 점차 축적된 경험과 관찰을 통해 자연의 원리를 조금씩 이해하게 되었다. 그러면서 바람이나 천둥, 번개 등 신기한 자연현상이나 산, 물, 태양, 구름 등에도 신비한 힘이 있다고 믿었다. 특히 농사에 큰 영향을 미치는 태양과 물을 가장 숭배하였다. 아마도 그들은 태양이 듬뿍 내리쬐어 곡식이 잘

여물고 비도 알맞게 와서 풍년이 들고 물고기도 많이 잡혀 배불리 먹기를 소망했을 것이다.

이러한 간절한 소망이 빗살무늬로 토기에 형상화되었으며 이를 강렬한 햇살이나 비가 내리는 모양 또는 물고기 뼈 모양으로 소박하게 표현했을 것이다. 아울러 문양을 새기게 되면 토기의 강도가 더 단단해지는 기능적인 이점도 있었다.

빗살무늬토기의 또 다른 특징은 밑이 뾰족하다는 점이다.

그 이유는 신석기인들이 살았던 곳이 어딘지 생각해보면 금방 알 수 있는데 삶의 터전이 주로 강가였기 때문이다.

이렇게 대부분 하천근처에 살다 보니 토기 끝을 뾰족하게 만들어 강가의 모래흙에 쉽게 세우게 되었다. 혹은 토기 옆으로 구멍을 뚫어 매달아 놓기도 했다. 때문에 고양지역에서 출토된 빗살무늬 토기도 주로 창릉천과 곡릉천 등지에서 발견된다.

3. 가와지 지역에서 발견된 청동기 토기들

고양시에서 발견된 청동기 유물 역시 토기 종류가 많다.

가와지 지역에서는 덧띠토기, 찰흙띠 겹입술토기, 쇠뿔손잡이토기, 굽잔토기를 포함하여 2000여 점의 유물이 출토되었다. 덧띠토기는 이곳에서 가장 많이 나온 토기다. 생김새는 편평한 밑바닥에 약간의 각이 지면서 몸통과 이어진 바리 모습의 겹입술이다. 가와지 지역에서 토기가 많이 나온 것으로 보아 이곳 일대가 주요 생활터전이었을 것으

덧띠토기가 집중적으로 출토된 모습

로 여겨진다. 덧띠토기 등의 유물이 나오는 층을 연대방사선탄소측정결과 2,460 B.P.(약 기원전 7세기쯤) 이 지역에서 터전을 잡고 살림을 꾸렸던 것으로 보인다.

덧띠토기입술 *Parts of Pttery*
(고양일산 가와지-청동기시대)

굽잔토기사진(복제품) Parts of
Pottery(고양일산-청동기시대)

주엽동에서는 겹아가리토기 조각이나 쇠뿔모양손잡이토기 등 여러 점이 출토되었다. 토기들의 재미있는 이름은 그 생김새나 새겨진 무늬를 본떠 지은 것들이다.

가령 찰흙띠겹입술토기는 찰흙으로 띠를 둘러 토기 주둥아리를 겹으로 쌓아 마치 입술모양을 하고 있어 붙여진 이름이다.

마찬가지로 쇠뿔손잡이토기는 쇠뿔처럼 생긴 손잡이가 달렸기 때문에 붙여졌고 굽잔토기는 굽이 달린 잔의 모양을 하여 붙여진 이름이다.

굽잔 토기의 경우 물레가 없었기 때문에 손빚음법[2], 서리기법[3], 테쌓기법[4]을 이용하여 만들었다. 서리기법이나 테쌓기법을 이용하여 몸통을 만들고 바닥을 이어 붙인다. 그 다음 바닥과 몸통이 떨어지는 것을 막고 겉보기에도 바닥과 몸통이 따로 붙여진 흔적을 없애기 위해 왼쪽으로 돌려가며 엄지와 검지로 꾹꾹 눌러 이음새를 마무리한다. 이렇게 꾹꾹 눌러 마무리한 곳에는 종종 손가락 자국이 발견된다. 토기의 모양을 다 만들고 나면 모양을 다듬기 위해 긁개나 조가비로 긁어낸다. 마지막으로 고운 찰흙을 입혀 물칠을 하거나 문지르거나 빗질 또는 손으

---

2) 반죽한 흙을 손으로 주물러 원하는 형체를 만드는 방법이다. 이는 토기제작에 있어 가장 초보적인 기술이다. 작은 토기를 만들 때 주로 쓰인다.

3) 반죽한 흙을 뱀 모양으로 길게 늘여서 흙띠를 만들고 그것을 감아올리는 방법이다. 접속 부분은 문질러서 조절한다.

4) 반죽한 흙으로 여러 개의 도넛 같은 고리를 만들어 의도하는 형태로 쌓아 올리는 방법이다. 고리 안팎 부분을 손으로 문질러 토기 벽의 두께를 조절, 표면을 마무리한다.

로 눌러서 마무리하면 굽잔토기가 완성된다.

원흥동 고려청자 도요지(경기도 문화재 자료 제645호)

청자파편 사진

원흥동 고려청자 도요지 전경

위치: 원당역에서 구파발, 삼송동 경유 버스를 이용하여 가시골 마을 앞 하차 (약 5분소요)
　　 원흥동 웃말 마을로 들어오면 된다. (도보로 10분소요)

1. 청자는 만들어진 옥(玉)?

청자는 중국에서 처음으로 만들어졌다. 중국 사람들은 예로부터 옥(玉)을 진귀한 보석으로 각별하게 여겨왔다. 중국에서는 옥이 군자(君子)를 상징하며 부와 명예를 가져온다고 믿었다. 죽은 후에는 극락에 갈 수 있도록 도와준다고 생각했다. 이런 이유로 많은 중국인들은 옥을 가지고 싶어 했다. 그러나 옥을 원하는 사람에 비해 한정되어 있고 그 가격이 매우 높았다. 때문에 옥과 비슷한 무엇인가를 가지고 싶어 했다. 그러던 중 혹시 흙으로 옥을 만들 수 있지 않을까 하고 생각하게 된다. 도공들은 옥처럼 아름다운 색깔과 단단함을 지닌 인공 옥을 만들기 위해 수많은 실험을 했다. 마침내 3세기말, 가마터에서 그 결실을 얻게 되어 청자가 탄생한다. 이렇게 청자는 옥을 가지고 싶어 하는 소박한 중국인의 염원에서 비롯되었다.

2. 토기에서 자기로의 발전

우리나라는 일만 년 전부터 토기를 사용하면서 그릇을 구워왔다.

점점 기술이 발달하면서 유약을 사용하고 더 높은 온도에서 그릇을 구우면서 자기를 만들었다. 이렇게 기술의 발전이 거듭되면서 그릇에 대한 생각이 조금씩 달라졌다.

특히 고려청자는 그저 무언가 담기 위한 실용적인 저장용기라는 인식에서 벗어나 아름다움을 느낄 수 있는 예술품의 가치를 지니기 시작했다. 그렇다고 고려인에게 있어 청자가 그저 감상용품만은 아니었다. 용기로서의 기능에서 벗어나 지붕을 잇는 기와, 앉아서 연회를 즐기는 의자, 베고 자는 베개, 여인들의 화장 상자, 장고 등 일상생활 곳곳에서 쓰였다.

하지만 우리 스스로 청자를 만들고 화려한 청자문화가 꽃피기까지는 오랜 기다림이 필요했다.

중국인들은 옥과 비슷한 청자를 만들었고 이는 그 당시로서는 오늘날 우주선을 띄어 올리는 것과 맞먹는 획기적인 발명이었다. 당시로서는 '고령토'의 발견과 불의 온도를 섭씨 1300도씨로 올릴 수 있는 가마 기술이 이뤄낸 놀라운 성과였다. 그렇다고 처음부터 청자의 빛깔이 좋았던 것은 아니었다.

중국에서도 약 600년 동안의 노력 끝에 비로소 비색(秘色)의 청자를 볼 수 있었다. 옥처럼 맑고 티 없는 비색은 양자강 하류 절강성 북부일대에 자리 잡은 '월주 가마터'에서 처음으로 그 빛을 드러냈다.

중국은 각고의 노력 끝에 얻은 청자 제작 기술을 다른 나라에 쉽사리 가르쳐 주지 않았다. 당시 우리나라를 비롯해 일본, 동남아시아 여러 나라들은 아직 '자기'조차 만들 줄 몰랐던 상황이었다.

그래서 삼국시대 이래로 왕족과 귀족들은 청자를 중국에서 수입하여 썼다. 그러다 선종의 도입과 차 문화의 확산으로 청자에 대한 사회적 관심이 고조되었고 제작 기술이 나날이 발전함에 따라 자체적으로 청자를 만들 수 있다는 자신감이 생겨났다.

드디어 본격적으로 통일신라 말부터 청자를 구워내기 위한 끊임없는 노력이 뒤따랐고 비로소 독창적이고 세련된 '고려청자'가 탄생되었다. 이때 「원흥동 고려 청자 가마터」는 청자를 직접 우리 손으로 처음으로 굽기 시작할 즈음에 만들어진 초기 청자가마터이다. 원흥동 가마터의 정확한 조성연대를 추정하기 힘드나 대체로 통일신라 말에서 고려 초기에 만들어진 가마터로 보인다.

3. 서남해안 일대와 원흥동

원흥동 가마터는 [경기도 문화재 자료 제 645호]로 지정된 덕양구 원흥동 나무드머리 마을에 위치한 청자 가마터이다.

원흥동 가마터에서 청자를 굽게 될 수 있었던 시대적 상황을 통해 가마터가 이곳에 조성된 이유를 유추해보자.

통일신라 말기는 '장보고'의 활발한 해상무역활동이 돋보이던 시절로 많은 중국 도자기와 도자기 굽는 기술이 바닷길을 통해 들어왔다.

특히 서남해안 일대는 청자문화를 적극적으로 받아들일 수 있게 되었다. 서남해안 일대는 평야지대와 바다에서 나오는 해산물로 다른 지역보다 경제적으로 풍요로웠다.

또한 당시 수준 높은 청자를 굽던 중국의 '월주 가마터'와 지리적으로 가까워 기술을 적극적으로 받아들이는 데 유리하였다. 또한 배를 통해 경주나 개경 등 주요 수요도시로 운반이 가능하였다. 이처럼 서남해안 일대는 활발한 해상무역활동과 지리적 장점이 조화되어 청자를 구울 수 있는 유리한 조건이 이루어졌던 것이다. 그리하여 서해안과 한강이 가까운 원흥동 가마터 역시 청자를 구울 수 있었던 환경이 이루어진 것으로 보인다.

◎ 청자가마터의 조건을 갖춘 원흥동 가마터

청자를 만들려면 도자기 재료인 백토(고령토)가 풍부하고 바람이 심하게 불지 않아 불 때기가 좋고 땔감 재료인 나무를 언제든지 구할 수 있는 나지막한 산 주변이 안성맞춤이다.

이렇게 청자 가마터의 조건을 만족시키는 곳도 서남해안 일대가 많았다. 당시 만들어진 초기 청자가마터로 경기도 고양시 원흥동, 전남 강진군 대구면 칠량면, 경기도 용인시 이동면 서리, 전북 고창군 아산면 용계리 등 여러 군데가 있다.

고려시대 때 건자산소(巾子山所)가 이곳에 설치되었던 점을 고려해보면, 다른 초기 청자 가마터와 마찬가지로 원흥동 청자 가마터에서도 도공들이 신비스런 푸른 빛깔을 얻기 위해 구슬진 땀방울을 흘렸던 것으로 보인다. 일반적으로 향·소·부곡은 천민집단 거주지로 알려져 있는데 최근에는 이에 대한 연구가 진척되면서 새로운 관점이 대두되고 있다.

특히 소(所)는 국가에서 필요한 각종 물품을 생산하던 곳으로 자기소(磁器所), 철소(鐵所), 은소(銀所), 동소(銅所) 등과 같이 수공업 중심의 행정구역으로 추정하고 있다. 그 당시 건자산소에서는 다양한 생활자기와 함께 청자가 전문적으로 만들어졌으며 주로 국가에 공납된 것으로 보인다.

4. 원흥동 나무드머리 마을에서 빚어낸 청자

고양시 원흥동 '나무드머리' 마을에 자리한 이 가마터는 1937년 조선총독부에서 근무하던 일본인 도자기 학자, 노모리 다케시(野守建)가 발견하였다. 원흥동 가마터는 지명유래에서도 가마터의 자취를 엿볼 수 있다. 원흥동의 본래 이름은 '목희리(木稀里)'였다고 한다. 뜻을 풀어보면 '나무가 드물다'는 뜻이다. 얼마나 많은 나무들이 베어졌으면 마을 이름이 '목희리'가 되었겠는가? 그것은 나무들이 땔감으로 사용되어 남아나질 않았음을 의미하며 이를 증명하듯이 원흥동 가마터에는 실패한 자기 파편들이 네 개의 큰 언덕을 이루고 있다.

◎ 신라 말~고려 초에 만들어진 가마터

이 가마터는 나지막한 건지산의 동쪽 기슭에 위치하며 그 앞으로는 평야가 있고 주변에는 창릉천과 한강이 흐르고 있다.

나무드머리 마을에 가마터를 만들 수 있었던 조건은 무엇이었을까?

우선 나무땔감이 건지산에서 충분히 공급되고 바람을 막아주어 불을 잘 뗄 수 있는 환경을 지니고 있다. 또한 한강이 가까워 가마터에서 만든 도자기를 개경이나 여러 지방에 실어 나르기도 쉬웠다. 이러한 주변 환경이 원흥동에 가마터가 자리 잡을 수 있는 요소들이었다.

원흥동 가마터에서는 햇무리 굽 청자그릇을 비롯하여 대접이나 접시를 위주로 여러 가지 생활 그릇을 만들었다.

이 가마터에서는 벽돌가마터였음을 보여주는 장방형 벽돌이 발견되었다. 벽돌가마는 중국의 월주 가마터의 영향을 받은 것으로 이 가마터가 우리 스스로 청자 제작을 시작할 무렵 서남해안 지방을 중심으로 만들어진 가마터 중 한 곳이었음을 보여준다. 하지만 안타깝게도 원흥동 가마터에 대한 조사가 자세히 되지 않아 정확히 밝혀진 바는 아직 부족하다.

◎ 햇무리 굽 청자가 발견된 가마터

원흥동고려청자 가마터에 직접 가보면 가마터를 한눈에 알아보기는 힘들다. 그 이유는 가마터 위로 수풀이 빼곡히 우거져 그저 낮은 언덕쯤으로 보이기 때문이다. 그나마 수풀을 헤치면 깨진 그릇들을 쉽게 확인할 수 있다. 굳이 눈으로 확인하지 않는다 해도 그 위를 걸어보면 땅을 밟을 때와는 느낌이 좀 다르다. 흙처럼 딱딱한 게 아니라 밟을 때마다 약간씩 푹푹 들어가고 무언가 둔탁하게 부딪히는 소리가 난다. 이는 깨진 도자기들이 무수히 쌓여 있기 때문이다.

자세히 보면 거대한 퇴적더미가 네 개의 언덕으로 이루어져 있으며 남동쪽에서 북서쪽 방향으로 비스듬히 놓여 있다.

이렇게 위 아래로 비스듬히 가마를 만든 까닭은 불이 골고루 번져 도자기가 잘 구워지도록 돕기 위함이다.

이 퇴적더미 속에는 갑발과 약간의 자기조각, 그리고 실패한 도자기 조각들이 겹겹이 쌓여 있다. 그릇파편만 가지고서는 모양을 알아보기 힘들기는 하나 몇 가지 사실을 유추해 볼 수 있다.

첫째, 갑발이란 도자기를 구울 때 담는 큰 그릇이다. 갑발의 쓰임은 도자기를 만들 때 가마 안의 더러운 물질이나 재가 떨어지는 것을 방지하기 위해 사용한다. 또한 도자기가 구워지는 동안 일정한 온도를 유지하는 역할도 한다. 형태는 원통형으로 크기는 작고 주로 고급 자기를 만들 때 사용했다.

갑발은 대체로 삼국시대와 통일신라시대의 가마터에서는 발견되지 않고 고려시대 초기 청자가마터[靑瓷窯]부터 사용되어 조선시대 말까지 널리 만들어지고 사용되었다. 이를 통해 원흥동 가마터가 고려 초기에 활발하게 청자를 구웠던 장소임을 짐작케 한다.

둘째, 깨진 청자 자기는 거의 무늬가 없고 암녹색과 황갈색을 띠고 있으며 굽이 높고 그 형태가 햇무리 굽 청자이다. 이로 미루어 당시 중국의 월주 가마터의 청자제작 기술을 적극적으로 받아들였을 통일신라 말 고려 초기에 조성된 가마터로 짐작된다.

이 외에 원흥동 가마터에는 슬픈 전설이 전해져 오고 있다. 봉이와 동이라는 두 남매의 이야기인데 이를 통해 이곳에서 청자나 도자기가 구워졌다는 사실과 청자가 만들어지기까지 많은 희생과 재료 개발의 어려움이 따랐음을 엿볼 수 있는 이야기이기도 하다.

● 두 남매의 영혼이 깃든 원흥동 청자

원흥동 나무드머리 마을에는 부모님이 안 계시는 두 남매가 살고 있었다. 누나는 봉이, 남동생은 동이였다.

소녀 가장이었던 봉이는 7년 전 부모님이 돌아가시자 가마터에서 이런 저런 잡다한 일을 도와주며 동생 동이를 돌보았다.

그런데, 동이는 둘째가라면 서러운 동네 제일의 말썽꾸러기였다.

어느 날 착한 누나 봉이는 싸움을 하고 들어 온 동생에게 충고를 했다.

"동이야, 이제는 장난 좀 그만 치렴! 매일 친구들이랑 싸움만 하니 친구들도 널 싫어하고 옆 동네 사람들까지 흉을 보잖니?"

"치~잇, 왜 나만 가지고 그래? 옆 집 갑돌이가 부모 없는 애라고 먼저 놀리잖아. 그걸 참아야 돼?"

동이는 벌컥 화를 내며 뛰쳐나갔다. 봉이는 언제나 착하고 귀여운 동생이었던 동이가 부모님을 여의고 비뚤어지는 모습을 보고 눈물을 흘렸다. 그럴 때면 '좀 더 자라면 괜찮아질 거야. 누나 마음을 이해해 줄 때가 오겠지' 하면서 스스로 위안하며 하나밖에 없는 동이를 위해서 더욱 열심히 일해야겠다고 다짐을 하였다.

한편, 원흥동 가마터에는 도자기를 잘 만드시는 '방 선생'이라 불리는 분이 있었다.

방 선생 댁은 몇 대째 흙으로 그릇을 빚으며 살아온 집안이었다. 그래서 방 선생 가마터는 옆 동네에서 그릇을 사러 올 정도로 소문난 곳이었다. 게다가 방 선생님의 인품이 매우 후덕하여 많은 사람들로부터 존경을 받았다.

봉이는 이곳 '방 선생' 가마터에서 일을 하고 있었다. 흙을 나르고 가마에 장작을 피우는 등 힘든 일을 했지만 아주 성실하게 일하였다.

그래서 방 선생도 봉이를 기특하게 생각하시고 많은 도공들 중에서 자신의 뒤를 이을 후계자로 마음에 두었다.

어느 날, 봉이는 여느 때와 마찬가지로 장작을 한 아름 날라 가마 옆에 차곡차곡 쌓았다. 그리고 반죽이 덜 된 흙을 발로 밟아 반죽을 하고 물을 떠 나르기도 하면서 부지런히 일을 하였다.

"봉이야, 쉬었다가 하려무나."

"아뇨, 괜찮아요. 조금만 더하면 끝나요!"

봉이는 환하게 미소 지으며 이마에 송글송글 맺힌 땀방울을 닦으며 말하였다.

6년째 가마터에서 일하는 동안 봉이의 그릇 만드는 기술은 매우 단련되어 갔다. 그래서 방 선생님의 도움 없이도 제법 그릇을 잘 빚어내었고 그럴 적마다 방 선생님은 매우 흡족해 하시며 칭찬을 아끼지 않았다.

그러던 어느 날 아침이었다. 이른 아침부터 들려오는 시끄러운 소리에 잠을 깨고 말았다. 바깥에서는 동네 사람들의 온갖 고함소리며 발걸음소리가 시끄럽게 들려왔다.

'어, 왜 이렇게 밖이 시끄럽지? 혹시 또 동이가 말썽을 부리지 않았을까?' 봉이는 슬그머니 걱정이 되었다. 자리에서 일어나 밖에 나가니 화가 난 동네 사람들이 마당에 모여 있지 않겠는가.

"아니, 아침부터 웬일이세요? 혹시…… 동이가 말썽이라도 ……"하며 조심스럽게 물어 봤다. 그러자 화가 단단히 난 마을 어른들은 꾸짖기 시작했다.

"봉이야, 도대체 동이는 왜 그렇게 장난이 심한 거니? 아무리 철이 없어도 그렇지! 최진사 댁 간장독이며, 금만이네 된장독을 다 깨뜨렸단다. 그것도 모자라서 이웃 평양 댁의 떡시루와 콩나물시루까지 내려앉게 만들었으니…… 이것뿐만 아니라 이 집, 저 집 돌아다니면서 있는 옹기들은 다 깨고 다녀서 이루 셀 수가 없을 정도란다!"

"이 놈, 동이야~ 얼른 나오지 않을래? 요 녀석 잡히기만 해라!"

"죄송해요. 제가 다 변상해 드릴게요."

봉이는 동생 대신에 무릎을 꿇고 마을사람들에게 용서를 빌었다.

하지만 마을 사람들은 화가 풀리지 않았는지 버릇을 고쳐주겠다며 동이를 찾아다녔다.

그런데, 동이는 용케도 어디론가 감쪽같이 숨어버려 마을 사람들은 찾다가 그만 포기하고 모두 집으로 돌아갔다.

봉이는 크게 낙심하고 방 선생님 댁에 일도 나가지 않은 채, 아침부터 동이를 찾으러 다녔다.

'동이가 도대체 어디로 간 거지? 혹시……'

불현듯 머리에 스치고 지나간 것은 바로 부모님의 무덤이었습니다.

봉이는 뒷산 올라갔다. 역시 그곳에 동이가 가만히 웅크려 혼자 울고 있었다.

"동이야~, 내가 얼마나 찾은 줄 아니? 왜 여기에 있는 거야?"

"어, 누나~ 엄마가 보고 싶어!"

동이는 봉이의 품에 안겨 엉엉 울었다. 봉이는 말썽꾸러기이지만 한없이 마음이 여린 동생이 가여웠다.

동생을 집에 데리고 와서 아무 것도 먹지 못한 동이에게 밥을 주었다. 맛있게 밥을 먹는 동생을 물끄러미 보니 걱정이 들기 시작했다.

'깨진 독과 옹기그릇을 변상해 준다고 약속했는데……. 우리 형편에 어떻게 하지…….'

봉이는 이 일을 방 선생님과 의논하기로 했다.

방 선생은 봉이의 딱한 사정을 아시고 흔쾌히 그릇을 만드는 데 도움을 주셨다. 그래서 꼬박 4일 동안 동이가 깬 80여 개의 독과 그릇을 모두 만들었다. 마을 사람들은 이렇게 밤낮을 가리지 않고 그릇을 만들어 기진맥진이 되어 힘없는 봉이를 보자 혀를 차며 한마디씩 하였다.

"동이, 나쁜 녀석……. 그 녀석은 봉이가 고생하는 것을 아는지."

그 일이 있고 난 후 어느 날이었다. 마을 앞 궁말 장터에 임금님의 친필로 쓰인 방이 하나 붙었다.

마침 장을 보러 나갔던 봉이는 사람들이 모여 웅성거리는 곳에서 임금님의 방을 읽게 되었다.

〈우리나라의 온 백성이 흙으로 만든 토기를 사용하니 그 불편함이 말로는 이루 다할 수 없고 백성들의 생활이 풍족하지 못하다. 그래서 지금까지 사용해오던 토기를 대신할 새로운 그릇을 만드는 사람에게는 세 가지 소원을 물어 그 소원을 들어줄 터이니, 나라 안의 백성들은 새로운 그릇을 만드는 데 게을리하지 말기를 바라노라.〉

다음 날 임금님의 친서를 읽고 돌아온 봉이는 이 사실을 얼른 방 선생에게 알려 주었다.

그 후 마을은 임금님의 친서를 읽고 새로운 그릇을 만들겠다는 마을 사람들로 떠들썩하게 되었고 방 선생 댁 가마터에 몰려들기 시작했다. 그러나 농사를 지으며 생활한 동네 사람들은 두 달이 지나자 하나둘 떠나 다시 제자리로 돌아갔다.

이렇게 하여 방 선생님과 봉이 둘만이 가마터에 남게 되었다. 두 사람은 새로운 그릇을 만들기 위하여 매일 밤낮을 가리지 않고 생각하고 생각하면서 연구를 하였다.

방 선생은 매일 건지산에 올라가 조용히 마음을 가다듬고 생각을 했다.

'지금까지 우리나라 토기 만드는 기술은 섭씨 1000도를 견뎌 내지 못하고 있으니…… 무슨 방법으로 이 뜨거운 열기를 견디는 새로운 그릇을 만들 수 있을까? 1200도 까지만 열을 견뎌내는 방법을 발견한다면 새로운 그릇을 만들 수 있을 텐데……. 그건 아마도 열을 견디려면 유약을 제대로 써야 할 것이다'

그래서 방 선생님과 봉이는 열에 강한 유약을 만들기 위해서 소나무 송진을 발라보기도 하고 여러 가지 기름 등으로 실험하였다.

그러나 그 결과 실패였습니다.

이렇게 거듭되는 실패로 봉이와 방 선생은 크게 실망하고 그릇 만드는 것을 포기하게 된다.

한편, 동이는 밤낮으로 새로운 그릇을 만들기 위해 노력하였던 누나가 실망하고 잠도 못 자는 것을 보고 마음 아파했다

그날 밤, 동이는 꿈속에서 뜻하지 않게 돌아가신 어머니를 만나게 되었다.

"아~ 엄마! 보고 싶었다!"

"동이야, 내가 없는 동안 고생이 많구나. 항상 너를 돌보느라 고생하는 누나를 생각하고 말썽피우지 말고 누나 말을 잘 들으렴.

그리고 동네 어른들을 항상 부모님처럼 대하고 착한 일을 많이 하는 것이 엄마 소원이란다. 동이야, 잘 해줄 수 있지?"

"그럼요. 엄마, 앞으로 더 착한 동이가 될 거예요."

"그런데 요새 누나가 요즘 새로운 그릇을 만드느라 힘들어하고 있지? 동이야! 누나에게 이 말을 꼭 전해주렴. 새로운 그릇을 만드는 비결은 바로 사람의 몸속에 있는 골수라고 말이다. 이 골수를 얻기 위해서는 무거운 것으로 누르면 기름이 되는데 그 기름을 그릇에 바르면 수천 도의 온도에서도 그릇을 잘 보호할 수 있게 된단다.

그럼 동이야, 이 얘기를 누나에게 꼭 전해주려무나. 알겠지? 잘 있어라."

"엄마, 가지 말아요~ 엄마!"

애타게 엄마를 부르다 동이는 깜짝 놀라 눈을 뜨고 말았다. 잠에서 깨어난 동이는 옆에서 자고 있는 누나를 보고 마음속에 뭔가 결심을 하게 된다. 잠시 후 동이는 문을 열고 마을 어귀에 있는 물레방앗간으로 향한다. 동트기 전이라서 마을은 매우 조용하였고 간혹 멀리서 개 짖는 소리만 들려왔다.

물레방앗간 안으로 들어가 신발과 옷을 벗어 놓고 동이는 편지를 쓰기 시작했습니다.

〈사랑하는 봉이 누나에게〉

누나! 지금까지 제가 말썽만 피우고 못된 짓만 했던 것을 모두 용서해줘.

마을 독을 모조리 깼던 일, 영수네 참외밭을 망가뜨린 일, 최 진사 댁 강아지한테 돌 던진 일, 밖에서 놀다가 너무 늦게 들어와 누나를 속상하게 했던 일, 놀리는 친구들을 마구 때렸던 일들…….

너무 많아 일일이 쓸 수 없을 정도로 잘못했던 일이 많아.

지금까지 말썽만 부렸던 나를 모두 용서해 줘.

누나, 어젯밤에 엄마가 꿈속에 나타나서 이런 말을 전해달라고 했어.

새로운 그릇을 만들려면 사람의 골수를 기름으로 만들어서 그걸 그릇에 바르면 된다고 하셨어.

누나, 내가 누나를 위해서 할 수 있는 일이 무엇일까 곰곰이 생각해 봤어. 누나! 부디 내 몸에서 나오는 기름으로 그릇을 만들어 주길 바라. 내가 누나에게 해줄 수 있는 일은 이것밖에 없는 것 같아.

이건 누나를 위할 뿐만 아니라, 많은 사람들에게 도움을 줄 것이라고 생각해.

이렇게 적고 나서 동이는 방앗공이 아래에 앉아 오른손으로 자신의 눈을 가렸다. 물레방아는 돌고 돌았다. 이렇게 물레방아가 손과 팔에 떨어지기를 수백 번, 동이의 손과 팔에서 한 줄기 기름이 작은 독으로 흘러내리고 있었다.

이윽고 날이 밝자 뒤늦게 이 사실을 알게 된 봉이와 마을사람들은 물레방앗간으로 달려왔다. 그러나 벌써 동이는 정신을 잃고 쓰러져 있었다. 이 광경을 본 봉이는 그만 그 자리에서 기절하고 말았다.

기절한 봉이의 옆에는 방 선생과 마을 어른들이 둘러 앉아 봉이가 깨어나기만을 기다리고 있었다.

며칠 후 겨우 정신을 차린 봉이가 눈물을 흘리며 흐느끼며 말했다.

"우리 동이가 너무나 불쌍해요. 이 못난 누나를 위해. 흐흑."

주위에 있던 방 선생과 마을 어른들도 봉이와 한쪽 팔을 잃은 동이가 불쌍해 함께 눈물을 흘렸다.

겨우 기운을 차린 봉이는 편지대로 동이의 분신인 골수 기름을 가지고 방 선생 댁으로 돌아왔다. 그리고 이날부터 다시 새로운 그릇을 만들기 위한 작업을 다시 시작하였다.

정성껏 흙으로 빚어 만든 그릇에 방 선생이 기름을 바르기로 하고 가마에 장작을 지펴 온도와 열기를 봉이가 맡아 조절하게 되었다. 상처가 어느 정도 아문 외팔이 동이도 누나를 도왔다.

마을 사람들은 모두 가마터에서 일하는 두 남매를 지켜보며 안쓰러워했다. 이렇게 고생해서 토기그릇이 완성되었고, 이 그릇에 동이의 골수 기름을 발랐다.

온도를 높여 다시 토기그릇을 구웠다. 장작불이 활활 타오르자 점차 토기에는 푸른빛이 감돌기 시작했다.

많은 사람들이 이 광경을 보고 숨조차 제대로 쉬지 못하고 지켜봤다.

그러나 그때, 영롱한 푸른빛을 띤 청자의 오른쪽에 서서히 금이 생기기 시작하는 게 아닌가? 한번 금이 생기기 시작하자 여기저기에서 금이 생기는 것이었다. 수많은 사람들의 소망과 한쪽 팔을 바친 동이의 정성이 물거품으로 돌아가는 것이 아닐까 하며 다리를 동동거리며 안타까워했다.

그런데 그 순간, 봉이가 눈 깜짝할 사이에 뜨거운 가마 속으로 몸을 던지는 게 아니겠는가? 방 선생님과 마을 사람들은 너무 놀라 지켜볼 뿐 구해 낼 시간이 없었다. 그러자 오른쪽의 균열이 생겼던 곳이 다시 합쳐지며 청자가 완성되는 듯 했다.

그러나 이번에는 왼쪽에서 갈라지기 시작한 거예요. 그때였다!

외팔이 동이가 다시 불 속으로 뛰어든 것이다. 이렇게 하여 불 길속에서 봉이와 동이는 청자와 하나가 되었다.

그리고 사흘 후, 가마를 헐고 청자를 꺼내자 금이 가고 틈이 벌어지기 시작하던 청자는 찾아볼 수 없고 맑고 신비한 푸른빛의 청자가 만들어졌다. 이 청자는 그 빛이 너무 신기하고 아름다워 십 리 밖까지 뻗쳤다고 한다.

그 후 마을 사람들은 그 청자의 영롱하고 푸른빛을 동이의 영혼이라 부르고, 부드럽고 우아한 모습은 봉이의 영혼이라고 부르며 두 남매의 넋을 기렸다고 한다.

한편 새로운 청자가 만들어졌다는 소식을 들은 임금님은 방 선생을 궁궐에 불렀다.

"네가 이렇게 아름다운 청자를 만들었으니 약속대로 세 가지 소원을 들어주겠노라."

"임금님, 이 청자는 제가 만든 것이 아니오라 봉이와 동이 두 남매가 자신의 몸을 바쳐 완성한 것이옵니다."

"그럼, 봉이와 동이 대신에 너의 소원을 들어주겠노라."

"제겐 단 한 가지 소원밖에 없습니다"

"그것이 무엇이냐?"

"제 남은 생을 이곳에서 봉이와 동이의 죽음이 헛되지 않도록 아름다운 청자를 만드는 데 노력하고 싶습니다."

그리하여 원흥동 나무드머리 가마터에서 계속 청자와 도자기를 만들었다고 하며 오늘날까지 그 자취가 남아 있다.

◑ 신비한 푸른 빛깔의 비밀

◎ 흙 속의 철분

청자는 어떤 과정을 통해서 신비스런 푸른 빛깔이 나오는 걸까?

청자의 주원료는 고령토(백토)이다.

고령토는 하얗고 가루가 고와서 반죽을 하면 마치 밀가루처럼 보인다. 이 고령토 속에 신비한 푸른 빛깔을 내는 비밀이 숨어 있는데 바로 고령토 속에 함유된 철분이다.

철분을 얼마나 가지고 있느냐에 따라 색깔이 결정되는 것이다.

철분이 1%정도 있으면 연두색(올리브색)이, 3% 정도면 비색이, 5%면 어두운 녹색으로, 9%에 이르면 흑갈색으로 변한다.

즉 철분이 어느 정도 들어있느냐에 따라 색깔의 농도가 달라지는 것이다. 고려 도공들은 이러한 과학적 사실을 알고 청자를 만든 것은 아니었다. 대부분 수많은 실패와 성공을 하면서 쌓은 경험을 의지해 청자를 빚어내었다.

◎ 청자가 만들어지는 과정

이번에는 청자가 만들어지는 과정을 통하여 고려청자에서만 볼 수 있는 신비한 푸른 빛깔인 비색의 비밀을 알아보자.

1. 반죽하기

일단 청자를 만들기 위해서 가장 먼저 하는 일이 흙을 잘 반죽하는 것이다. 고령토를 가지고 아름다운 모양의 청자를 만들려면 반죽을 잘해야 되는데 바로 채취한 고령토는 바로 그대로 쓸 수 없기 때문에 정제를 해야 한다. 이는 흙 속에 있는 불순물을 없애는 과정이다.

정제과정이 끝난 후, 적당히 마른 흙을 발로 밟아준다. 흙을 잘 반죽하면 점성이 높아지고 흙 속에 있는 공기를 뺀다. 그 다음 자기를 만들 수 있도록 물렁물렁 하게 손으로 주물러 반죽한다.

2. 그릇의 모양 만들기

찰지게 반죽된 고령토를 물레에 올려놓고 도공의 손길을 거쳐 새로운 그릇의 형태로 태어난다.

3. 말려서 무늬 장식하기

자기의 모양이 완성되었으면 바람이 선선히 들어오는 그늘에서 말린다. 약간 덜 마른 상태에서 굽을 깎아 다듬고 무늬를 정성스럽게 장식한다. 이때 무늬를 새길 때 무늬를 따라 오목하게 파는데 이를 음각이라고 한다. 파인 음각부위를 바탕흙과 색깔이 다른 검은흙이나 붉은색 흙을 메워준다. 이를 상감기법이라 부른다.

상감기법으로 처리된 무늬는 굽게 되면 흙의 성질에 따라 바탕색과는 다른 색깔로 변한다. 이러한 기법은 다른 나라에서는 볼 수 없는 독창적인 것이다.

상감기법은 도자기에서 발명된 것이 아니다. 나전칠기 등 목공예품에서 즐겨 사용되던 기법이 도자기에 응용된 것이다.

4. 초벌구이

초벌구이란 처음 굽는 과정으로써 700-800도의 낮은 온도에서 굽는다.

5. 유약 입히기

초벌구이가 끝난 그릇은 유약으로 새로운 옷을 입혀준다. 유약은 잿물에다 장석이나 석영을 갈아 부어 만든 액체이다. 유약은 청자의 빛깔을 더욱 아름답고 유리같이 투명한 느낌을 준다.

특히 청자를 만들 때는 1-3% 정도 철분이 들어있는 청색 유약을 사용한다.

6. 재벌구이

이렇게 유약을 골고루 입혀 다시 굽는데, 이를 재벌구이라고 한다.

재벌구이를 할 때에는 1250-1300도 정도의 높은 온도에서 구워야 한다. 바로 이 재벌구이를 통해 진정한 청자로 태어난다. 그릇을 두 번 구워내면 그릇 빛깔이 흐린 회색이나 흰색이 되고 그 바탕 위에 덮어 있는 유약이 푸른색으로 변해 마치 투명한 비취색처럼 보인다. 이 신비로운 푸른 빛깔을 비색(翡色)이라 일컫는다.

이때 고려청자의 비색(翡色)은 반드시 비취색의 '비'(翡)를 사용하여 중국의 월주비색(秘色)의 '비(秘)'와 달리한다. 송나라 학자 태평노인은 <수중금>에서 '고려의 비색은 천하제일'이라며 칭찬하였다.

지금까지 청자가 만들어지는 과정을 통해 고려청자에서만 볼 수 있는 신비한 푸른 빛깔, 비색의 비밀을 살펴봤다. 그 비밀의 주인공은 흙과 유약 속에 있는 철분 성분이라는 것을 알 수 있었다. 화려하지만 우아한 기품이 넘치는 청자의 비색(翡色)은 흙과 유약, 온도 등이 절묘한 조화를 이룰 때, 신비한 얼굴로 우리에게 미소 짓는 것이다.

II 무 덤

화정동 고인돌

1. 무너지는 공동체, 지배자의 등장

화정동 고인돌, 국사봉의 전체적 모습

위치: 국사봉- 화정동 동북쪽에 위치한 해발 109.4m의
국사봉은 이 부근에서 가장 높은 산이다. 화정1동
동사무소 민방위훈련장 뒷산이 바로 국사봉이다.

◎ 가진 자와 못 가진 자

농경기술과 도구가 발달하여 점차 생산되는 곡식도 많아지자 이전과는 다른 생활이 펼쳐지기 시작했다.

구석기, 신석기시대는 모두가 함께 일하고 공평하게 나누는 공동체 생활을 하였다. 워낙 먹을 것을 구하기 힘들었고 함께 나누어 먹지 않으면 생활이 어려웠기 때문이었다. 하지만 청동기 시대에는 남는 음식이 얼마나 있는지, 성능 좋은 최신식 농기구를 누가 더 많이 갖고 있는지에 따라 잘 살고 못 사는 사람들이 구분되기 시작했다.

즉 '가진 자'와 '못 가진 자', '지배하는 사람'과 '지배를 받는 사람'으로 나뉘게 되면서 동고동락(同苦同樂)했던 '공동체'는 무너졌다.

그리고 점점 생활이 풍요롭게 되어 인구도 많이 늘어났다.

인구가 늘어나자 어떤 사람은 동물을 잡으러 가고, 어떤 사람은 청동검을 만들며, 또 어떤 사람은 토기를 굽거나 아이를 돌봐야 하는 등 일을 나누는 분업이 이루어졌다.

다시 말하면 그 만큼 사회가 복잡해지고 의논할 일도 많아지게 된 것이다. 그래서 족장을 중심으로 한 부족이 생기게 되고 날로 그가 차지하는 비중이 커졌다. 족장은 이전과 비교도 안 되는 힘, 막강한 권력을 가지게 되었다. 강력한 힘을 가지게 된 족장은 현재 누리고 있는 권력과 재산들을 자손들에게 물려 주고 싶었을 것이다. 죽은 후에도 부와 권세가 변하지 않고 이어지기를 바라는 마음으로 무덤을 만든 것이 바로 고인돌이다.

일반적으로 고인돌은 자신이 누렸던 부와 권력이 사후에도 영원하길 바라며 만들었던 지배자의 무덤으로 보고 있다.

◎ 고인 돌이 있어 고인돌?

처음에는 고인돌이 왜 세워졌는지 몰랐다가 뚜껑돌(덮개돌) 밑에서 사람 뼈가 나와 무덤이었다는 것을 알았다고 한다.

고인돌이라는 이름은 어떻게 만들어졌을까? 고인돌을 한자로 지석묘(支石墓)라고 하는데 풀어 보면 지탱하는 돌이 있는 무덤이라는 뜻이다. 그 이유는 고인돌의 생김새를 잘 살펴보면 알 수 있다.

죽은 사람을 묻을 수 있는 매장부를 땅 밑에 파고 고임돌(받침돌)을 세운 다음 그 위에 뚜껑돌(덮개돌)을 올려놓았다. 즉 뚜껑돌(덮개돌)이 될 큰 돌을 지탱할 수 있는 '고인 돌'이 있다는 점에서 고인돌이라 간단하게 부르게 된 것이다.

2. 화정동 국사봉 기슭의 고인돌

많은 사람들이 교과서에도 소개되어 유명한 인천 강화도 고인돌이나 파주 덕은리 고인돌을 답사코스로 자주 즐긴다. 하지만 화정동 국사봉에도 고인돌이 있다는 사실을 아는 이는 그리 많지 않다.

고양시에는 화정동 외에 벽제나 원당, 신도, 일산지역 등 여러 곳에서 고인돌이 수십 개 발견되었으나 안타깝게도 도로나 아파트 개발로 파괴되고 말았다. 그나마 다행히 화정동 동사무소 민방위 훈련장 뒤편 국사봉 기슭의 정상부를 중심으로 경사면에 몇 개의 고인돌이 아직 남아있다.

고인돌이 발견된 벽제, 원당, 일산 지역들은 대부분 평야지대이거나 산과 강이 만나 언덕을 이루고 있는 곳이다. 특히 창릉천과 곡릉천, 원당천, 장진천 등 여러 하천을 끼고 있어 물도 풍부하였다.

그렇다면 이 마을 사람들 중 고인돌에 묻힌 사람은 누구일까?

큰 돌을 나르고, 세우고, 그것을 얹는 일을 시킬 수 있는 사람은 분명 그 지역을 다스리던 영향력 있는 사람이었을 것이다.

화정동 고인돌은 거대한 강화도 고인돌에 비해서 순박하고 자그마하여 대부분 큰 돌쯤으로 여기고 무심코 지나쳐 버리고 만다.

화정동 고인돌의 뚜껑돌은 어른 6-7명 정도가 들 수 있을 정도의 돌로 만들어졌다. 길이는 약 1.9-2.8m정도이고 두께는 70cm정도이다. 특징으로는 뚜껑돌을 받히고 있는 고임돌이 없다는 것이다.

그래서 많은 사람들이 뚜껑돌만 보이므로 그저 큰 돌멩이쯤으로 여긴다. 화정동 고인돌의 형식을 따진다면 고임돌이 작거나 없고 뚜껑돌만 있는 남방식 고인돌이다.

신라 말 충신 은영(殷影) 묘(생몰년미상)

통일 신라 말, 혜공왕이 살해된 뒤 150여 년간 치열한 왕권다툼으로 무려 20여 명의 왕이 바뀌게 되었다. 제52대 효공왕은 혜공왕 이후 16번째의 왕이었다. 당시 신라 왕실의 권위는 떨어지고 궁예와 견훤이 패권을 다투는 시대였다. 백성들은 가뭄이 들어 굶주리고 탐관오리들의 수탈은 점점 심하여 민란이 곳곳에서 일어났었다.

은영 묘 전경

하지만 효공왕은 백성들을 돌보지 않았고 신하들은 오히려 감언이설로 아첨하는 데 급급했다. 이때 효공왕을 바른 길로 인도하려 했던 충신이 바로 은영(殷影)이다.

은영*에 관한 기록은 동사강목(東史綱目)과 삼국사기(三國史記)에 기록되어 있으나 출생, 사망시기가 정확하지 않다.

은영은 효공왕이 신분이 낮은 여자를 첩(妾)으로 맞아들인 후 전혀 나랏일에는 관심을 두지 않고 오로지 놀기만 하자 더 이상 두고 볼 수가 없었다. 이에 은영은 991년(효공왕15년), "전하! 지금 백성들은 굶주리고 도둑이 설쳐 참으로 어려운 처지에 있습니다. 그러므로 전하께서 백성을 가엽게 여기시어 나랏일을 돌보셔야 되옵니다." 라고 하였다.

그러나 은영의 충언에도 불구하고 효공왕은 변하지 않았다.

은영은 나랏일에 관심을 두지 않는 이유가 첩 때문이라 생각하고 첩을 죽이고 말았다. 물론 이 일로 하여 은영은 옥에 갇혔지만 나라와 백성을 위한 충신(忠臣)으로 널리 존경받았다.

훗날 고려왕조는 은영을 충신으로서 높이 평가하여 태보(太保)라는 벼슬과 함께 시호를 충숙공(忠肅公)이라 하였다. 은영의 묘는 행주외동 행주산성 서쪽 한강변 갯벌마을 산등성이에 자리하고 있다.

---

* 은씨는 중국 황화강 하류에서 고대 문명을 꽃피웠던 동이족의 나라 은(殷)이 바로 은씨 성을 쓰기 시작했다.

그런데 신라 문성왕 12년(850년) 당나라에서 신라로 건너온 8학사 홍(洪), 기(奇), 길(吉), 봉(奉), 목(睦), 방(方), 위(魏), 은(殷)씨가 귀화하여 신라인으로 살고 있었다. 이 중 은흥열(殷興悅)이 행주에서 뿌리내려 살면서 본관을 행주로 하였다. 은흥열은 신라인으로서 높은 벼슬을 하며 살았으나 그 후로 고려조 23대 고종(高宗)때까지 260여 년에 걸친 기록이 없어져 버리고 말았다. 그래서 은영이 시조인 은흥열로부터 몇 대 손(孫)인지 언제 태어나서 죽었는지를 알 수 없었다. 다만 [삼국사기]에 전하는 기록만으로 살펴보면 은영이 신라 때에 행주에 자리잡아 살았기 때문에 행주를 본관으로 쓰게 되었다고 한다.

대자산 기슭의 최영 장군 묘(경기기념물 제23호)

최영 장군 묘 사진

위치: 최영 장군 묘는 해발 200m의 대자산에 위치하고 있다. 대자산이 위치한 대자동은 고양시에서 가장 많은 문화유적지가 자리하고 있다. 대자동은 조선 태종의 4번째 아들이며 세종대왕의 동생인 성령대군이 어린 나이에 죽자 큰 자비를 내린다는 뜻에서 대자사라는 절을 지었다. 이절의 이름을 따 이곳을 대자동으로 부르게 되었다. 그래서 이곳에는 성령대군묘를 비롯하여 대군, 공주, 문신, 시인, 장군 등의 무덤이 골짜기 곳곳에서 볼 수 있다. 뿐만 아니라 이 근처에는 연산군 금표비, 소현세자의 셋째 아들인 경안군과 그 부인의 묘와 경안군의 장남 임창군과 그 부인의 묘 등 많은 문화재를 만날 수 있다. 최영 장군 묘는 통일로 주변의 필리핀 참전비에서 대자골 방향으로 2km지점에 위치하고 있다.

1. 대자산 기슭에 잠든 최영 장군

최영 장군 묘는 덕양구 대자산 깊은 기슭에 자리잡고 있다. 이곳은 필리핀참전 기념비 안쪽으로 쭉 들어가 나타나는 음지마을에 있다. 그곳에서 대자산 쪽으로 올라가다 보면 최영 장군 묘에 들어가는 입구가 나타난다. 이 근처에서 성녕대군 묘나 경안군, 임창군묘 등을 함께 볼 수 있다. 경안군, 임창군묘를 지나 약 250m

가량 오르면 최영 장군 묘를 찾을 수 있다.

묘소 입구에는 문화재 안내문이 있고 50m 가량 되는 돌계단이 최영 장군이 잠든 곳으로 이끌어 준다. 최영 장군 묘에는 봉분이 두 개 있는데 앞에 있는 것이 최영 장군과 부인 문화 유씨가 함께 묻힌 묘이다. 뒤로는 '황금 보기를 돌같이 하라'는 유언을 남겨 최영 장군에게 검소한 삶을 살도록 이끌었던 그의 아버지 최원직의 묘가 있다.

2. 묘 주변의 다양한 설치물

두 묘는 모두 장방형이다. 봉분 밑에는 좀더 격식이 있게 둘레돌을 설치했다. 이를 호석(護石)이라 한다.

봉분 앞에는 묘의 주인을 위한 여러 가지 설치물들이 놓여 있다.

봉분 오른쪽에 비석이 세워져 있는데 최영 장군의 묘 뒤에 부친의 비석은 최영 장군이 직접 쓴 글씨를 쓴 것이다.

최영 장군 비 옆에는 충혼비가 세워져 있으며 최영 장군의 애국심을 찬양하는 내용이다.

장군 묘 앞쪽으로는 상석(床石), 혼유석(魂遊石), 향로석(香爐石), 망주석(望柱石), 문인석(文人石)등이 놓여 있다.

상석(床石)이란 제사에 쓰일 음식을 놓는 '상'이다. 돌을 사각형으로 다듬고 원형 받침돌 네 개를 붙여 만들었다. 혼유석(魂遊石)은 상석(床石) 뒤쪽 무덤 앞에 놓은 직사각형의 돌로, 귀신이 제사 밥도 먹고 놀 수 있도록 마련한 공간이다.

상석 앞에는 향로석(香爐石)이 있다. 이곳에 향을 피우며 고인의 넋을 기리는 것이다. 봉분 앞으로는 넓은 뜨락이고 문인석과 망주석이 각각 좌우로 나란히 서있다.

문인석(文人石)은 머리에 복두를 썼으며 손에는 홀을 들고 있다. 복두는 급제하거나 신분이 높은 사람이 쓴 모자고 홀은 임금을 뵐 때 손에 쥐는 얄팍하고 길쭉한 것으로 상아나 나무로 만들어졌다.

마치 키가 큰 촛불처럼 생긴 망주석(望柱石)은 무덤을 지키는 수호신으로 왕릉이나 상류층의 묘에서 찾아 볼 수 있다. 망주석은 무덤 앞에 놓은 혼유석(魂遊石)의 좌우에 각각 세우는 한 쌍의 팔각 돌기둥이다.

3. 마지막까지 고려를 지킨 최영 장군

최영 장군은 유청(惟淸)의 5대손이며 사헌규정(司憲糾正)을 지낸 최원직의 아들이다. 1316년, 철원에 태어난 최영 장군은 어릴 때부터 재주가 비범하고 늠름하였다고 한다. 훗날 고려의 대외 정세가 가장 혼란스러웠던 시대의 한 가운데에서서 고려의 시련과 1388년 고양(당시 고봉)에 유배되어 죽음을 당할 때까지 고려의 마지막을 함께 했던 장군이었다. 호는 기봉(寄峯), 시호는 무민(武愍)이다.

◎ 어려움이 처할 때마다 나라를 지킨 최영 장군

고려 말, 북쪽에서는 명나라와 원나라가 세력다툼을 하고 있었고 남쪽에서는 왜구가 끊임없이 노략질을 하였으며 나라 안에서는 계속되는 반란으로 어수선하였다.

이런 난국 속에서도 최영 장군은 고려를 위해 많은 업적을 쌓았다.

1352년 조일신의 난을 평정하는 데 공을 세워 호군이 되었고 1354년에 대호군으로 진급하였다. 1355년에는 서북면 병마사에 임명되어 원나라에 속해있는 서쪽 지역을 공격하여 파사부 등 세 곳을 격파하였다. 1357년에는 양광전라도왜구체복사로 왜구를 토벌해서 오예포에서 왜선 400여 척을 격파시켰다. 1359년 홍건적 4만이 침입하여 서경(오늘날 평양)까지 침입하여 난동을 부리자 이들을 소탕하여 그 이듬해엔 서북면도순찰사에 오른다.

뿐만 아니라 평양전투를 비롯한 수많은 전투를 능숙하게 지휘해 적을 물리치는 데 크게 기여했다. 1364년 1월에는 고려군을 총지휘하여 서북쪽으로 쳐들어오는 1만 명의 외적을 격파했다고 전해진다. 또한 원나라에 있던 최유가 덕흥군을 왕으로 추대하고 군사 1만으로 쳐들어오자 이성계와 함께 의주에서 섬멸시켰다.

1374년, '도통사'로서 2만 5천 명의 군대와 300여 척의 함선을 거느리고 원나라 세력이 마지막까지 버티던 제주도로 가서 원나라 군사들을 완전히 소탕하여 자주적인 나라로 거듭나는 계기를 마련하였다.

특히 환갑의 늦은 나이에도 1376년의 홍산(부여군)전투와 1378년의 개풍군 전투를 직접 지휘했으며 1388년 초에는 이러한 수많은 공적으로 '문하시중'이라는 최고관직에 올랐다.

◎ 고구려의 옛 땅 요동을 지켜라

중국에서는 원나라가 홍건적으로 나라 안이 시끌벅적하고 약해져 있는 틈을 타 명나라가 힘을 얻고 있었는데 원나라가 어수선한 틈을 타 고려의 영토를 자주 침입해 왔다.

1388년 2월 명나라는 일방적으로 철령 이북의 땅을 자신들의 요동부로 만들겠다고 고려에 통보해왔다. 철령 이북이 원나라에 속했으니 당연히 자신들이 차지해야 한다는 논리였다. 그러자 고려와 명나라 사이에는 팽팽한 긴장감이 감돌기 시작했다. 마침내 명나라는 요동부의 관리를 보내 철령위를 설치하고 그 지역을 자신들의 영토로 굳히려 했다.

최영은 우왕에게 고구려의 옛 땅을 침입해오는 명나라에 대항하여 싸워야 한다고 주장하였다. 요동 정벌은 고려의 자주성을 회복하고 고구려의 고토를 되찾으려는 의지에서 비롯됐다. 우왕은 최영의 요동정벌을 받아들여 전쟁 준비를 하였으나 이를 반대하는 주장도 만만치 않았다. 이때 이성계는 네 가지 이유(四不可論)를 들어 요동정벌은 힘들다고 주장했다.

첫째, 작은 나라가 큰 나라인 명나라의 요구를 받아들여야 한다. 둘째, 여름에 군사를 동원하는 것은 농사에 지장을 준다 셋째, 요동정벌을 하는 동안 왜적이 침입하여 더욱 나라가 혼란스러워질 수 있다. 넷째, 장마로 인해서 활에 먹인 아교가 풀어질 염려가 있고 군사들이 병에 걸릴 우려가 있어 전쟁이 힘들다.

하지만 이성계의 주장에도 불구하고 우왕과 최영은 요동정벌을 강행하기로 결심하였다.

1388년에 요동정벌을 하기로 하고 우왕은 최영 장군을 팔도도통사(八道都統使)로 임명하여 평양에서 군사를 지휘하도록 하였다.

그 해 5월 출병한 이성계와 5만 군사는 압록강 위화도에 머물면서 불어난 강물 때문에 진군을 하지 못하고 있었다. 게다가 시일이 하루 이틀 지나면서 점차 병사들은 지치기 시작하였다. 요동 정벌이 힘들다는 것을 주장하던 이성계는 우왕에게 다시 군대를 회군시키게 해달라고 요청한다. 또한 당시 고려는 전국이 왜구의 침입이 극심하여 항상 전쟁 상황에 처해 있었다. 그러다 보니 백성들의 삶은 매우 피폐했고 고려의 국력으로는 무모한 면이 없지 않아 있었다.

하지만 우왕과 최영 장군은 허락하지 않았다. 그러자 이성계는 위화도에서 군사를 돌려 개성으로 들어와 '우왕'을 폐위시켜버리고 그의 아들 '창왕'을 즉위시킨다. 이 사건이 바로 조선 건국의 결정적 계기인 '위화도 회군'이다.

위화도 회군을 한 후 반대세력이던 최영 장군을 체포하여 고양 고봉으로 유배시켜 버렸다. 얼마 후 최영 장군은 다시 합포(지금의 마산)로 유배되었다가 1388년(창왕 1년)에 개성으로 압송되어 처형당하고 만다. 최영 장군은 사형장에서 안색조차 변하지 않았으며 죽음을 두려워하지 않았다고 한다.

◎ '황금 보기를 돌같이 하라'

최영 장군이 처형되던 날, 도성에 있던 개경 사람들은 장사를 그만두고 모두 슬퍼하였고 어린아이와 부녀자들까지 눈물을 흘렸다고 한다.

최영 장군은 성격이 강직하고 매우 용맹하였으며 바른말을 거침없이 하는 인물이었다. '황금 보기를 돌같이 하라'는 아버지의 유언을 명심하고 검소한 생활을 하고자 했다. 또한 장군으로써 일생동안 80여 회의 전투에서 항상 승리한 명장이었다. 이렇게 최영 장군은 나라의 위기 앞에서 백성을 구했던 명장이었으나 고려의 몰락을 함께 한 비운의 장군이기도 했다. 이러한 장군의 넘볼 수 없는 위엄과 꿈을 이루지 못한 '한(恨)'으로 인해 무속인들에게 영험한 존재로서 장군의 제삿날에는 개풍군 덕물산에 전국 무속인들이 모여 제사를 지내고 성계육(成桂肉)이라 불리는 돼지고기를 돌려 먹는다고 한다. 이는 최영 장군의 억울한 죽음에 대한 한풀이 의례라고 한다. 또한 남해군 삼동면 미조리 성터에 무민사를 세우고 장군의 넋과 업적을 기리고 있다.

월산대군 묘와 신도비(1454~1488, 고양시 향토유적문화재 제1호)

◎ 자연을 벗삼아 살던 월산대군

월산대군 이정(李婷)은 덕종(경릉)과 소혜왕후의 첫째 아들이었다.

덕종이 왕위에 오르지 못하고 20세 젊은 나이로 요절하자 덕종의 형제였던 예종이 왕위에 올랐다.

하지만 예종 역시 별안간 돌아가시자 덕종의 자손이 왕위를 잇게 되었다. 덕종의 아들 중에는 월산대군, 자산군, 제안대군 등이 있었고 이 중 월산대군이 첫째 아들이었기 때문에 당연히 왕이 되어야 했으나 왕위에 오른 사람은 자산군(훗날 성종)이었다.

월산대군은 그의 시호(효문:孝文)대로 부모에 대한 효심도 지극하고 자산군보다 학문에도 깊이가 있어 왕으로서 손색이 없었다.

그러나 월산대군이 건강하지 못하다는 이유로 자산군을 내세웠다.

월산대군은 동생에게 왕위를 빼앗긴 후 혹시 역모에 휘말릴까 봐 조용하게 살았다. 왕이 된 동생(성종) 역시 월산대원군의 마음을 이해하고 항상 형을 배려하고 위안해 주었다. 월산대군은 시와 술을 좋아해 집 뒤뜰에 풍월정(風月亭)이라는 정자를 짓고 풍류를 즐겼으며 문집으로 풍월정집(風月亭集)을 남겼다. 성종은 월산대군이 한강변 정자에서 시를 짓고 뱃놀이와 낚시를 하며 자연을 벗삼아 산다는 말을 듣고, 각종 궁중음식을 보내주어 형을 위안해 주었다. 월산대군 역시 계절마다 한강에서 나는 물고기를 보내며 서로 형제애를 돈독히 나누었다.

월산대군의 사당인 석광사는 그의 묘소 서쪽에 자리잡고 있다. 사당의 창건 시기는 알 수 없으나 1693년(숙종 19년) 이전에 건립된 것으로 보인다. 현재 건물은 1786(정조10년)에 중수한 것이다. 석광사는 영조 대왕이 직접 편액을 내렸고 정조, 순조 때에도 신하를 보내 왕을 대신해 제사를 올리기도 했을 정도로 우대를 했다. 사당 건물에서도 이와 같은 면모가 보이는데 개인사당에서는 보기 드물게 장대석으로 담장 하단을 축조하였다. 또한 석조 배수구까지 갖추었으며 사당 건물 역시 장대석으로 쌓은 기단 위에 8각형의 장초석을 놓아 격식을 갖췄다.

◎ 월산대군 묘와 신도비

시와 문장에 뛰어났던 월산대군은 덕양구 원신동 능골마을에 묻혔다. 이곳에 자리한 월산대군 묘와 신도비는 고양시 향토유적문화재 제1호로 조선시대 묘를 연구하는 데 중요한 길잡이를 하고 있다.

비록 월산대군의 묘는 왕릉은 아니더라도 형식이 잘 갖추어져 있고 규모도 큰 편이다.

이곳에는 월산대군 묘와 함께 부인인 승평부부인 순천 박씨의 무덤도 자리하는데 다른 묘소와 달리 월산대군 묘 뒤편에 있다.

특히 묘소 앞에 세워진 신도비는 문양이 섬세하고 아름답다.

월산대군 신도비

신도비에는 월산대군의 생애와 업적 등이 새겨져 있으나 전액을 제외하고는 알아보기 힘들 정도로 마모되었다.

신도비 이수(비머리)에는 구름 속에서 두 용이 꿈틀대며 하늘로 올라가는 모습이 생생하게 묘사되어 있다.

또한 재미있는 점은 비신에 '月山大院君銘'이라 씌여 있는데 月山을 상형문자 [ᴗ ᴟ]이란 전자(篆字)를 새겨 놓아 월산대군의 평소 달과 산을 벗삼으며 풍류를 즐겼던 모습을 잘 표현해 주는 듯하다.

그의 호인 풍월정(風月亭)에 어울리게 현재 고양 북촌(北村)에 별장을 두고 자연을 벗하며 일생을 보냈다.

III 왕릉

고려 공양왕릉(사적 제191호)

1. 고려의 마지막 왕 공양왕(1345~1394)과 고려왕조의 최후

고려 공양왕릉
위치: 고양시 덕양구 원당동 왕릉골 마을에 위치해 있다.

◎ 비운의 왕 공양왕(제34대)

이성계는 위화도 회군 후에 창왕을 왕위에 올리고 나서 음모를 꾀했다는 이유로 폐위시켜버렸다. 그리고 1389년 공양왕을 추대하였다. 공양왕이 이성계 일파들 앞에서는 보좌에 제대로 앉지도 못했다는 설이 있을 정도로 허수아비 왕에 불과하였다.

공양왕의 이름은 요(瑤)이며 제20대 왕 신종(神宗) 7대 손으로 정원부원군(定原府院君) 균(鈞)의 아들로 1345년 2월에 태어났다.

공양왕은 '순비 노씨'와 결혼하여 세자 석과 숙녕, 정신, 경화6)궁주 등 1남 3녀를 두었다.

그저 허울만 임금이었던 공양왕은 대외적으로는 원나라의 간섭과 대내적으로는 계속된 반란으로 약해질 대로 약해진 고려를 떠안게 되었다.

새로운 나라를 세우고자 한 이성계는 일단 공양왕을 허수아비 왕으로 즉위시키고 정권을 잡았다. 그러다가 4년 만에 공양왕이 덕이 없고 어리석다는 이유로 강원도 원주로 쫓아내고 공양군으로 강등시켜 버린다. 이성계가 조선을 건국한 지 3년이 되자 공양왕은 강원도 삼척에서 왕비와 함께 사약을 받고 50세로 죽었다.

이렇게 공양왕은 어쩔 수 없이 왕이 되어 고려의 국운과 함께 이슬처럼 사라져버린 비운의 왕으로 역사에 남게 되었다.

2. 고려 공양왕 고릉

◎ 규모가 초라한 공양왕릉

공양왕릉은 덕양구 원당동 왕릉골에 자리하고 있다.

---

6) 고려 때의 내명부의 작위, 성종 때 생겨나 충선왕 때 옹주로 바뀜

공양왕릉은 남한에서 찾아보기 드문 고려 왕릉이다. 고려의 마지막 왕인 공양왕과 왕비였던 순비 노씨의 능으로 조선의 왕릉인 서오릉과 서삼릉에 비해 너무 초라하고 쓸쓸해 보일 정도로 규모가 작은 편이다. 조선 태종이 '공양군(恭讓君)'으로 강등되었던 것을 다시 공양왕(恭讓王)으로 추봉하여 능을 만들어 주긴 했지만, 몰락한 나라의 마지막 왕이었기에 초라할 수밖에 없었던 것이다.

공양왕의 죽음과 관련하여 능 앞 작은 웅덩이와 삽살개 석상에 얽힌 전설이 전해져 온다. 그러나 이 전설은 역사적 사실과는 거리가 멀다. 공양왕은 고려가 멸망하자 폐위되어 원주로 쫓겨난 뒤 다시 강원도 삼척으로 옮겨져 유배생활을 하다가 조선이 건국한 지 3년이 되던 해(1392년)에 50세를 일기로 사약을 받고 죽고 만다. 사사당한 곳이 강원도 삼척이라 이곳에도 공양왕릉이라고 불리는 곳이 있지만 공양왕릉이라는 말만 전할 뿐 비석은 없다.

하지만 고양시 원당동에는 능이 만들어졌을 때 세워진 것으로 보이는 비석이 있어 공양왕릉이 이곳에 만들어졌음을 증명해주고 있다.

뿐만 아니라 공양왕이 머물다간 자리마다 그와 관련된 지명이 유래하여 이곳과 공양왕이 관련이 깊었음을 알 수 있다.

그러나 삼척에도 또한 공양왕과 관련된 지명이 많아 당시 고려 최후의 왕으로써 겪어야 했던 심란한 여정 길이 고단했음을 짐작케 한다.

◎ 공양왕릉의 구성

-쌍　릉-

이 능은 쌍릉 형식으로 만들어졌다. 쌍릉이란 왕과 왕비가 한 곳에 나란히 묻힌 것으로 2개의 봉분으로 이루어진 능을 일컫는다. 왼쪽은 공양왕, 오른쪽은 순비 노씨의 봉분으로 두 개의 무덤을 좌우에 나란히 배치하였다.

-문인석 · 무인석-

봉분 양옆으로는 사람처럼 생긴 1m가 조금 안 되는 돌 조각이 두 개씩 놓여있다. 자세히 살펴보면 무신(武臣)과 문신(文臣)의 모양을 하고 있다.

문인석

이를 무인석, 문인석이라 부른다. 왕의 신하들인 문신(文臣)과 무신(武臣)은 왕이 죽은 후에도 돌로 새겨져 곁에서 모시고 있는 것이다.

안쪽에 있는 석인(石人)은 바깥쪽 석인보다 작은데 두 석인 모두 1m의 높이가 되지 않을 정도로 작다.

안쪽에 있는 석인은 얼굴이 크고 넙적하고 투박한 느낌을 준다. 어깨와 얼굴이 바깥쪽 석인보다 훨씬 넙적하고 두툼하게 표현되어 있고 손을 가지런히 모으고 있다.

바깥쪽에 있는 석인은 손에 홀(忽)을 들고 있는 것으로 보아 문인석으로 보여

무인석

진다. 홀쭉한 달걀형 얼굴로 곱상하고 정갈한 느낌을 준다. 그래서 인지 공양왕릉에 세워진 석인들은 믿음직한 충신이라기보다 무능하고 약한 신하의 모습을 떠올리게 한다.

이들 석인(石人)들은 고려 말에 유행하던 돌 조각 양식을 따랐다.

고려 말에는 대체로 소박하고 간소하게 조각했다. 이러한 양식은 조선시대 초기에도 그대로 전해져 공양왕 고릉의 두 석인에도 나타나 있다.

-장명등-

능 중앙에는 장명등이 세워져 있다.

장명등이란 사찰뿐만 아니라 능·묘 앞에도 세우는데 불을 밝혀 나쁜 기운을 쫓는 의미를 지닌다.

조선에 와서는 일품 이상의 재상의 묘에만 세울 수 있었기 때문에 무덤에 묻힌 사람의 신분을 상징하는 표시물이기도 하다.

장명등은 받침대와 몸체, 지붕으로 이루어졌다. 그러나 받침대가 작아 전체적으로 잘린 듯 뭉툭한 느낌을 준다. 공양왕릉의 장명등은 팔각지붕으로 몸통부분에 창문을 놓아 그곳에 불을 밝히도록 했다.

-석 수-

삽살개 모양의 석수

장명등 앞으로 동물모양의 조각물이 서 있다. 다른 능에서는 찾아 볼 수 없는 것으로 마치 삽살개 모양 같기도 하다. 이를 반영하듯 왕릉 앞 안내판 근처에는 공양왕이 키우던 개가 왕을 따라 연못에 빠져 죽었다는 웅덩이가 있는데 그 삽살개를 석상으로 만든 것이라 한다. 왕릉 앞 연못에는 이와 관련하여 공양왕이 고려의 마지막 왕으로써 겪었던 시련을 잘 대변해주는 전설도 깃들어 있다.

◑ 공양왕과 삽살개

고려의 마지막 왕 공양왕은 조선을 건국한 이성계에게 쫓겨나 수도 개성을 빠져 나와 도망 다니고 있을 때였다. 개성을 힘들게 빠져 나온 공양왕과 왕비는 저녁 무렵에야 겨우 이곳 고양 땅에 도착하였다.

날이 어둡고 산길이 험하여 왕의 일행은 식사동에 들어가는 길목에서 마을을 찾기로 하였다. 그런데 저쪽 산기슭에서 불빛이 희미하게 반짝거렸다.

"전하! 저 멀리서 불빛이 보이오니, 아마도 사람이 사는 것 같습니다. 오늘은 너무 밤이 깊었으니, 저 집에서 머물다 가시는 것이 좋을 듯 하옵니다."

"그러자꾸나."

왕의 일행은 반가운 마음으로 불빛을 따라 도착해 보니 그곳은 바로 절이었다. 지금은 이 절 근처를 박적굴(혹은 밥절)이라고 부르고 있다. 공양왕은 고려 왕조가 예로부터 불교를 널리 장려하고 보호하였기 때문에 쉽게 절에서 머물다 갈 수 있을 거라 생각했다.

그러나 그러한 기대는 어긋나고 말았다. 왜냐하면 불교는 이미 조선을 건국한 이성계에 의해 나라의 사정이 바뀌어 탄압을 받고 있었기 때문이었다. 게다가 절에서는 쫓기는 왕을 무턱대고 받아들이기가 힘들었다. 혹시나 옛 고려의 임금님을 몰래 숨겨 주었다가 자신들에게도 큰 피해가 오지 않을까 걱정을 하였던 것이다.

한참 망설이던 승려는 임금님에게 조심스레 말하였다.

"전하, 아뢰옵기 황공하오나 저희 절은 사람들이 많이 드나들고 있어 임금님을 숨겨드리기가 쉽지 않을 듯 하옵니다. 이곳보다는 동쪽으로 십 리 정도 떨어진 곳에 누각이 있사온데, 그곳이 훨씬 잠시 몸을 피하기에는 적당한 곳일 거라 생각이 듭니다. 하오니 누각에 머무신다면 저희들이 정성을 다하여 매일 음식을 갖다 드리겠사옵니다."

이 말을 들은 공양왕은 무척 실망을 하였지만 어쩔 수 없었다. 수심이 가득한 얼굴로 공양왕은 힘없이 누각으로 갈 수밖에 없었다.

이렇게 임금의 신분으로서 초라한 누각에서 지내야만 했던 그곳이 바로 원당동 다락골이다.

날이 점점 더 어두워지자 공양왕은 발걸음을 재촉하였다. 하지만 밤은 깊어만 가고 길도 너무 험해지기만 했다. 게다가 궁궐 이외에는 걸어보지도 않았고 힘든 일을 해보지 않았던 왕으로서는 그 길이 가시밭처럼 느껴졌다.

결국 발도 부르트고 피곤한 데다 기운이 빠져 누각으로 가던 도중 길목 고개에서 하룻밤을 지내기로 하였다. 이 고개가 바로 대궐고개이다. 임금이 머물다 간 자리는 대궐이나 마찬가지다 하여 붙여진 이름이다.

날이 밝자, 대궐고개를 떠나 서둘러 다락골에 도착하였다.

공양왕은 누각에 숨어 절에서 날라다 주는 음식으로 목숨을 이어갔다.

이렇게 절에서 밥을 가져다주어 임금이 음식을 먹었다 하여 그 일대를 식사동이라고 부르고 있다. 공양왕은 이처럼 외딴 곳에서 숨어 지내며 절에서 갖다 주는 음식으로 하루하루 사는 자신의 모습이 너무 초라하게 느껴졌다.

'아! 임금인 내가 이름 모를 타향에 와서 목숨을 겨우 부지하다니…… 처량하구나~'

공양왕은 자신의 처지를 한탄하며 하늘만 하염없이 바라보며 눈물을 흘렸다.

한편, 스님은 어김없이 밥을 날라다 주었다. 그런데 어느 날 갑자기 공양왕 일행이 보이질 않았다.

'임금님께서 어디를 가신 거지? 산책이라도 가신 걸까?'

스님은 공양왕을 한참 기다렸다.

'이상하군! 반나절을 기다려도 오시질 않으시니…. 아무래도 임금님께서 아무래도 다른 곳으로 떠나셨을까? 음, 그래도 모르니까 며칠 동안은 밥을 지어와야겠다.'

그래서 며칠 동안 밥을 지어 왔지만, 공양왕은 끝내 보이질 않았다. 그러자 결국 절에서도 더 이상 밥을 지어 오지 않게 되었다.

한편 왕씨의 친족들은 공양왕의 행방이 묘연해지자 여기저기 수소문하기 시작하였다. 그러던 중 왕이 다락골에 은신했던 일과 절을 찾아갔던 일을 알게 되었다.

그리하여 친족들은 공양왕을 찾기 위해 여기저기 흩어져서 원당동 다락골 일대를 샅샅이 찾아보았다. 그러나 공양왕의 흔적은 어디에서도 볼 수가 없었다. 이렇게 되자 친족들은 마음이 더욱 답답해졌다. 최후의 방법으로 평소에 공양왕이 귀여워하던 삽살개 한 마리를 데려와 수색하기로 하였다.

삽살개는 공양왕의 체취를 발견하기 위해 이곳저곳을 킁킁대며 찾아다녔다. 그러다 삽살개는 마치 공양왕의 체취를 맡은 듯이 어디론가 계속 냄새를 쫓았다. 사람들은 공양왕의 흔적을 찾은 것 같아 삽살개의 뒤를 쫓았다. 그런데 이상하게도 삽살개가 숲 속의 연못 앞에서 멈춰 서서 마구 짖다가 연못 속으로 뛰어 들어가 빠져 죽질 않겠는가?

삽살개의 뒤를 쫓던 왕씨 일가 사람들은 어찌된 영문인지 몰라 깜짝 놀랐다. 아무래도 이를 수상하게 느낀 사람들은 그 연못의 물을 모두 퍼내어 보기로 했다.

그런데 연못 속에서 옥새를 품은 왕과 왕비가 함께 죽어 있는 것이 아니겠는가?

공양왕은 이성계의 칼날을 피해가며 쫓겨 다니는 신세와 권력의 소용돌이 속에서 희생되어야 했던 왕으로서 슬픔을 안은 채 고려의 멸망과 함께 죽기로 했던 것이다.

친족들은 모두들 고개를 떨구고는 비통해하며 왕의 시신을 거두어 연못 바로 뒤 약 20여 미터쯤 떨어진 곳에 조그마한 봉분을 만들어 공양왕과 왕비의 넋을 기렸다.

이때부터 왕의 무덤이 있다고 하여 이 부근 마을을 왕릉골이라 부르게 되었다. 그리고 묘소 앞에는 다른 데서는 볼 수 없는 돌조각이 세워졌다.

바로 개 모양의 석상인데, 자신을 사랑해주었던 공양왕의 시신을 발견하고 주인을 따라 죽은 충견 삽살개를 기리기 위해 세운 것이라고 한다. 비록 말 못하는 동물이었지만, 끝까지 주인을 지키고 곁에 남고자 하는 삽살개의 마음은 고려를 마지막까지 지키고자 했던 충신들의 마음과 다를 바 없었던 것이다.

그래서 다른 능에서는 볼 수 없는 삽살개를 돌로 조각하여 공양왕을 죽고 나서도 곁에서 지키도록 한 것이다.

지금은 공양왕이 빠져서 죽었다는 연못은 조금 큰 구덩이 정도로 흔적만 남아 있을 뿐이다.

조선의 왕릉(王陵)

죽음 앞에서는 모든 사람이 평등하다고 하나 신분사회에서는 죽음과 무덤을 칭하는 말조차 구분되었다.

왕과 왕비의 죽음을 '붕(崩)'이라 하고 그 외의 사람은 '졸(卒)' 또는 '사(死)', '망(亡)'이라 한다. 또한 왕과 왕비의 무덤을 왕릉(王陵)이라 하고 왕의 보위를 이어 받을 왕세자나 그의 아내 세자비, 왕의 세손을 낳은 후궁과 왕의 사친(私親)[7]의 무덤을 원(元)이라 했다. 왕이 되지 못한 대군이나 공주, 옹주, 후궁, 귀인이나 지위가 높은 양반들의 무덤을 묘(墓)라 부른다. 반면 평범한 사람들의 무덤은 그냥 산소(山所)라 한다.

능을 조성한다는 것은 왕의 죽음만큼이나 국가의 중대사 중 중대사였다. 영의정의 총 관리 아래 빈전도감(殯殿都監)[8], 국장도감(國葬都監)[9], 산릉도감(山陵都監)[10]

---

7) 종실(宗室)로서 임금의 자리에 오른 임금의 생가(生家) 어버이 · 빈(嬪)으로서 임금의 생모(生母)
8) 장례일까지의 염습, 성빈, 성복 등 진전에 관한 일을 담당

이 설치되고 왕의 장례가 3개월에서 5개월에 이르는 국장으로 치러진다. 능을 조성할 때 필요한 비용이 오늘날 돈으로 자그마치 2조 가까이 든다고 한다. 뿐만 아니라 1기의 왕릉을 관리하는 비용 역시 약 1억 원의 예산이 들었다고 한다. 이렇게 왕릉 조성과 관리에 온 힘을 기울이는 것은 물론 한 나라의 국왕과 조정의 큰일이기도 했지만, 명당을 중시하는 풍수지리사상과 조상숭배사상도 한몫했다.

우리나라에는 능, 원, 묘에 관련된 조선왕조 왕족의 무덤들은 모두 109기에 이른다. 이 중 능이 44기, 원이 13기 그리고 묘가 52기로 분류된다.

왕릉은 왕과 왕비의 무덤인 만큼 그 시대의 역사와 문화를 고스란히 담고 있다. 조선조 518년에 걸쳐 27대 왕과 왕비, 추존왕을 합쳐 44기의 능을 남겼다. 대부분의 능이 고양, 남양주, 구리, 파주, 김포, 여주, 화성 등 경기도에 밀집되어 있다. 태조의 왕비 신의왕후의 「제릉」과 정종과 정안왕후의 「후릉」, 사후에 추존된 태조 이성계의 4대조를 포함한 10기의 왕릉이 북한에 있으며 강원도 영월에 단종의 묘인 「장릉」, 서울에 「태릉」, 「정릉」, 「선릉」과 「헌인릉」을 제외하고는 대부분 경기도에 위치한다.

이 중 고양시에는 서오릉(西五陵)과 서삼릉(西三陵) 두 개의 왕릉이 자리잡고 있다.

(1) 능의 조건

고양시에는 다른 고장 보다 유난히도 왕실의 능묘가 많이 자리하고 있다. 그 이유는 능을 만들 때 몇 가지 규칙이 있었기 때문이다.

조선시대의 능역은 한양으로부터의 거리, 주변지역과의 거리, 도로와의 관계, 주변의 산세와의 관계(풍수지리적 고려)를 고려하여 입지를 선택하였다.

일단 왕이 선왕의 능을 찾아갈 때 너무 멀거나 교통이 불편하면 안 되었기 때문에 한양으로부터 1백 리[11]를 벗어나지 않는 곳에 만들었다. 그러다 보니 자연

---

9) 능지를 찾아다니고 장의에 필요한 의식과 절차를 관장
10) 현궁과 정자각, 비각, 재실 등 봉분 조성과 부대시설에 관한 일을 담당
11) 1백 리: 실제는 80리였고 당시 10리-5.2km였으므로 41.6km에 해당하는 거리였음. 오늘날 경복궁에서 수원정도가 됨.

스레 한양과 가까운 고양시에 많이 만들어졌다.

또 왕릉을 조성할 때 특별히 고려할 점이 풍수지리적으로 길지(吉地)인가 하는 점이었다.

풍수지리란 말 그대로 바람과 물과 땅의 이치를 밝히는 학문이다. 우리 조상들은 자연과 더불어 사는 삶을 중시했다. 집을 지을 때도, 무덤의 위치를 정할 때도 자연에 거슬리지 않고 조화를 잘 이루면 하늘과 땅으로부터 복을 받을 수 있다고 여겼다.

그럼 풍수지리적으로 좋은 곳은 어떤 곳일까?

풍수지리에서 가장 중시하는 것은 물과 바람이다. 생명과 자연을 유지하는 데 물은 생활에서 참 중요하며 바람은 집안의 탁하고 습한 공기를 환기시켜 주어 살기 좋은 환경을 만들어 주기 때문이다.

그래서 산의 모습과 기운, 물 흐르는 모양을 잘 살펴 하늘과 땅의 두 기운이 조화를 이루는 곳을 풍수지리적으로 좋은 곳으로 생각했다.

특히 무덤자리에 따라 후손들이 복을 받을 것이라는 믿음 때문에 소위 명당자리를 많이 찾았다. 왜냐하면 죽은 사람은 땅속에서 직접 땅의 좋은 기운을 받아들이기 때문에 조상을 명당에 묻으면 후손들을 지켜주고 복을 받을 거라 믿었기 때문이다. 마찬가지로 명당자리에 능을 만들어야 나라의 운명과 왕조가 편안해질 거라 믿어 풍수지리적으로 좋은 명당자리에 능을 세웠다.

그래서 한양과 가깝고 풍수지리적으로 좋은 곳에 능을 만들다 보니 자연스럽게 서울과 경기도에 많은 왕릉이 자리 잡게 된 것이다.

고양시는 예로부터 풍수지리적으로 음택 자리로 좋은 장소가 많다고 한다. 우리 고장은 대자산, 고봉산, 정발산 등 아주 높지도 아주 낮지도 않은 산들로 이루어진 구릉 지대이며 그 사이를 창릉천이나 곡릉천과 같은 하천들이 흐른다. 그래서 풍수지리에서 말하는 명당자리가 많아 고양시 일대에 서오릉과 서삼릉, 고려 공양왕릉 등 왕릉을 비롯하여 수많은 원(元)과 대신들의 묘(墓)가 자리해 있다.

(2) 왕릉 주변의 나무들

익릉 주변의 소나무

왕릉 주변에는 유난히 나무들이 많다. 그러나 주로 볼 수 있는 나무는 소나무와 오리나무이다. 소나무는 잘 알다시피 군자와 충절의 상징으로 널리 알려져 있다. 또한 벌레가 많이 꼬이지 않기 때문에 시체가 쉽게 부패하지 않도록 해준다.

오리나무는 습한 지역에서 잘 자라고 물을 가장 많이 먹는 나무로서 물이 고여 시체가 미라로 변하는 것을 방지하고 잘 썩도록 돕는 역할을 한다. 이렇게 소나무와 오리나무를 심어 충해와 수해 방지를 함으로써 왕릉을 자연스럽게 관리하였다.

(3) 왕릉을 이루는 다양한 설치물

서오릉과 서삼릉에 가면 홍살문, 신도, 어도, 정자각, 수호소, 전사청, 재미있는 돌조각 등 볼 것들이 다양하다. 능에 설치된 것들은 나름대로 그 의미와 역할이 있는데 대체로 '죽은 이'(선왕)를 위해 마련된 것들이다.

왕릉은 크게 초계, 중계, 하계 등 3단계로 나뉘어 있으며 각 계마다 놓이는 석물이 정해져 있다.

◎ 금천교(禁川橋)

금천교 대신 장대석으로 다리를 대신하였다

금천교는 능을 들어가기 전 가장 먼저 만나는 다리이다. 이 다리는 왕릉뿐만 아니라 궁궐에서도 정전으로 들어가기 전에 볼 수 있다. 금천은 말 그대로 다른 편으로 건너가는 것을 금하는 시내라는 뜻이다. 즉 다른 편은 이곳과는 구별된 특별한 영역임을 나타낸다. 이는 궁궐에서는 임금의 영역을 왕릉에서는 영혼의 영역임을 표현한다.

그래서 금천교를 건너는 것은 신성한 곳으로 들어가는 것이므로 다리 앞에서는 조심하고 경건한 마음을 가져야 한다. 이 외에 풍수지리적으로는 능 앞에 물을 흐르게 하여 능의 좋은 땅기운을 다른 방향으로 흘러가지 못하도록 방지하는 역할도 한다.

그런데 왕릉에서 금천교 밑으로 물이 흐르는 것을 보기는 힘들뿐더러 다리 형식을 갖춘 금천교가 있는 왕릉을 보기도 힘들다. 서오릉과 서삼릉 역시 다리의 형식으로 만든 금천교는 없고 시내가 아닌 도랑을 판 후에 그 도랑 위에 큼지막한 장대석을 놓아 금천교의 역할을 대신하고 있다.

◎ 홍살문(紅箭門)

왕릉으로 들어가기 전 가장 처음 만나는 문이 바로 홍살문이다. 홍살문은 홍문(紅門), 홍전문(紅箭門)이라고도 한다. 이 문은 붉은 색으로 칠해진 나무문으로

홍살문

왕릉의 정문인 셈이다.

　홍살문은 왕릉뿐만 아니라 향교나 서원, 궁전, 관아 앞에 세우던 문이다.

　"이곳은 신성하고 경건한 곳이니 마음을 가다듬고 정숙하시오!"라고 으름장을 놓는 문이다. 홍살문은 다른 문과 달리 지붕이 없다. 왜냐하면 홍살문이 신성한 지역임을 상징적으로 표시하는 문으로서, 사람들이 드나드는 문의 역할보다 왕릉에 묻힌 왕과 왕비의 혼(魂)이 드나드는 역할이 더욱 크기 때문이다.

　홍살문의 모양을 살펴보면 둥근 기둥을 두 개 세우고 화살 모양의 나무가 지붕을 대신하고 있다. 이 화살모양의 나무를 홍살(紅薩)이라 한다. 홍살문의 이름이 이 붉은 화살에서 비롯된 것이다.

　홍살문 중앙에는 태극문양이 그려져 있는데 적색, 황색, 청색 세 가지 색으로 이루어진 삼태극이다. 삼태극은 하늘, 땅, 사람을 상징하는 것으로 이 세 가지가 서로 각각이면서 하나이며 하늘, 땅, 사람이 모여 우주가 된다는 것을 뜻한다.

◎ 판위(版位)

　홍살문 바로 오른쪽에 검은 벽돌을 정사각형 모양으로 반듯하게 깐 판위가 있는데 배위(拜位)라고도 한다. 왕이 선왕의 제사를 지내러 왔을 때 바로 이곳에서 절을 올리고 능으로 들어갔다. 판위는 축문(祝文)을 태울 때

판 위

쓰이는 망료위(望燎位)의 역할을 겸하고 있다. 사헌부 감찰이 이곳에서 축문을 태우고 화재가 나지 않도록 정리하고 살폈다.

◎ 참도(參道) : 신도(神道), 어도(御道)

홍살문 앞부터 정자각까지 돌길이 깔려있다. 이 길을 참도(參道)라고 한다. 참도는 살아서나 죽어서나 흙을 밟지 않는 임금님에 대한 배려가 담겨져 있다. 참도를 주의 깊게 살펴보면 왼쪽 길은 높고 오른쪽 길은 낮게 되어 있다. 여기서 좀 더 높고 넓은 길을 신도(神道)라 하며 낮고 좁은 길을 어도(御道)라 한다.

신도(神道)는 말 그대로 귀신이 지나가는 길, 즉 능에 묻힌 왕과 왕비의 혼령이 지나다니는 길로써 제례 시 신하가 신위를 들고 지나가는 길이다. 어도(御道)는 살아있는 왕과 왕비를 위한 길이다.

참 도

그런데 왜 신도가 어도보다 더 높고 넓은 것일까?

이는 '능'이 죽은 선왕을 위해 만들어진 곳이고 능에 묻힌 왕이나 왕비들은 능을 방문한 왕보다 훨씬 윗사람이기 때문이다. 이렇게 신도와 어도의 높낮이와 너비를 달리한 점을 통해 신분의 지위고하를 엄격히 구분했던 조선시대의 유교사상을 엿볼 수 있다.

참도는 삼각형이나 사각형 모양의 얇은 돌(박석)을 반듯하게 깔아 놓은 길이다. 박석은 매끄럽지 않고 울퉁불퉁하여 걷기가 그리 좋은 편은 아니다. 이렇게 박석을 깐 것은 '정숙하고 천천히 넘어지지 않게 조심히 살펴서 걸어라'라는 자중의 의미를 지니고 있다. 기능적으로는 능에서 제향을 드리자면 꽤 많은 시간이 소요되는데 만약 돌이 매끄러우면 햇빛이 반사가 되어 눈이 부시므로 표면이 고르지 않는 돌을 사용한 것이다.

◎ 계단(동계 東階, 서계 西階, 신계 神階)

신도, 어도를 따라 올라가다 정자각을 들어가기 전 만나는 계단이 동계와 신계
이다.

계단: 신계와 동계   신 계

동계(東階)는 왕이 올라가는 계단이고 신계(神階)는 능의 주인인 선왕(先王)을
위해 마련한 계단이다. 즉 영혼을 위한 계단이다. 신계는 동계보다 더욱 화려한데
왕릉이 선왕(先王)을 위한 곳이기 때문이다. 서계(西階)는 정자각에서 제향을 마
치고 내려오는 계단이다. 이때 신계로 신위를 들고 올라가고 동계로는 제향을 지
내려는 사람들이 올라간다. 그런데 서쪽에는 신계가 없다. 신은 정자각에서 제사
상을 받기 때문에 내려갈 이유가 없기 때문이다.

계단은 동입서출(東入西出)의 예를 따라 동계로 올라가 서계로 내려온다.

동계와 서계는 장대석을 이용하여 계단을 만들었지만 신계는 계단 양옆을 아
름다운 소맷돌로 꾸몄다.

소맷돌은 구름문양과 태극문양 등을 매우 화려하게 조각한 돌이다. 이것은 마
치 구름 사이로 계단을 오르는 것처럼 느껴진다.

◎ 정자각(丁字閣)

정자각

왕릉에서 가장 먼저 눈에 띄는 건물이 정자각이다. 이 건물은 제사를 지내는 곳이다.

-정자각 안에는 무엇이 있을까?-

정자각이 제사를 지내는 곳인 만큼 제사 때 필요한 것들을 둔다. 예를 들면 임금님의 초상화를 놓는 상이나 제물을 차려놓는 상, 향이나 촛불, 축문을 놓는 상 등을 둔다.

-정자각 지붕 위의 재미있는 장식기와, 잡상(雜床)-

정자각 지붕 위는 재미있는 모양의 기와들로 장식되었다. 이 기와들은 진흙으로 직접 조각하여 구운 것으로 신선이나 승려, 동물, 괴수 등 다양한 모양을 하고 있다. 이 장식기와를 잡상(雜像)이라고 한다. 갖가지 모양의 기와들이 모여 있어 붙여진 이름이다.

잡상은 남대문, 동대문이나 고궁 등에서 볼 수 있는데 추녀마루에 좌우 대칭으로 놓여있다.

왜 잡상을 지붕 위에 올려놓았을까?

옛날에는 나무로 만들어진 건물이 많아 불이 나는 것을 가장 두려워했다. 그러다 보니 화재로부터 보호해주고 나쁜 액을 막아주길 바라면서 잡상을 지붕 위에 장식했던 것이다. 우리나라의 잡상은 그 형태가 뚜렷하지 않아 구체적으로 무슨 동물인지 구분하기 쉽지 않다.

서오릉과 서삼릉에서 대체로 볼 수 있는 모양은 『서유기』에 등장하는 삼장법사, 손오공, 저팔계이다. 서유기의 등장인물들이 잡상이 된 까닭에는 이유가 있다.

중국 당나라 때 현장법사가 인도 여행을 하기 위해 험준한 천산 산맥을 넘고 사막을 지나야 했다. 이때 수많은 도적 떼가 나타나 순례자와 상인들을 괴롭혔다고 한다. 그러나 현장법사는 무사히 인도에 도착하여 불교 유적지를 순례하고 수행을 마친 후 당나라 수도 장안으로 돌아와 『대당서역기』를 썼다.

그 후 명나라 때 어려움을 극복하고 무사히 돌아온 현장법사가 삼장법사로 바뀌었고 삼장법사를 위험에서 도와주는 손오공, 사오정, 저팔계 등이 등장하면서 『서유기』가 탄생했다. 따라서 요술을 부리는 삼장법사, 손오공, 사오정, 저팔계 등을 조각으로 만들어 지붕 위에 세워 놓으면 악귀들이 감히 궁궐에 함부로 드나들 수 없다고 생각했다. 이런 연유로 지붕 위에 상징적으로 건물을 보호하는 잡상을 놓았다.

삼장법사는 당나라 때 실제 인물이기 때문인지 사람 얼굴 모습으로 삿갓을 쓴 모양이고 덕을 상징한다. 꾀가 많아 지혜를 상징하는 손오공은 원숭이 얼굴에 삿갓을 썼고 앞발로 버티고 앉아 있다.

마지막으로 저팔계는 멧돼지 얼굴에 삿갓을 쓰지 않았고 힘을 상징한다. 이 외에 용, 봉, 사자, 기린, 천마, 해마(海馬) 등 다양한 모양을 하고 있다.

서오릉과 서삼릉에서 볼 수 있는 잡상들은 삼장법사, 손오공, 저팔계 등인데 이중 삼장법사가 가장 세밀하게 묘사되어 있다. 크기도 가장 크고 표정도 법사의 표정이라기보다는 정자각을 지키는 수호신답게 잡귀가 얼씬거리지 못하도록 한껏 인상을 쓰고 있다. 그 외 손오공이나 저팔계는 간결하게 처리하였다.

-홀수로 이루어진 잡상-

서오릉과 서삼릉의 잡상의 수는 대체로 세 개가 많다. 원래 잡상의 수는 항상 홀수를 사용한다. 짝수는 차가운 음의 성질을 갖고 있어 귀신이 쉽게 접근하여 나쁜 일이 생긴다고 믿었다. 반면 홀수는 따뜻한 양의

잡 상

133

성질을 가져 대체로 좋은 수로 생각했다. 그래서 좋은 날 중에는 홀수 날이 많다. 예를 들면 1월 1일 설날, 3월 3일 삼짇날, 5월 5일 단옷날, 7월 7일 칠석, 8월 15일 추석 등이다.

마찬가지로 단옷날 잡상 또한 3, 5, 7의 홀수로 앉혀진다.

◎ 망료위(望燎位), 예감(瘞坎)

망료위는 정자각 뒤 서쪽에는 제사를 지낸 후 제문(축문,祝文)을 태우는 설치물인데 서오릉, 서삼릉에서는 찾아볼 수 없다. 예감은 망료위와 비슷한 기능을 하는데 제향 때 사용한 술이나 물을 버리는 설치물로 정자각 뒤 서쪽에 사각 돌 구덩이로 되어 있다. 돌 구덩이를 자세히 보면 한 면에는 두 개의 구멍이, 맞은편에는 한 개의 구멍이 나있는데 덮개로 사용되던 부재가 있었던 자리인 것 같다.

예 감

◎ 비각(碑閣)

비각은 능에 묻힌 왕이나 왕비의 업적과 생애를 기록한 비를 세워놓은 건물이다. 요새로 치자면 '이곳은 아무개의 능이다'라고 말해주는 문패나 다름없다. 비각 안에는 비석이 있다. 비석은 신도비와 표석으로 나뉘어 지는데 현재 비각 안에 있는 것은 대부분 표석으로 서삼릉, 서오릉에 있는 것들도 모두 표석이다. 표석에는 왕과 왕비에 대한 간단한 사실들, 즉 출생연도, 즉위연도, 승하연도, 비석을 세운 연도 등을 표기해 놓았다. 이 표석들은 영조 대와 19세기 후반에 집중적으로 세워졌다. 이에 비해 신도비는

비 각

크기나 형태면에서 표석과 비교할 수 없을 정도로 화려하다. 현재 신도비는 건원릉과 헌릉에 전해지고 있다. 신도비 대신 표석을 많이 세운 것은 경제적 이유와 함께 신도비를 조성하는 작업이 매우 고되고 힘들었기 때문이다.

◎ 산신석(山神石)

정자각 뒤쪽, 비각 우측에는 산신석이 있다. 산신에게 제사를 지내는 석상으로 일반적으로 산신에게 먼저 제사를 지낸다. 하지만 유교사회에서 왕만큼 높은 위치를 차지하는 존재는 없으므로 왕릉에서는 선왕에게 제사를 지낸 후 산신제를 행한다.

산신석

◎ 수복방(守僕防), 수호소(守護所)

수복방은 왕의 안전을 책임지는 군인들이 머무는 곳으로 오늘날 경호원 대장이 머무는 건물과 같다.

수호소

◎ 전사청(典祀廳)

전사청은 제사 준비를 하는 건물이다. 제사 음식도 차리고 제사 때 필요한 그
릇도 보관하는 곳이다.

(4) 사초지 위의 설치물

정자각 뒤편으로는 큰 언덕이 우뚝 서있다. 이 언덕을 '사초지(莎草地)' 혹은
'강(降)'이라 한다. 사초지는 산 능선에 자리잡은 명당자리에 능을 만들기 위해서
그곳에 있는 나무와 바위를 뽑아내고 사초지로 만든 것이다.
　대부분 능은 높은 곳에 조성되어 왕의 위엄과 권위를 돋보여 준다. 기능적으로
도 능이 높은 곳에 있으면 홍수가 나거나 비가 많이 올 때도 왕릉이 쓸려가지
않는 장점이 있다.

사초지 위의 전체적 설치물 구성

안타까운 점이 있다면 높은 사초지 너머에 있는 갖가지 돌 조각들을 보고 싶
어도 보기 어렵다는 것이다. 높은 곳에 자리해 구경하기 힘들뿐더러 문화재 보호

차원에서 대부분 공개하고 있지 않기 때문이다.

이처럼 사초지 위로 쉽게 오르지 못한 점은 조선시대 때도 마찬가지였다. 사초지를 올라가 선왕의 봉분을 직접 찾아뵐 수 있는 사람은 딱 두 사람뿐이었다. 바로 왕과 능참봉이었다. 능참봉은 능에 거주하면서 잔디가 어느 정도 자랐는지, 벌집이 생겼는지 등 능을 보살피는 관리였다.

지금부터 함부로 근접할 수 없었던 사초지 위에 무엇이 있는지 알아보자.

◎ 장명등(長明燈)

장명등

봉분 앞 중앙에는 장명등이 놓여 있다. 장명등은 우리나라에 있는 독특한 양식이다. 불을 밝혀 나쁜 기운을 쫓아내고 그 불빛을 의지하여 왕의 혼령이 잘 찾아올 수 있도록 만든 등이다. 장명등은 받침대와 몸체, 지붕으로 이루어졌는데 몸통 부분에 창문을 놓아 그곳에 불을 밝혔다. 그 모양이 마치 절에서 볼 수 있는 석등과 비슷하게 생겼다.

◎ 봉분 앞에 세워진 여러 가지 돌 조각들(石像)

봉분 앞에는 죽은 왕이나 왕비를 지키는 돌 조각들이 놓여 있다. 돌 조각을 보려면 정자각 바로 뒤편에서는 보기 힘들므로 조금 멀리 비켜서서 봐야 구경할 수 있다.

●문인석(文人石) : 문인석은 문신(文臣)을 돌로 만든 조각상이다. 언제든지 왕의 명령에 복종하겠다는 자세로 서 있다. 양손은 배 부분에 손을 모아 홀(笏)을 들고 머리에는 복두를 썼다. 홀은 신하가 손에 쥐던 물건으로 왕을 만나러 갈

때 쥐고 있는 나무패이며 복두는 신하들이 쓰던 모자이다.

●무인석(武人石): 무인석은 무신(武臣)을 돌로 만든 조각상이다. 무덤을 지키는 장군답게 투구와 멋진 갑옷을 입었다. 장검을 빼어 두 손으로 짚고 서서 왕이 위험에 처했을 때를 대비하는 모습 또한 매우 늠름하다.

●망주석(望柱石): 팔각형으로 된 한 쌍의 돌기둥으로 봉분 양옆에 나란히 세워두었다. 망주석은 중국에서 전해와 통일신라 때부터 시작되었으며 현존하는 왕릉과 상류층의 묘에서 찾아볼 수 있다. 무덤을 지키는 수호신앙과 기념적인 기능을 가진 석조물이다.

●석　상(石　床): 석상(혼유석)은 능에 묻힌 왕과 왕비의 혼이 나와 제사상을 받는 곳이다. 그럼 제사상은 어디 있는 것일까? 제사상은 정자각에서 정성껏 차려진다. 석상은 크고 반듯한 사각형의 상을 4-5개의 둥근 받침돌(鼓石)이 받들고 있다. 이 받침돌은 그 모양이 북을 닮아 고석(鼓石)이라 한다. 받침돌에는 다른 잡귀가 얼씬도 못하게끔 도깨비 모양의 무늬를 새겨 놓았다.

문인석

무인석

망주석

석 상

◎ 곡담(曲墻)

무덤 뒤를 둘러싼 나지막한 담이다. 비가 많이 와도 봉분이 쓸리지 않도록 마련한 것이다.

곡 담

◎ 병풍석, 난간석

병풍석과 난간석 모두 봉분이 무너지는 것을 막기 위해 만들었다. 봉분을 아름답게 보이는 효과도 있다.

병풍석은 봉분 밑 부분을 병풍처럼 둘러 장식한 것이다. 특히 병풍석은 장명등과 함께 우리나라 왕릉에서만 볼 수 있는 독특한 양식이다. 병풍석에는 쥐[子]·소[丑]·범[寅]·토끼[卯]·용

난 간 석

139

[辰]·뱀[巳]·말[午]·양[未]·원숭이[申]·닭[酉]·개[戌]·돼지[亥]등 12지신을 새겨 놓았다.

12지신상들은 각각 해당되는 방위가 있는데 12지신상을 일일이 그림으로 새겨 놓지 않았으면 병풍석이나 난간석에 12지신에 해당하는 방위를 간략하게 새겨놓았다. 이는 모든 방향에서 올 수 있는 외침으로부터 보호하겠다는 의미를 담고 있다. 한마디로 병풍석과 난간석에 새겨놓은 12지신상들은 봉분을 지키는 수호신이다. 서오릉과·서삼릉에는 대부분 12지신상에 해당하는 방위를 새겨놓았다.

(5) 능의 형식

능은 크게 4가지 형식으로 만들어진다.

단릉(單陵), 쌍릉(雙陵), 동원이강능(同原二岡陵), 합장능(合葬陵) 등이다.

하나씩 살펴보면, 첫째 단릉은 왕이나 왕비 중 한 명만을 묻은 능의 형식으로 봉분이 하나만 있는 것이다. 서오릉의 홍릉과 익릉, 서삼릉의 희릉이 단릉 형식이다.

둘째, 쌍릉은 왕과 왕비가 한 곳에 나란히 묻힌 것으로 두 개의 봉분으로 이루어져 있다. 서오릉의 명릉과 서삼릉의 효릉, 예릉이 쌍릉의 형식을 따랐다. 쌍릉은 가장 경제적인 능으로 조선후기 때 많이 이용했던 형식이다.

셋째, 동원이강형식의 능은 정자각 뒤쪽에 양옆으로 작은 언덕(岡)을 두 개 만들고 각기 한 개의 능을 두는 형식이다. 서오릉의 경릉, 창릉, 명릉과 서삼릉의 희릉이 동원이강형식이다. 이 형식은 규모도 가장 크고 비용도 많이 들어가기 때문에 나라가 평안한 시절에 많이 만들었다.

마지막으로 합장릉은 부부를 한 능에 함께 묻는 형식으로서 서오릉과 서삼릉에서는 찾아볼 수 없다.

서오릉(사적 제198호)

서오릉은 서울 서쪽과 경계를 이루는 고양시 덕양구 용두동에 위치하고 있다. 왕이 머물던 경복궁의 서쪽에 있고 경릉·창릉·익릉·홍릉·명릉 등 다섯 개의 왕릉이 있다 하여 서오릉(西五陵)이라 부른다.

이곳에는 5릉 외에 명종의 첫째 아들 순회세자의 「순창원」과 사도세자의 어머니인 영빈이씨의 「수경원」, 마지막으로 숙종의 후궁으로 인현왕후와 함께 유명한 장 희빈의 묘 「대빈묘」가 자리하고 있다.

서오릉은 총면적 55만 3616평에 달해 조선 왕실의 능묘 중 구리시의 동구릉 다음으로 크다.

1. 경릉(敬陵)

◎ 서오릉 중 가장 첫 번째로 만든 능

-덕종과 소혜왕후의 능-

경릉은 서오릉에 있는 다섯 능 중에서 가장 첫 번째로 만들어진 능이다.

경릉은 덕종의 능과 소혜왕후의 능이 각각 나뉘어져 있는 동원이강형식이다. 경릉을 정면에서 바라볼 때 왼쪽 능이 왕, 오른쪽 능이 왕의 능이다.

원래 사후(死後)에는 왼쪽이 오른쪽보다 우위를 차지하여 왕의 무덤을 왼쪽으로 하는데 경릉은 그 반대이다.

덕종의 능과 소혜왕후 능을 비교해보면 왕의 능이 좀 더 멋있어야 할 것 같은데 오히려 왕비의 능이 더욱 화려하다.

덕종의 능이 왕릉답지 않게 고작 형식만 갖춘 채 초라해 보이는 이유는 그의 아버지였던 세조의 명령 때문이었다.

세조는 덕종이 왕이 못되고 왕세자(의경세자)일 때 죽었으므로 덕종의 장례를 검소하게 치르고 화려하게 꾸미지 못하도록 명을 내렸다.

하지만 소혜왕후는 생전에 왕비가 되었기에 왕릉의 형식을 모두 갖추고 있다.

이런 사정으로 덕종의 능보다 소혜왕후의 능이 더욱 위엄 있고 화려하게 꾸며져 있는 것이다.

◎ 왕세자의 신분으로 죽은 덕종(德宗)(의경세자(懿敬世子), 1438-1457)

세조(1417-1468)의 첫째 아들이었고 이름은 장(暲), 자는 원명(原明)이었다.

1455년 수양대군인 아버지가 세조로 왕위에 오르자 왕세자가 되었다. 그리고 한확의 딸 한씨(훗날 소혜왕후)를 아내로 맞아 월산대군과 성종을 낳았다.

의경세자(훗날 덕종)는 어려서부터 예절이 바르고 공부하기를 좋아하고 글씨를 잘 썼다고 한다. 하지만 건강이 좋지 않아 잔병치레를 많이 하는 등 몸이 약해 20세 젊은 나이로 일찍 생을 마감하였다.

훗날 왕위에 오르지 못하고 죽었던 아버지를 위해서 의경세자의 둘째 아들이었던 성종이 '덕종(德宗)'으로 추존(追尊)하였다

◎ 갑작스런 죽음을 맞이한 덕종

의경세자(덕종)의 죽음 뒤에는 아픈 사건이 숨어 있다.

의경세자(덕종)의 아버지였던 세조는 역사에 남을 훌륭한 업적을 남겼지만 처음부터 그리 올바른 방법으로 왕위에 오른 것이 아니었다.

세조는 12살의 어린 조카였던 단종을 죽이고 왕위에 올랐다.

그래서인지 세조와 의경세자(덕종)는 죽기 전에 단종의 어머니였던 현덕왕후의 혼령에 늘 시달렸고 병세가 점차 악화되었다고 한다.

의경세자(懿敬世子)(덕종)의 갑작스런 죽음과 관련하여 다음과 같은 일화가 전

해져 내려온다.

세조가 유배시킨 단종을 죽여야겠다고 마음먹은 날이었다. 단종의 어머니이자 세조의 형수였던 현덕왕후 권씨가 꿈속에 나타나

"너는 흉악한 마음씨와 표독한 심술로 내 아들의 왕위를 빼앗아 버리고 그것도 모자라 저 멀리 유배를 보내더니 이제 목숨까지 끊으려 하는구나. 너와 내가 무슨 원한이 그리 많기에 이다지도 내 아들에게 못되게 구느냐? 너는 내 아들을 죽이니 나는 네 자식을 살려두지 않겠다!" 하며 세조를 매우 꾸짖었다. 꿈에 깨어나 보니 마침 의경세자를 돌보던 내시가 황급히 달려와서 아뢰기를 "동궁마마(의경세자, 덕종)께서 낮잠을 주무시다가 가위에 눌려 매우 위중하십니다." 하니 놀란 세조가 황급히 달려갔다. 그러나 이미 왕세자는 죽고 난 후였다.

의경세자가 죽은 후, 상심이 컸던 세조는 왕세자의 갑작스런 죽음이 어린 조카를 죽였기 때문에 벌을 받은 것이 아닐까 하여 마음이 더욱 쓰였다. 그래서 세조는 죽은 왕세자의 능 자리를 알아보게 하고 때마침 고양시 용두동이 좋은 곳으로 추천되어 친히 와 살펴보고는 지금의 경릉 자리를 정하였다고 한다.

◎ 부녀자의 도리와 자녀교육에 엄했던 소혜왕후 (昭惠王后, 1537-1504)

소혜왕후 한씨는 첫째 아들 월산대군과 덕종의 뒤를 이은 제9대 왕이 된 '성종' 그리고 명숙공주를 두었다.

소혜왕후는 시아버지 세조에게 '폭비'(무서운 왕비-暴妃)라는 별명을 얻을 정도로 자녀들을 매우 엄격하게 가르치고 가정교육을 중시했다. 또한 부녀자의 도리와 예의범절을 가르친 여훈(女訓)을 저술하는 등 왕비로서도 모범을 보였다.

성품이 곧고 학식이 깊어 성종의 정치에도 많은 조언을 해 주었고 예종, 성종, 연산군대에 걸쳐 왕실의 안녕과 발전을 위해 든든한 버팀목이 되었던 분이었다.

◎ 연산군의 할머니였던 소혜왕후

그러나 소혜왕후는 편안한 죽음을 맞이하진 못했다.

바로 조선시대의 폭군으로 알려진 연산군 때문이다. 연산군은 소혜왕후의 손자였다. (소혜왕후는 연산군의 어머니인 폐비 윤씨를 왕궁에서 쫓아내고 그녀의 죽음에 많은 영향을 주었다.)

훗날 연산군이 왕위에 올라 어머니(폐비 윤씨)에 관한 사건을 알고 자신의 어머니를 궁궐 밖으로 내쫓은 사람들에게 보복을 했다. 특히 소혜왕후는 연산군을 어릴 때부터 매우 차갑게 대했는데 자기 손으로 직접 쫓아낸 며느리의 아들이었기 때문인지 손자지만 처음부터 연산군을 탐탁하게 생각하지 않았다. 그런 터라 할머니와 손자 사이였음에도 불구하고 사이가 좋지 못했다. 연산군이 왕위에 올라 자기 어머니의 일을 들추어내 많은 사람을 죽이고 유배를 보내자, 이를 보고 병상에 있던 소혜왕후는 연산군의 여러 악행을 보고 꾸짖었다. 하지만 연산군은 말을 듣기는커녕 오히려 화가 나 머리로 소혜왕후를 들이받아 버리고 말았다. 이렇게 소혜왕후는 손자에게 엄청난 일을 당한 충격으로 그 며칠 뒤 68세의 나이로 세상을 떠나고 만다.

2. 창릉(昌陵)

◎ 예종(睿宗, 1450-1469)과 안순왕후(安順王后, ?-1498)

창릉은 예종과 안순왕후가 묻힌 곳으로 오른쪽이 예종, 왼쪽이 안순왕후의 능이다.

세조의 둘째 아들인 예종의 이름은 황(晄), 자는 명조(明照)였다. 1457년 형인 덕종이 갑자기 죽자 여덟 살이 되던 해(1457년)에 왕세자가 되었다.

하지만 19세 되던 해(1468) 예종 역시 왕위에 올랐지만 불행하게도 13개월 만에 덕종처럼 20세에 죽고 만다. 그래도 왕위에 있는 동안 세조 때부터 시작한

『경국대전』을 완성하였고 조선시대 모든 문물제도의 법적 기준을 마련하는 등 1년이라는 짧은 재위기간에도 불구하고 몇 가지 두드러진 업적을 남겼다.

예종의 첫 번째 부인은 영의정 한명회의 딸 장순왕후(章順王后1445-1461)였다. 하지만 장순왕후 역시 17세에, 요절하자 두 번째 부인으로 우의정 한백륜의 딸 안순왕후를 맞이했다.

계비 안순왕후 한씨는 제안대군과 현숙공주 등 1남 1녀를 두었다.

3. 익릉(翼陵)

◎ 정자각이 아름다운 능

익릉은 조선의 제19대 왕인 숙종의 첫 번째 비인 인경왕후(仁敬王后, 1661-1680) 김씨의 능이다.

인경왕후는 두 공주를 낳았지만 모두 어려서 죽었고 왕비 역시 숙종 6년(1680년)에 꽃다운 20세로 세상을 떠나고 말았다.

익릉은 인경왕후의 무덤만 외롭게 덩그러니 있지만 그 규모나 짜임새는 다른 능 못지않은 아름다운 능이다.

오히려 인경왕후의 남편인 숙종이 묻혀있는 명릉보다 훨씬 더 크고 화려하다.

숙종은 능을 좀 더 간단하고 검소하게 만들라고 명을 내렸는데, 익릉은 그 명이 있기 전에 만들어진 것이라 그 규모가 명릉보다 더 크다.

명릉과 경릉 사이에 위치한 익릉은 서오릉 중에서 매표소가 가장 가깝고 언제나 공개되어 쉽게 찾을 수 있다. 익릉 주변으로 높고 곧게 자란 소나무 숲이 있어 많은 관람객들에게 사랑을 받는 곳이기도 하다.

마치 익릉 주변으로 아름드리 소나무들이 마치 능을 수호하는 병사들처럼 펼쳐져 있다. 익릉의 정자각으로 올라가는 길은 단순한 평지가 아니라 점점 높아지는 언덕으로 되어 있어 더욱 운치가 있어 보인다. 또한 다른 능보다 참도 옆에 박석을 넓게 깔아 놓았다.

특히 익릉은 정자각이 아름답다.

다른 능의 정자각보다 익릉의 정자각은 좀 더 큰데 익실이 딸려 있기 때문이다. 익실이란 정자각 좌우, 양편에 달린 방을 말한다. 기둥을 좌우 벽면에 더 세움으로써 한 칸이 자연스럽게 만들어진 빈 공간이 익실인데 실제로는 사용하지 않는다.

그러나 익실을 만들어 주는 기둥 덕택에 정자각이 더욱 위엄 있고 안정적인 느낌을 준다. 이외에 익릉에는 다른 능의 석물과 달리 장명등이나 망주석에 꽃무늬가 새겨져 있어서 그 아름다움을 더한다.

4. 명릉(明陵)

◎ 숙종과 인현왕후, 인원왕후

-숙종(肅宗)(1661-1720)-

명릉은 익릉의 남쪽 언덕에 위치한다. 이곳은 제 19대 왕 숙종과 그 오른편 약간 떨어진 곳에 인현왕후 민씨를 나란히 묻힌 능과 인원왕후의 능으로 이루어졌다.

숙종은 제 18대 현종의 외동아들로 1661년에 태어났다.

숙종의 이름은 순(焞), 자는 명보(明譜)다. 1667년 7세 되던 해에 왕세자로 책봉되었고 1674년 14세에 왕위에 올랐다.

숙종(肅宗) 때는 당쟁이 매우 심하던 시절이었다.

특히 왕위를 이을 왕자를 왕후가 아닌 빈들에게 얻자 다음 왕위를 두고 싸움이 일어났다. 특히 인현왕후와 희빈 장씨 편에 선 대신들이 서로 편을 나누어 격렬하게 싸우는 등 당쟁의 소용돌이 시대이기도 했다.

이렇게 정치적으로 어려운 상황이었지만 숙종은 왕권을 강화하며 나라를 안정시키고 46년 간 정치, 경제, 문화 등 다방면에서 많은 업적을 쌓았다.

몇 가지 살펴보면, 임진왜란과 병자호란 이후의 후유증을 대부분 복구하고 대동법을 전국에 확대 실시하는 등 국가살림을 튼튼히 했으며 버려 둔 압록강 주변에 2진을 설치하여 옛 영토를 회복하였다.

1712년 백두산정계비를 세워 국경선을 확정짓고 5군영으로 군제를 바꿔 국방을 튼튼히 하였다.

뿐만 아니라 상평통보(常平通寶)를 만들어 중앙관청과 지방관청에서 사용토록 하여 훗날 경제 발전에도 영향을 미쳤다.

이 외에 많은 책들을 편찬하는 등 문화사업도 활발히 이루어졌다.

-제1계비 인현왕후(仁顯王后)(1667-1701)-

인현왕후는 1681년 숙종의 두 번째 부인이 되었다. 인현왕후는 예의가 바르고 덕성이 높아 국모(國母)로서 백성들의 존경을 받았다. 하지만 안타깝게도 왕자를 못 낳아 왕의 사랑을 받지 못했다. 숙종은 당시 장소의(훗날 장희빈)가 낳은 왕자 균(훗날 경종)이 왕위를 이어가길 바랐다. 그러나 많은 신하들은 인현왕후가 아직 젊어 왕자를 낳을 수 있으니 왕자 균을 세자로 책봉하지 말고 더 기다려 보자며 상서를 올렸다. 하지만 숙종은 끝내 왕자 균을(훗날 경종) 왕세자로 책봉한다. 그리고 인현왕후를 폐비시키고 대신 장희빈을 중전 자리에 앉혔다.

비록 인현왕후는 숙종이 자신을 버렸지만 미워하지 않고 12년 동안 소박하게 살았다고 한다.

세월이 흐르자 숙종은 인현왕후를 폐비시킨 것을 후회하고 인현왕후를 다시 왕후에 앉히고 장희빈을 다시 빈의 자리로 떨어뜨렸다.

다시 중전이 된 인현왕후는 희빈 장씨와 잘 지내기 위해 노력하였으나 장희빈이 중전 자리를 빼앗은 인현왕후를 곱게 생각할 리가 없었다. 장희빈은 앙심을 품고 자신이 머무는 취선당 서쪽에 신당을 설치하고 무당들을 불러와 인현왕후가 죽기만을 기도했다. 정말 그래서일까? 인현왕후는 1701년 자녀 없이 35세를 일기로 세상을 떠났다. 나중에 장희빈은 이런 사실이 발각되어 진노한 숙종에게 사약을 받고 43세의 일기로 생을 마감한다.

-제2계비 인원왕후(1687-1757)(仁元王)后

인원왕후는 1701년 인현왕후 민씨가 죽자 간택되어 왕비로 책봉되었다. 인원왕후 역시 자녀가 없었다. 인원왕후는 평소에 숙종의 명릉 곁에 묻히기를 간절히 바랐다. 그래서 영조는 지금의 위치를 정하였고 명릉의 정자각에서 제사지내도록 했다.

인원왕후의 능은 숙종과 인현왕후가 묻힌 능, 바로 오른쪽에 홀로 있다.

◎ 돌 조각이 작은 명릉

명릉은 우리나라 왕릉 중 돌 조각의 크기가 작은 것으로 유명하다. 앞서 설명 했듯이 능을 간단하고 작게 만들라는 숙종의 명령으로 인해 봉분 앞에 놓인 돌조각들이 실물 크기만큼 작아졌다.

이후 만들어진 왕릉들은 명릉의 형식을 본받아서 간단하고 검소하게 조성되었다.

5. 홍릉(弘陵)

◎ 왼쪽이 비어 있는 능

홍릉은 서오릉에서 가장 늦게 만들어진 능이다.

홍릉에는 제21대 왕 영조의 첫 번째 부인 정성왕후(貞聖王后, 1692-1757) 서씨가 묻힌 곳이다.

정성왕후는 1704년 13살 때 당시 숙종의 둘째 아들이었던 연기군(훗날 영조가 됨)과 혼인하였다. 매우 이른 나이에 혼인했지만 자녀를 두지 못하였고 66세(영조 33년)를 일기로 세상을 떠났다.

정성왕후는 언제나 밝은 미소로써 대비와 대왕대비를 잘 모시고 자신의 친어머니께 정성을 다하는 태도로 생활했다고 한다.

이러한 정성황후의 생활태도를 영조는 늘 고맙게 생각했는데 그녀에 대한 믿음과 사랑은 능에서도 엿보인다.

영조는 왕후의 홍릉 자리를 정할 때 나중에 같이 묻힐 수 있도록 미리 계산하여 정성왕후 능 오른편을 비어놓았다. 왕비 능 바로 오른쪽 중앙에는 돌을 십자로 새겨 묻고 쌍릉 형식에 걸맞게 석물들도 배치하였다. 그러나 영조의 계획과는 달리 정성왕후 봉분 옆은 빈 공간으로 남게 되었는데 정작 영조는 동구릉에 묻히게 되었기 때문이다.

6. 서오릉 왕릉형식과 풍수(西五陵王陵形式과 風水)

서오릉은 역사적으로 연구 가치를 가진 문화재이자 도심 내에 몇 안 되는 녹지공간으로 현장체험학습을 목적으로 하는 학생들에서 일반 관람객들에 이르기까지 많은 사람들이 꾸준히 찾아오는 명소이다.

조선의 왕릉은 궁궐과 더불어 역대 왕들의 삶과 죽음의 세계를 보여주는 조선왕실의 대표적 유산으로 조선의 역사를 이해하는 좋은 아이템이다.

'왕'은 그 자체가 역사적 존재였으며 왕의 죽음은 우리가 생각하는 그 이상의 파장력을 가졌다. 이는 권력이동, 정권교체를 뜻하며 치열한 당파싸움의 예고편이었다. 오늘날 선거를 통해 당의 운명이 갈린다면 조선시대에는 왕의 보위문제와 왕릉택지·조성 문제가 권력이동에 큰 영향을 끼쳤다.

왕릉택지 및 조성은 후왕이 맡은 첫 번째 국정 일이었기에 이를 둘러싼 권력투쟁은 극할 수밖에 없었다. 선왕의 왕릉 택지(擇地) 및 조성과 천장(이장)의 적합성에 관한 문제는 권력싸움의 좋은 빌미가 되었고 그 중심에 항상 '풍수 논쟁'이 있었다. 이 풍수논쟁에서 누가 목소리가 크냐에 따라 승패가 좌우되었기에 명망 있는 사대부들이라면 풍수에 대한 공부가 남달랐다. 그런 까닭에 이름 있는 양반고택들 대부분이 풍수적으로 명당자리를 꿰차고 있는 것이다. 이렇게 '풍수'는 왕릉뿐만 아니라 민가, 궁궐, 서원, 향교, 절 등 건축물을 비롯해 문화재 전반에 대한 이해를 높이는 키워드가 된다.

지금까지 조선 왕릉에 대한 이해는 대체로 역대 왕릉의 내력과 주요 시설물 해설에서 머무르는 경우가 많았다. 당시 조선왕실에서 왕릉 문제를 두고 정치적으로나 풍수적으로 논쟁이 끝이지 않았던 점을 고려할 때 '풍수적'시각에서 조선 왕릉을 이해하는 것도 의미 있는 작업일 것이다. 비록 '풍수'가 학술적으로 검증된 학문은 아니지만, 신라시대부터 전해져 도읍지, 마을, 사찰, 서원 택지시 항상 고려했던 부분이고, 오늘날에는 실내풍수인테리어라는 이름으로 생활 속에서 암암리에 영향을 미치고 있다.

이러한 측면에서 풍수와 얽힌 서오릉의 택지과정과 그에 따른 왕릉 형식의 변화 등을 역사적 사건과 관련하여 살펴보고자 한다.

(1) 세조가 정한 서오릉

서오릉에서 가장 먼저 조성된 왕릉이 '경릉'(敬陵)이다. 경릉은 덕종(의경세자)과 소혜왕후의 능으로 덕종의 아버지 세조가 친히 정한 자리이다.

세조는 서오릉 자리를 정하기 위해 상당한 공을 들였다. 그럴 만도 할 것이 그의 형인 문종이 재위 2년 3개월 만에 죽자 조카인 단종이 보위를 잇자 잔혹하게 왕위를 찬탈하였다.

세조의 등극은 조선왕조 왕위 혈통의 변화를 의미했다.

조선왕조의 초석을 마련한 이성계의 4대조[12]와 제1대 태조 이성계, 제3대 태종, 제4대 세종, 그 다음 보위를 장남인 문종이, 그리고 단종이 올랐으나 세조의 찬탈로 장자계승이 파괴되고 문종혈통이 아닌 세조혈통들이 잇게 된 것이다.

훗날 문종혈통이 세조혈통에게 반격이라도 한다면 세조를 비롯하여 후손 왕들

---

12) 환조, 도조, 익조, 목조를 일컫는다.

은 대역죄인이 된다. 아마도 세조혈통들은 모두 죽임을 당하거나 멸문지화까지 초래하는 참극으로 맺게 될 것이다. 이에 대한 방비책이 절실히 필요했다. 조선의 왕들은 왕릉풍수에 대한 상당히 관심을 가졌고 특히 세조는 왕릉풍수를 맹신하는 성향이 있어 자신의 혈통들이 계속 왕위를 이어가도록 각별히 신경을 썼다. 그 당시 태조에서 문종까지 이어졌던 선산이 동구릉이었는데 세조는 임종 후 갈만한 선영이 마땅치 않았다.

동구릉은 단종의 아버지인 문종왕릉이 있기에 갈 수 없었고, 세종이 묻힌 내곡 동으로 가자니, 자신의 찬탈행위가 세종의 왕통 교지를 어기는 행위였기에 그곳 도 갈 만한 처지도 안 되었다. 그러던 중 등극 3년 만에 왕세자(의경세자)가 죽 으니 자신의 혈통들이 묻힐 만한 선산을 마련하는 일이 시급하였다. 세조는 의경 세자(덕종)가 죽은 지 삼일 만에 길지를 찾으라 명령했고 사흘 뒤에(세조3년 9월 7일) 오직 명당혈을 찾아야 한다는 조건을 세워 독촉하였다. 그리하여 왕세자 묘 지 택지 어명 앞에 풍수 팀이 구성되었는데, 한성부윤판 팀과 영의정 정인지 팀, 우의정 강맹경 팀 등이 조직되었다.

당시 서울시장격인 한성부윤판 팀은 경기도 과천 땅을 샅샅이 돌아다녔고 국 무총리급인 정인지 팀은 신숙주와 한명회까지 대동한 대신 9명과 국풍 4명과 함 께 강남지역 풍수도를 올리면서 세조에게 천거하였다. 이에 세조가 친히 그 지역 을 가서 둘러보았다. 이때 세조는 오히려 명혈강의를 하면서 태종왕릉 현장에 가 서 더 공부하라는 숙제까지 내 줄 정도로 풍수 실력을 뽐내었다고 한다.

이렇듯 세조까지 발 벗고 나서자 모두들 낮에는 음택 택지 현장을 돌아다니고 밤에는 경회루 동쪽 방에서 왕과 머릴 맞대고 풍수 세미나가 열렸다. 열화와 같 은 풍수 열풍 속에서 명당천거가 봇물처럼 쏟아지자 '상·중·하'로 구별하여 올 리라는 어명까지 내린다.

이처럼 논의가 계속되던 차에 드디어 우의정 강맹경 팀이 한달 열흘 만에 한 양서쪽에서 개가를 올렸다. 까다로운 세조와 대신들, 국풍 모두를 만족시킨 곳이 바로 경기도 고양시 덕양구 용두동 산 20번지에 택지된 '경릉'인 것이다. 훗날 세조의 둘째 아들 예종의 왕릉인 창릉이 들어오면서 서오릉 능역의 기반이 시작 되었다.

그 뒤로 명종의 큰 아들 순회세자와 그의 빈 공회빈 윤씨의 무덤인 '순창원'(順昌園)과 숙종과 그 부인들의 무덤인 명릉(明陵), 익릉(翼陵)이, 대빈묘(大賓墓)가 들어섰고 마지막으로 영조의 부인 정성왕후의 무덤인 홍릉(弘陵), 영빈이씨의 무덤인 수경원(綏慶園)이 자리 잡았다. 이리하여 경릉(敬陵), 창릉(昌陵), 명릉(明陵), 홍릉(弘陵) 등 다섯 개의 능이 조성되어 오늘에 이른다.

이렇게 서오릉은 세조찬탈에서 비롯되었으며 문종혈통의 '동구릉'과 비견되는 '세조혈통의 왕릉'이라 할 수 있다.

(2) 왕릉형식의 변화

◎ 병풍석이 없어지다

조선의 왕들은 왕릉 풍수에 상당한 관심을 가지고 있었다. 특히 세종은 양택(陽宅) 풍수에 밝았고 세조는 음택(陰宅)[13] 풍수에 대한 식견과 안목이 남달랐다고 한다.

세종은 대신들의 성화에도 불구하고 왕릉천장의 불필요함을 주장하였고 현실에 기반을 둔 정치적 마인드로 실제 민생에 필요한 양택 풍수나 업무들을 우선시했다. 물론 세조 역시 두드러진 업적을 남겼으나 찬탈을 통한 왕위 계승인지라 정통성 굳히기를 위해 힘을 쏟을 수 에 없었다. 그런 까닭에 만에 하나 닥칠지 모르는 정치적 변고를 걱정해야 했고 등극 3년 만에 왕세자가 갑작스런 죽음을 맞게 되니 심리적 불안감이 더욱 가중되었을 것이다.

특히나 왕세자의 요절이 단종의 어머니인 현덕왕후와 관련이 있어 더욱 그러했다. 이와 관련한 일화는 다음과 같다.

[세조가 유배시킨 단종을 죽여야겠다고 마음먹은 날이었다. 단종의 어머니이자 세조의 형수였던 현덕왕후 권씨가 꿈속에 나타나 말하길 "너는 흉악한 마음

---

13) 음택(陰宅)은 죽은 자의 집인 무덤을 가리키는 풍수용어이다.

씨와 표독한 심술로 내 아들의 왕위를 빼앗아 버리고 그것도 모자라 저 멀리 유배를 보내더니 이제 목숨까지 끊으려고 하는구나. 너와 내가 무슨 원한이 그리 많기에 이다지도 내 아들에게 못되게 구느냐? 너는 내 아들을 죽이니 나는 네 자식을 살려두지 않겠다!"하며 세조를 매우 꾸짖었다. 꿈에 깨어나 보니 마침 의경세자를 돌보던 내시가 황급히 달려와서 아뢰기를 "동궁마마께서 낮잠을 주무시다가 가위에 눌려 매우 위중 하십니다"하니 놀란 세조가 황급히 달려갔으나 이미 왕세자가 죽어있었다고 한다.]

이러한 세조의 정치적, 심리적 불안감은 왕릉 발복(發福)에 대한 믿음을 각별하게 만들었으며 자연히 음택 풍수에 더욱 관심을 갖게 하는 요인이 되었을지 모른다.

그 예로 자신의 능인 '광릉(光陵)'을 문종혈통들이 묻힌 동구릉 지맥선이 들어오는 산줄기에 택지하여 풍수생기를 동구릉보다 먼저 받으려 했다. 이는 문종혈통보다 우위에 서기 위해 선제 공략점을 택했음을 알 수 있다. 또한 세조의 공식 유교(遺敎:유언) 속에는 조선 왕릉의 변화까지 들어있을 정도로 후사를 대단히 챙겼다.

> 내가 죽으면 속히 썩어야 하니, 석실과 석곽을 사용하지 말 것이며, 병풍석을 쓰지 말라

이 유언의 의미는 땅속의 명혈기운을 흠뻑 받기 위해서 자신의 유해 사이를 가로막는 벽을 없애버리라는 뜻이다.

석곽이라는 돌판과 병풍석이라는 돌벽을 생략시켜야 살이 빨리 썩고 남은 뼈가 명혈기운을 강력하게 저장시킬 수 있다. 그래야만 그 기운이 세조 혈통 왕들에게 대대손손 전달되고

병풍석이 없고 난간석만 있는 모습(경릉)

이는 곧 나라의 안녕과 직결되기 때문이다. 그래서 세조 이후에 만들어진 왕릉에는 특별한 경우를 제외하고 병풍석을 찾기 어렵다. 그 전에는 오히려 천장(遷葬)으로 인한 영릉(英陵 – 세종릉)이나 왕위 찬탈로 인한 장릉(莊陵-단종릉) 외에 병풍석이 설치된 것이 정상이었다.

하지만 세조 이후 성종(宣陵-폐비윤씨사사로 연산군이 왕위에 오를 때 닥칠 후한이 두려워 병풍석 설치), 선종(穆陵-임진왜란 병살을 막기 위해), 인조(長陵-병자호란 병살을 막기 위해), 사도세자(隆陵-뒤주 속에서 절명했던 참살을 막기 위해) 등 특별한 상황에서 병풍석을 만든 것 제외하고 생략한 왕릉이 원칙이었다. 서오릉에는 병풍석을 찾아볼 수 없으며 대신 난간석으로 봉분을 보호하고 있다.

◎ 동역이강형식(同域異岡刑式)

세조 때부터 하나의 강(岡)위에 왕릉을 조성하는 양식을 버리고 한 능역(陵域)안에 각각의 강을 잡아 왕릉을 조성하는 동역이강형식(同域異岡刑式)이 출현한다.

서오릉에서는 단릉(單陵)인 익릉과 홍릉(右虛制)을 제외하고 경릉, 창릉, 명릉 모두 동역이강형식이다. 풍수적 이유로 조성된 동역이강형

잉(孕)

경릉-잉

식은 생기를 더욱 많이 받는데 유리하다. 좀 더 자세히 이해하기 위해서 먼저 강(岡)과 잉(孕)에 대해 살펴볼 필요가 있다.

강(岡)이란 정자각 뒤쪽에 있는 둥근 언덕이고 잉(孕)은 강중에서도 가장 봉긋하게 솟아오른 부분이다. 조선 왕릉이 신라와 고려 왕릉과 구별되는 특징이 바로 강과 잉이다. 국장기간 중 3-5개월간 강과 잉에 대한 풍수논쟁을 일삼았을 만큼 중요한 요소였다.

땅기운 중에서도 가장 좋은 기운을 생기(生氣)라하고 나쁜 기운을 사기(死氣)

라 한다. 생기는 생명을 키우고 지켜주어 이를 생명지기라 하는데 이러한 생기를 저장하고 있는 것이 강이다. 이 생기저장탱크인 강에 생기를 주입시켜주는 부분이 바로 잉이다.

풍수[14]는 형세론(形勢論), 형국론(形局論), 좌향론(坐向論)으로 크게 나눌 수 있는데, 이 중 형세론에서 가장 중요시 하는 것이 혈(穴)이다.

형세론에 의하면 세산(勢山)과 연결된 형산(形山)에 명혈(明穴)이 있다고 한다. 이는 세산의 기세가 아궁이의 화력 같은 역할을 하고 이 기운을 받는 온돌방이 형산이며 그 중 가장 강력한 기운이 모여 아랫목 역할을 하는 것이 바로 혈이라는 것이다. 이를 몸에 비유를 하자면 세산은 단단한 뼈이며 형산은 이를 둘러싼 근육인데 가장 보기 좋게 발달된 근육이 강(岡)이고, 그 중 중요한 경혈 지점이 바로 잉(孕)이 되는 것이다.

이때 혈자리에서 외부를 바라보면 세산이 형산을 가려서 아늑한 느낌을 주고 형산 안에서 세산이 보이지 않는 곳에 혈이 있다는 것이다. 덕종릉 역시 능 위에서는 세산이 보이지 않으며 소혜왕후 능에서나 어렴풋이 보인다.

이렇게 택지 때 왕릉이 명당 혈에 자리하고 있는지 확인할 수 있는 풍

경릉의 형산과 세산

14) 풍수(風水)는 삶터를 근본으로 삼았던 농경민족인 동양에서 발생하였다. 풍수지리는 장풍(藏風)과 득수(得水)로서 땅을 보는 이론이다. 장풍이란 바람을 감춘다는 의미이고 득수란 물을 얻는다는 뜻이다. 이는 옛 사람들이 바람과 물을 생활·주거 조건으로 제일 중시했다는 의미이기도 하다 인류의 4대 문명지의 공통점은 모두 강을 중심으로 발생했다는 것이다. 즉 득수요건이 성립된다. 하지만 이집트, 메소포타미아, 인도는 열대성 기후인 반면 유일하게 중국만은 한대성 기후에 가까운 지역으로서 여기서 장풍의 개념을 찾을 수 있다. 우리나라는 특히 장풍을 중시하였다. 한대지역인 중국과 산악국가인 우리나라에서는 겨울 찬바람으로부터 삶터를 감춘다는 장풍이 필요했고 그러한 장풍이 삶터 택지에 적용되자 배산임수(背山臨水)라는 입지 원리가 생겨나게 되었다. 배산임수 중에서 임수는 득수조건을 배산은 장풍조건을 성립시키는 것이다. 중국은 황하라는 물줄기를 근본으로 삼는데 황사가 식수를 오염시켜 항상 득수조건이 먼저였고 우리나라는 산악국토라 그와 다르게 장풍이 중요시되었다. 좋은 산만 찾으면 득수는 그대로 해결되므로 배산을 중시했고 당연히 장풍우선이 되었다.

수잣대가 바로 강(岡)과 잉(孕)의 존재유무였다. 이런 것들이 시시비비와 갑론을박이 되어 왕릉택지 및 왕릉천장을 일으켰는데 당파논쟁의 단골메뉴로 등장하였다. 조선 500여 년 동안 풍수논쟁이 100건에 이르렀고 27명의 재위 왕들의 왕릉천장만 해도 세종, 중종, 선조, 인조, 효종, 정조, 순조 왕릉 등 7명에 이른다. 국사가 평탄치 않거나 왕세자가 태어나지 않은 경우도 천장을 했는데 이는 모두 조선왕들의 풍수맹신 탓이었다. 그래서 풍수명당의 보증수표인 강과 잉을 철썩 같이 믿을 수밖에 없었고 그런 까닭에 강과 잉이 없는 조선 왕릉은 하나도 없는 것이다. 이렇게 강과 잉의 생기를 받기 위해서는 자연적으로 생성된 것이야 하고 인위적으로 강을 만들 수는 없다.

세조는 생기 저장탱크인 강에 종전처럼 두개의 쌍릉 봉분을 놓기보다 단릉 하나를 놓았을 때 생기를 독식하는 게 유리하다고 보았다. 그러기에 문종이 만든 국조오례의 왕릉형식보다 2배의 풍수효력을 발휘하는 동역이강형식을 창출했던 것이다.

이는 왕릉풍수 발복(發福)으로 문종혈통들보다 훨씬 앞서가는 것이기도 했다. 게다가 동역이강형식에 더욱 강력한 힘을 보태기 위해 세조는 병풍석과 석곽이라는 돌판까지 제거하라는 유언까지 잊지 않았던 것이다.

강에서 공급하는 명혈기운이 자신의 유해에 바로 흡수되기 위해서는 걸림돌이 없어야 명혈기운과 시신이 직접 연결되고 살은 빨리 썩어 홀로 남은 명혈기운이 용상에 있는 세조혈통의 왕들에게 속히 전달된다고 믿었기 때문이다. 이것이 바로 뼈에서 후손으로 기운이 전달된다고 주장하는 동기감응설(同氣感應設)이다.

한마디로 조상이 명당자리에 묻히면 후손이 복 받는다는 것이다. 이는 불교예식에 따라 화장(火葬)을 했을 경우 음택의 필요성이 덜했지만 유교적 풍습에 따라 매장(埋葬)했을 경우 음택의 중요성이 높아진데다 조상숭배사상이 어울려져 소위 '명당'에 대한 집착으로까지 이어지지 않았나 싶다.

오늘날에도 '잘되면 내 탓이고 못되면 조상 탓'이라는 말이 있듯이 집안에 우환이 있을 경우 무덤자리가 좋지 않아서 그렇다는 말을 간혹 한다. 물론 과학적 사고방식을 중시하는 젊은이들에게는 우스개 소리이지만 무시하기에도 어딘가 석연치 않게 여기는 어른들도 어렵지 않게 만날 수 있다.

이는 무덤 풍수 발복을 전염시켰던 조선 왕조가 있었고 그들이 주도한 문화를 이어받은 한국인의 무의식중에 영향을 미치고 있기 때문이다. 왕릉 주변에 갈비집이 유명한 것은 능에서 제를 올릴 때만 나라에서 소의 도축허가를 내줬던 것에서 유래했다. 왕릉갈비의 연유에 대해서 알던 모르던 간에 아직까지도 이곳으로 갈비를 먹으러 온다. 이렇게 문화적 습성이란 쉽게 바뀌지 않는데, 하물

서오릉에서 쉽게 찾아볼 수 있는 갈비집

며 그 의식이 쉽게 변하기는 어려울 것이다.

마찬가지로 세조가 동역이강형식을 통해 왕릉 풍수 발복을 기대했던 것처럼 오늘날 한국인들의 의식 속에는 '명당(明堂)자리'라는 이름으로 요행과 발복을 기대하고 있는 것이 아닐까 싶다.

◎ 명릉(明陵)의 세호(細虎) 운동성 변화

명릉은 숙종과 인현왕후, 인원왕후의 능으로 동역이강형식이다. 그의 첫째 부인인 인경왕후의 능인 익릉과 후궁이었던 장희빈의 대빈묘도 서오릉에 자리 잡고 있다.

숙종과 인현왕후, 장희빈의 관계는 드라마로 만들어질 정도로 익히 잘 알려져 있다. 특히 당시 장희빈 사사사건은 상당히 파장력이 컸던 사건으로 심지어 왕릉에서도 그 영향을 발견할 수 있다. 왕릉풍수란 발복(發福)에 대한 부적과 같은 비보책(秘寶冊)이었다. 그런 점에서 숙종이 묻힌 능에는 장희빈과 인현왕후의 대결로 추락한 왕권을 다시 세우고 앞으로 그런 일이 없도록 풍수적으로 조치를 취하는 것이 중요했다. 즉 막강한 중전문중의 외척세도의 강력한 기를 짓누르는 풍수 비책이 필요했던 것이다. 이를 위해 채택한 것이 바로 세호(細虎)이다.

세호(細虎)는 망주석에 새겨진 문양으로 이에 대한 기록은 정확하지 않다. 혹자는 다람쥐라고 칭하기도 하고 호랑이 모양이라고도 하지만, 도대체 무슨 동물

인지 종잡을 수 없는 형태이다. 『한국민족문화대백과사전』에 의하면 망주석을 화표주(華表柱)라고 불렀다고 한다. 화표는 풍수용어의 하나로 수구막이 기능을 더욱 강하게 해주는 역할의 산을 뜻하고 더욱이 그 모양이 보통 해와 달, 거북과 뱀, 사자와 코끼리 등을 닮고 있을 때 강력한 위력을 발휘한다. 혈장의 생기가 터진 곡장 부분으로 빠져나가는 부분을 망주석이 생기를 정지시키는 제동장치 역할을 한다. 이때 화표의 한문(捍門) 형상을 망주석에 새겨 놓으면 더욱 강력한 장치가 된다고 한다.

하지만 처음부터 망주석의 세호가 동물의 모양을 하고 있었던 것은 아니다. 서오릉에서 처음 조성된 경릉의 세호를 보면 귀구멍이 뚫여 있는 돌조각 정도로 망주석에 붙어있다.

그러던 세호가 차츰 머리와 꼬리가 식별되는 동물의 형상을 하게 되었는데, 이러한 형상을 최초로 발견할 수 있는 곳이 서삼릉 비공개 지역에 있는 폐비윤씨의 묘이다.

폐비윤씨 묘의 양편 망주석의 세호를 유심히 관찰하면 무려 5백 년 전 석물이기에 세호의 형상이 분명하지 않지만 희미하게나마 아래쪽 꼬리 모양이 감겨져 있다. 꼬리가 아

경릉의 세호─동물의 형상이 제대로 드러나 있지 않지만 살짝 머리와 꼬리의 형상이 보인다

래쪽에 있으니 세호는 올라가는 형상이며 이는 격상에 해당한다. 연산군이 왕릉으로 격상시켰던 폐비 윤씨의 묘를 보더라도 추숭의 의미를 지니고 있다. 즉 폐비 윤씨의 묘에서부터 운동성이 시작되는데 망주석 좌우 모두 상행(上行)하고 있다. 익릉(숙종의 첫째부인,인경왕후) 역시 좌청룡 우백호 망주석 세호 모두 상행(上行)하고 있다.

익릉 이전의 세호 대부분이 이처럼 좌상우상(左上右上)의 운동성을 보이다가 세호의 방향이 하행(下行)운동이 시작되는 능이 발견되는데 바로 명릉(明陵)이다.

숙종은 인현왕후가 죽자 자신의 신후지지를 정하고 능원의 석물들도 미리 만들었다. 그런데 명릉의 좌청룡 망주석 세호는 상행(上行)하고 우백호 망주석 세호는

하행(下行)한다. 그로부터 56년 후 인원왕후의 능도 맞은편에 조성했는데, 마찬가지로 좌상우하(左上右下)의 운동성을 보여주고 있다.

명릉-좌측 망주석의 세호가 상행하는 모습

이는 세호의 하행운동성이 인현왕후 민씨 능이 조성되었던 이전의 일과 관련 있음을 말해주며 다름 아닌 장희빈 사사사건을 의미한다.

장희빈 사사사건은 숙종왕실의 최대사건이었다. 게다가 세호 하행 출현의 시간대와도 딱 들어맞는다. 장희빈과 인현왕후라는 인물까지도 직접 관련되기에 의심할 바 없이 장희빈 사건과 세호 하행은 원인과 결과를 맺고 있다. 그 밖에 세호와 연관되는 왕실사건은 아무리 뒤져보아도 없다.

그렇다면 세호의 우하(右下)는 무엇을 뜻하는 것일까?

이것도 숙종 재위 시에 있었던 남소문 풍수사건에서 찾을 수 있다. 숙종 1년 한양에 인재가 나오지 않는 것은 남소문을 폐쇄하였기 때문이라는 풍수사 김진발의 상소가 올라왔다. 동남방에 있는 남소문이 풍수로 인해 닫혀있기에 장안에 양기(陽氣)가 부족하여 남자(인재)들이 힘을 못 쓴다는 주장이 나왔다. 숙종 16년 6월 장희빈이 낳

명릉-우측 망주석의 세호가 하행하는 모습

은 아들이 왕세자에 책봉되자, 한달 뒤 남소문 양기 개방설이 또다시 거론되었으나 폐쇄 쪽으로 결정된다.

그로부터 석 달 뒤 장희빈은 중전에 오른다. 그 뒤 장희빈이라는 음기가 너무 드세다보니 왕실은 시끄러워진다.

이를 보다 못한 숙종은 4년 뒤 장희빈을 폐출시켰고 그로부터 7년 뒤에는 사사시킨다. 남소문 양기문제와 장희빈 음기문제를 같은 음양문제로 조명하면 세호의 운동성은 드러난다. 인현왕후가 잠든 명릉의 좌청룡 망주석 세호는 상행하고 있다. 좌청룡은 양기를 상징하기에 이는 양기상승과도 같은 맥락이 된다. 풍수인 테리어로 치자면 양기를 북돋는 것과 같다.

우백호는 음기(陰氣)를 상징한다. 그러므로 하행하고 있는 우백호 망주석 세호는 음기를 누르는 것이 된다.

결국 명릉 망주석 세호의 좌상우하(左上右下)는 이렇게 해석된다.

양기(陽氣,남자, 왕권)을 북돋워주고 음기(陰氣,여자, 중전)를 누른다는 풍수적 의미인 것이다. 왕릉 발복을 신봉했던 조선왕들의 왕심(王心)에서 볼 때 당연한 풍수장치였다.[15]

형 식	경릉	창릉	익릉	명릉	홍릉
형 식	동역이강형식	동역이강형식	단릉	동역이강형식	단릉(右虛制)
병풍석유무	無	無	無	無	無
망주석	덕종릉 – 無 소혜왕후릉 – 有	有	有	有	有
세호방향	소혜왕후 릉의 세호는 귀구멍은 있으나 방향성이 없음 덕종릉에는 망주석이 없음	좌우상행 (左右上行)	좌우상행 (左右上行)	좌상우하 (左上右下)	좌상우하 (左上右下)

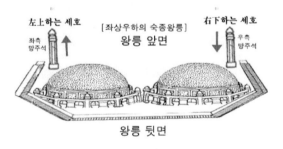

左上하는 세호　　[좌상우하의 숙종왕릉]　　右下하는 세호
좌측 망주석　　　왕릉 앞면　　　우측 망주석

왕릉 뒷면

명릉 세호 운동성

---

15) 장영훈, 『왕릉이야말로 조선의 산 역사다.』담디, pp219-220

서삼릉(사적 제200호)

서삼릉 가는 길

서삼릉은 덕양구 원신동에 위치한 서오릉과 함께 고양시를 대표하는 능이다. 서삼릉으로 들어가는 길은 아름드리 포플러가 양 옆으로 서 있어 한 폭의 수채화 같은 아련한 그리움을 불러일으킨다. 그래서 종종 드라마의 배경으로 소개되는 길이기도 하다. 서삼릉 입구에 이르기 위해서는 농협중앙회의 철제입구와 한국마사회 종마 목장 포장길을 거쳐야 한다.

고양시의 대표적인 사적치고는 종마목장의 규모와 비교가 되어 그런지 초라해 보인다. 그나마 이것도 한국마사회에서 1998년 문화재청에 3천 평을 양보해서 겨우 생긴 진입로라고 한다. 그 이전에는 중종의 왕비인 장경왕후 희릉의 홍살문까지 마사회 땅이었다고 한다.

하지만 서삼릉의 원래 모습은 135만평에 달하는 큰 왕릉이었다. 그렇다면 도대체 그 많던 서삼릉의 능역은 다 어디로 가고 겨우 출입구를 간신히 얻어야만 했을까? 서삼릉의 수난은 1960년대부터 시작되었다. 군사정권 시절, 1963년 한양골프장에 20만평 부지를 잘라 내준 것을 시작으로 마사회 원당 종마목장, 축협 목초지 목장, 농협대학, 군부대, 훈련원 등 1984년까지 마구 내주면서 전체의 94%인 127만평이 잘려나갔다. 게다가 겨우 8만 평도 남지 않은 서삼릉의 능역 중 5만 6000평은 비공개 지역이라 문화재 관람을 하지 못하고 있는 형편이다.

능역이 나뉘는 과정에서 1970년 서삼릉 전체를 관리하던 재실까지 낙농단지에 편입돼 헐렸고, 현재 관리사무소로 쓰는 작은 한식 목조 건물만이 남았다. 또 시범낙농단지 조성을 한다는 이유로 축협과 농협에 나눠준 결과, 서삼릉 대부분이 낙농 방목 초지로 바뀐다. 덕분에 다른 능에서 찾아볼 수 없는 말과 젖소, 푸른 초원으로 둘러싸인 이국적이고 낯선 목가적인 풍경이 되었다. 이 때문에 울창했

161

던 숲은 사라지고 예·희릉 구역, 효릉 구역, 후궁·왕자·공주 묘, 태실집단 구역, 소경원 구역 등으로 분할돼 버렸다. 이제는 각 구역이 서로 통행할 수조차 없는 고립상태여서 출입하려면 허락을 받아야 하는 상황이다. 그래서 소경원과 효릉으로 가려면 진입로가 축협 소유 땅이라 서삼릉 관리소조차 축협의 허락을 받아야 한다. 구제역을 염려해 소독 절차를 거치고 들어가는 일도 있다. 또 태실과 왕자, 공주, 후궁들의 묘를 가려면 차를 타고 7~8분가량 돌아서 가야 하는 불편함을 감수해야 한다. 뿐만 아니라 여기에는 역사적 아이러니도 함축되어 있다.

효심이 깊었던 인종은 살아생전 정을 나누지 못하고 일찍 죽은 자신의 생모인 장경왕후를 그리워하며 희릉(장경왕후 능) 곁에 묻기를 소망하여 이곳에 효릉을 조성한 것이다. 그런데 우리 후손들의 무지와 이권으로 인해 효릉과 희릉을 갈라 놓았으며 이는 문화재 의미를 훼손한 것이라 볼 수 있다. 일제가 조선왕실을 비하하기 위해 전국의 태실과 공주 왕자 묘를 한곳에 몰아 공동묘지를 만들었어도 이처럼 왕릉의 땅을 마구 내주는 일은 저지르지 않았다. 이처럼 서삼릉은 항일전쟁시대부터 현대에 이르기까지 수난을 겪은 역사의 현장이다. 여기서 우리의 문화재를 소중하게 관리하고 보존하는 일이 얼마나 중요한 것인가를 다시 한번 곱씹어 봐야 할 것이다.

서삼릉에는 예릉과 희릉, 효릉(비공개) 외에도 인조의 아들 소현세자의 묘인 소경원, 영조의 후손 의소세손의 묘인 의령원, 정조의 장남 문효세자의 묘인 효창원 등 세 원(元)과 태실, 폐비 윤씨의 회묘, 공주와 옹주, 후궁들의 묘가 있다. 이곳에 묻힌 이들의 공통점은 하나 같이 비극적인 삶을 살았다는 것이다. 하지만 이들의 수난은 오늘날까지 계속되고 있다. 문정왕후에게 독이 든 떡을 받아먹고 죽은 인종, 중종과 나란히 잠들었다가 문정왕후에 의해 남편을 졸지에 빼앗기고 홀로 있는 장경왕후, 안동 김씨의 세도정치에 희생당해 허수아비 왕이었던 철종, 아버지 인조에게 독살 당한 소현세자, 남편에게 사약을 받고 죽은 폐비 윤씨와 일제에 의해 무덤이 졸지에 파헤쳐져 옮겨온 왕자와 공주, 후궁들의 묘지에 이르기까지 그들의 고단했던 생애에도 모자라 낯선 풍경에 고립되어버린 섬처럼 각 능이 외롭게 떨어져 있다.

그나마 다행히도 1995년부터 서삼릉의 옛 모습을 되찾기 위한 운동이 펼쳐지고 있다. 고양시에서는 약 430억원을 투입해 축협, 농협의 땅을 사들여 서삼릉을 복원하여 2008년 정도에는 30만평 정도를 시민공원으로 만들겠다는 계획을 밝혀 이를 추진하고 있다.

1. 희릉(禧陵)

희릉은 중종의 계비 장경왕후(章敬王后, 1491~1515)의 능이다. 장경왕후는 효릉(孝陵)에 묻힌 인종을 낳은 지 얼마 되지 않아 아주 젊은 나이에 25세로 돌아가셨다.

처음에는 경기도 광주 헌릉에 '능'을 마련했는데, 20년 뒤에 그곳이 풍수지리적으로 좋지 못한 곳이라 하여 지금의 위치로 옮겨졌다.

2. 효릉(孝陵)

◎효심이 깊었던 인종

효릉은 제12대 왕 인종(1515~1545, 이름:호, 자:천윤)과 그의 부인 인성왕후 박씨의 능이다.

인종은 1515년 중종과 장경왕후 윤씨 사이에서 첫째 아들로 태어났다.

하지만 안타깝게도 어머니 장경왕후가 인종을 낳은 지 7일 만에 죽었다. 6살 때 세자로 책봉되어 30세 때 왕으로 즉위했으나 왕이 된 지 8개월 만에 생을 마감했다.

능의 이름에서 알 수 있는 것처럼 인종은 학문적으로나 품성이 나무랄 데 없는 효자였다. 중종에게는 더할 수 없이 지극한 효자였고 새어머니였던 문정왕후의 갖은 음모와 모욕 속에서도 화 한번 내지 않았을 정도로 효심이 깊었다. 또한 경빈의 아들 복성군이 자신을 끊임없이 괴롭혔지만 은혜를 베풀었고 문정왕후의 아들 경원대군을 친형제 이상으로 보살피는 등 형제애를 소중히 생각했다.

그러나 왕으로서의 자질은 크게 부족하였다.

몸과 마음이 매우 약해서 국왕이 된 후에도 소신껏 자신의 뜻대로 다스리지 못하고 외척들의 말만 따를 정도로 유약했다.

인종은 31세라는 젊은 나이로 조선시대 역대 왕 중 가장 짧은 나이로 죽었다.

그 탓에 1년을 넘기지 못한 왕이라 대왕으로서 장례를 치르지 않았다. 대신 임시로 빨리 지내는 장례법을 따랐기에 효릉은 왕의 능이라기에는 비교적 초라하게 만들었다. 그래서 선조(10년) 때 소홀히 한 부분을 다시 단장하였다.

3. 예릉(睿陵)

예릉은 조선 제 25대 왕 철종과 그의 부인 철인왕후 김씨가 묻힌 능으로 쌍릉 형식이다.

철종은 전계대원군과 용성 부대부인 염씨 사이에서 셋째 아들로 태어나 이름은 원범이었다. 원범은 왕이 되기 전 그의 형인 최평군이 역모에 휩쓸리면서 가족들과 강화도로 유배되어 그저 농사나 짓고 있던 평범한 농사꾼이었다.

그런데 조정에서는 세도 정치가 심했고, 특히 당시 안동 김씨 세력들은 풍양 조씨에게 빼앗긴 주도권을 되찾기 위해서 농사꾼이었던 원범을 왕으로 내세웠다.

하지만 원범은 왕의 자질이 별로 없던 사람이었다.

학문에도 그다지 관심이 없었고 성격 또한 강직하지 못하고 현명하지 못했다. 게다가 안동 김씨 세력의 눈치까지 봐야 하는 '허수아비 왕'이었다. 게다가 철종이 왕위에 있을 때 대내외적으로 조선은 매우 어지러운 상황이었다.

　전국에서 백성들이 엄청난 세금에 불만을 품고 곡괭이와 삽을 가지고 관청으로 달려가 관아를 부수는 등 전국적으로 민란의 불길이 타올랐던 시절이었다. 또한 이 무렵 동학이 일어나 많은 백성들이 부패한 왕조를 버리고 더 나은 세계를 꿈꾸기도 했다. 아마도 농사꾼이었던 철종은 안팎으로 어수선한 시절이 싫었을 것이다. 그래서인지 언제나 자신이 살던 강화도를 가고 싶어 했다. 하지만 결국 살아서 강화도로 돌아가지 못한 채 죽고 난 후 무덤만이 강화도를 바라보게 되었다.

서삼릉 왕자 공주묘

서삼릉 왕자 공주 태실

서삼릉 후궁묘

서삼릉 회묘

〈서삼릉에서 볼 수 있는 묘와 태실〉

IV 산 성

북한산성(北漢山城)(사적 제162호)

북한산성의 봄풍경

1. 북한산성의 역사

북한산성은 북한산 능선을 따라 쌓은 석성(石城)으로 경기도 고양시 덕양구 북한동과 서울시 도봉구 수유동 경계에 위치하고 있다.

북한산성은 오랜 세월동안 여러 시대에 걸쳐 외적의 침입과 나라의 위험을 지키는 천혜의 요새로 매우 중요한 산성이었다.

삼국시대에는 백제 개루왕(5년, 132년) 때 산성을 쌓기 시작하여 북한산성을 빼앗기 위한 삼국의 혈전이 끊이질 않았다. 고구려 장수왕 때는 7일간 백제와 치열한 싸움 끝에 북한산성을 차지하여 백제는 공주 웅진으로 쫓겨났다. 이렇게 강력한 고구려의 남진정책에 대항하여 나제연맹을 통해 고구려를 쫓아냈지만, 결국 신라의 배신으로 북한산성의 주인은 신라가 되었다.

빼앗긴 북한산성을 되찾기 위하여 고구려 장군 고승이 공격하였으나 신라 진평왕이 1만의 군사를 이끌고 와 막았다. 그 이후에도 고구려 장군 뇌음신이 말갈군과 함께 20일간 공격했으나 신라의 성주 동타천의 용감한 항쟁으로 북한산성을 지켜내고 신라는 삼국통일의 발판을 마련하였다. 이렇게 삼국이 끊임없이 북한산성을 두고 싸웠던 것은 '삼국통일'을 좌지우지할 정도로 북한산성이 매우 중요한 위치를 차지했기 때문이다.

이런 사실은 옛 문헌에도 기록되어 있다.

[북한산성은 남쪽으로 한강에 이르고, 북으로 임진강에 미치고, 동으로 태산과 이어지고, 서쪽으로 큰 바다를 굽어보아 사방의 거리가 쭉 고르니, 이것은 해동제일의 요새이다. 그러므로 삼국시대에는 반드시 서로 다투는 땅이 되었다. 고구려가 차지하면 신라와 백제가 싸움에 어렵고, 신라가 차지하면 신라와 백제가 싸움에 어렵고, 신라가 차지하면 고구려와 백제를 패배시키니 진실로 자리가 좋은 곳이다]

고려시대에는 거란과 몽고군(1232년 고종 때)의 침입으로 격전을 벌였던 곳이었다. 우왕은 왜구에 대한 방비책으로 최영 장군을 보내어 노적봉을 중심으로 중흥동 석성을 수축하였다.

조선에 이르러 임진왜란과 이괄의 난, 병자호란을 겪으면서 위급한 상황에 어디로 피신해야 하는가 하는 문제로 크게 고심하기도 했다. 임진왜란 때는 도성(한양)을 지키지 못하고 백성을 버린 채 서북지방으로 피신을 가야 했다. 이괄의 난 때는 공주까지 정처없이 피난을 가야했으며 병자호란 때는 미처 강화도로 피하지 못하고 남한산성에서 항쟁을 하다가 청나라에 치욕을 당하는 일이 생겼다. 이렇듯 그동안 국난을 당할 때마다 도성을 한 번도 방위하지 못했을 뿐만 아니라 강화도나 남한산성도 위급 시 신속한 피난처가 되지 못했다. 그래서 신속히 피난할 수 있는 곳을 찾아본 결과 북한산성이 적당하다고 생각했다.

하지만 북한산성이 다시 쌓여질 때까지는 많은 시일이 걸렸다.

1711년, 드디어 숙종의 왕명으로 북한산성을 다시 쌓아 오늘날의 북한산성이 완성되었다.

2. 북한산성의 유적지

북한산성 안에는 수많은 유적이 있다.

크게 왕이 머물 수 있도록 마련해 놓은 행궁, 문산성수비와 관리를 위한 삼군문의 유영, 식량·무기·화약을 보관하는 창고, 장수의 지휘소로 사용된 장대, 병사들이 머물던 성랑, 산성을 수비하는 승병들을 위한 사찰 등이 그것이다.

하지만 조선이 멸망하고 항일전쟁시대에 우리 민족의 혼과 얼이 담긴 문화유적이 파괴되면서 대부분 폐허로 남겨져 있다.

◎ 자연과 하나 된 산성

북한산성은 조선시대의 축성기술 수준을 잘 드러내는 산성이다. 조선은 6년 동안 도성(한성)을 쌓은 경험을 토대로 북한산성을 단 6개월이라는 짧은 기간 동안 훌륭하게 쌓았다.

북한산성을 쌓을 때는 예전과 다른 기술로 성석을 크고 네모반듯하게 잘랐으며 면과 모서리를 잘 다듬어 틈이 보이지 않을 정도로 정교하게 쌓았다.

특히 암벽이 많은 북한산의 자연 환경을 충분히 살려 만들었다.

평지에서는 성을 높이 쌓고, 점점 산으로 올라갈수록 낮게 쌓았다. 급경사를 이루거나 정상부에 암반이 크면 암반을 그대로 살려 그 위에 성벽을 쌓기도 하고 아예 암반자체를 성벽으로 이용하기도 했다.

자연환경을 잘 이용한 산성

◎ 문

북한산성에서 제일 쉽게 찾아 볼 수 있는 것이 바로 성문일 것이다.

북한산을 올라 가장 먼저 보이는 대서문을 비롯하여 수문, 서암문, 북문, 백운동 암문, 용암암문, 대동문, 보국문, 대성문, 대남문, 청수동암문, 부왕동 암문, 가사당암문, 중성문 등 14개의 성문이 있다.

이 중 서암문은 시구문이라고도 하는데 성안에서 생긴 시신을 내보내던 문이라 하여 붙여진 이름이다.

◎ 산성을 지키는 승병을 위한 사찰들

산성 안에는 중흥사를 비롯해 12개의 사찰이 있다.

물론 중흥사는 불에 타 없어져 그 터만 남아있지만 그 규모가 136칸이 나 되는 아주 큰 사찰이었다고 한다.

그런데 왜 유교를 숭상하던 조선이 이토록 많은 사찰을 북한산성 안에 지었을까?

임진왜란 당시 나라가 매우 위태로워지자, 승려들은 나라를 지키기 위해 절에서 나와 왜군과 용감하게 싸웠으며 임진왜란을 극복할 수 있는 원동력이 되었다. 비록 조선왕조는 '숭유억불' 정책을 펴 불교를 탄압하였으나 임진왜란 이후에는 '승군'의 활약을 인정하였다.

그래서 도성(한양)을 지키는 산성인 북한산성 안에 절을 지어 승군들이 머물도록 해 나라가 위험에 처할 때를 대비했던 것이다.

특히 승군을 위해 136칸이나 되는 중흥사라는 큰 사찰을 지었으며 여기서 나머지 사찰들을 감독하게 했다.

중흥사 외에 승군들이 머물던 사찰로 용암사, 보국사, 보광사, 원각사, 국녕사, 서암사, 태고사, 진국사 등이 있었다.

◎ 북한산 승도절목명문(北漢僧徒節目名文)과 총융사 선정비

북한산성에는 승군의 활약이 새겨진 비석이 있으니 용학사 앞 비석거리에 경사진 너른 암반에 새겨진 '승도절목명문'이다.

[북한승도절목(北漢僧徒節目)]이란 제목 아래 319자가 새겨진 명문이다.

간략히 살펴보면 이 명문은 철종 6년 1885년에 만들어졌고 승군의 우두머리인 팔도도총섭(八道都摠攝)을 교체하는 과정에서 생기는 문제점을 없애 북한산성을 더 잘 지키자는 내용이 담겨 있다.

즉 조선말까지 북한산성안에는 승군들이 머물렀고, 산성을 지키고자 하는 충성심이 여전했음을 알 수 있다.

이외에 [북한승도절목]주위에는 수많은 비석들이 서 있어 비석거리라 부른다. 이 비석들은 북한산성을 관리하던 '총융사'의 공적을 기리기 위해 세운 것으로 현재 21개 정도의 비석이 남아있다.

그러나 대부분의 비석들이 기울어졌거나 쓰러져 있고 파손되어 있는 등 보존이 그리 잘 된 편은 아니다.

승도절목명문

비석거리

◎ 전란 시 왕이 머문 행궁(行宮)

북한산성의 행궁은 상원봉 자락에 위치한다.

행궁이란 전란 시 왕이 몸을 피해 잠시 거처하는 별궁(別宮)이다. 임진왜란, 이괄의 난, 병자호란 등 굵직한 난을 겪고 난 뒤 조정에서는 앞으로 이와 같은 난이 또 일어나면 어디로 피신할까 고심을 많이 했다.

국난을 당할 때마다 도성(한양)을 버리고 피난하는 것을 과히 현명하지 못하다고 판단했기 때문이다. 그래서 한양과 가까운 북한산성에 행궁을 짓고 국란 시 이곳에서 백성들과 나라를 지키기로 했다.

지금은 터만 남았지만 당시 행궁은 내전과 외전을 합하여 120여 칸에 이르는 비교적 웅장한 모습이었다고 한다.

한편 행궁에는 북한산문고(北漢山文庫)가 있었다.

이곳에는 숙종의 어명에 따라 강화도에 있는 실록을 사본하여 보관했고 조선시대

행궁터

역대 왕의 옥쇄와 금은 옥대, 의례, 고문헌 등이 비밀리에 보관되었다.

　그렇다면 오늘날 행궁의 모습은 과연 어떨까?

　행궁이 건립된 지 300년 가까이 보존되다가 지금으로부터 불과 90년 전인 1915년에 집중폭우로 파괴되고 말았다.

　그리고 관심 밖으로 밀린 행궁 터에는 웅장한 건물 대신 어딘가에 쓰였을 돌계단과 풀 섶 사이에서 주춧돌이 쓸쓸히 나뒹굴고 있다.

◎ 산성수비와 관리를 위한 삼군문의 유영

　북한산성 내에는 금위영이건기비, 훈련도감 유영터, 어영청 유영터 등 조선시대의 군사조직을 엿볼 수 있는 유적이 남아있다.

　임진왜란 뒤 조선은 군사조직을 오위(五衛)에서 다시 오군영(五軍營)으로 개편하였다. 오군영은 훈련도감, 어영청, 총융청, 금위영, 수어청 등을 말한다.

　특히 북한산성을 쌓을 때 훈련도감, 금위영, 어영청 등으로 하여금 일정한 구역을 담당케 하여 성을 쌓도록 했다.

　산성 안에는 유영이라는 관청을 두어 산성을 수비하고 관리하도록 했으며 총포, 자재, 군량미 등을 모았다.

-노적봉 아래에 있는 훈련도감 유영터-

　훈련도감은 오군영(五軍營) 가운데 가장 먼저 설치된 것으로 한양을 수비하던 관청이다.

　훈련도감은 수문 북측에서 용암봉까지 산성을 쌓고 산영루 북쪽 노적봉에서 백운대 서쪽까지 관리하였다. 특히 훈련도감 유영터에는 군사훈련을 했던 곳이라 하여 훈국(訓局)이라고도 하다.

　오늘날 훈련도감 유영터는 노적가리 모양의 깎아 지르는 듯한 노적봉 암벽아래 자리하고 있다. 뒤에는 북장대, 앞으로는 중성문이 있다. 이곳에는 우물과 여러 채의 건물 흔적이 남아있다. 건물에 쓰였을 기단석이나 수많은 주춧돌로 보아 그 규모가 상당히 컸음을 짐작해 볼 수 있다.

-금위영 유영터-

금위영 역시 오군영의 하나이다. 금위영은 용남남변에서 보현봉까지 산성을 쌓고 대성문 북쪽에서 곡성 서쪽까지 관리했다. 사실 금위영 유영터는 십수 년 전만 해도 보국사라는 암자가 있어 보국사 터인 줄 알았다. 하지만 여기서 금위영이건기비(경기도 유형문화재 제87호)가 발견되어 이곳이 금위영 유영터 임을 알게 되었다.

금위영이건비

숙종 41년(1715년) 도제조 이이명이 처음에 소동문 안에 건립한 금위영 유영 자리가 지세가 높고 바람이 심하여 무너질 위험이 있어 보국사 아래로 옮겨지었다. 이를 기념하기 위해 세운 비가 대성암 아래의 금위영 이건비이다.

-어영청 유영터-

현재 대성암에 자리한 어영청 유영터 역시 오래된 석축과 많은 주춧돌, 돌담 등이 발견되었다. 어영청은 수문남변에서 보현봉까지 맡아 산성을 쌓았고 대성문 남쪽에서 대서문 동쪽까지 관리하였다.

◎ 장수의 지휘소로 사용한 '장대'

장대란 장수의 지휘소로 사용한 건물이다.

성안에서 지형이 높고 적군을 잘 관찰하기 쉬워 지휘가 용이한 곳에 설치했다. 북한산성 안에는 동장대, 남장대, 북장대를 두었는데 이중 동장대가 최고 지휘 본부로서 규모가 가장 컸다.

특히 동장대는 왕이 머물던 행궁을 비롯해 성의 안팎을 모두 살필 수 있는 지점에 있다. 그런데 아쉽게도 이 세 장대 모두 건물에 쓰였을 기단석과 돌기둥만 남아있다.

◐ 북한산의 다양한 이름

북한산은 해발 836.5m로 고양시에서 가장 높은 산이다. 북한산은 시대에 따라 부르는 명칭이 조금씩 달랐다. 백제 시대부터 '북한산'이라는 이름이 나오는데 이때 북한산은 산 이름이 아니었다. 바로 땅이름을 나타내는 행정 지명이었다. 즉 '한강이북의 한산지역(백제의 수도)'이라는 뜻이다. 그럼 삼국시대에 산 이름으로써 북한산은 무엇이라 불렸을까?

● 부아악(負兒岳)- 삼국시대

삼국시대에는 북한산을 부아악(負兒岳)이라고 불렀다. 「동국여지승람」에서는 고구려 동명왕의 아들 비류와 온조가 남쪽으로 내려와서 새로운 나라의 도읍지를 정하기 위해 '부아악'에 올랐다고 기록되어 있다.

또한 신라시대에는 이곳에서 제사를 지내기도 했으며 신라시대부터 여러 지리지에 북한산의 정식 이름이 부아악으로 표기되어 있다.

● 뿔 산

그런데 부아악은 불뫼를 한자로 표기한 것으로서 부아(負兒)는 '불' 또는 '뿔'을 의미한다. 이것을 소리가 비슷한 한자어로 부아악으로 표기한 것인데 우리말로 풀어보면 '뿔산'이 된다.

'뿔산'을 다시 뜻이 같은 한자어로 표현하면 각산(角山)이 된다. 산 정상에 뿔 같은 세 개의 산봉우리인 백운봉, 인수봉, 만경봉이 있다고 하여 삼각산으로 바뀌게 된 것이다.

● 삼각산(三角山) - 고려시대

삼각산은 산의 모양을 본떠 불리게 되어 고려시대부터 지금까지 사용되는 이름이다.

특히 고려의 개성에서 양주 길을 타고 한양으로 올 때 세 개의 봉우리가 우뚝 솟아 있어 삼각산의 모양을 분명히 확인할 수 있었다고 하여 삼각산의 이름이 더욱 널리 애용되었다.

● 화산(火山), 화산(華山)

마지막으로 북한산을 일명 화산, 화악이라고 한다. 화산, 화악이라고 불리는 까닭은 여러 가지가 있다.

첫째 부아악의 부아가 불을 뜻한다 하여 '불악'으로 불렸다. 불악을 다시 악(岳)은 순우리말로 바꾸면 '불뫼'가 되고 불을 뜻하는 한자 화(火)로 바꿔서 화산(火山)이 되었다고 한다. 정리하면 부아악→불(火)악→불뫼→화산(火山)의 순으로 바뀐 것이다.

두 번째는 우리나라의 삼각산이 중국의 유명한 다섯 개의 산 중 하나인 화산과 견줄 만하다 하여 만들어진 이름이다.

세 번째는 봄, 여름, 가을, 겨울 각 계절별로 아주 화려하고 풍경이 아름답다고 하여 화려함을 뜻하는 화(華)자를 써 화산(華山)이라고 부른다.

● 북한산(北漢山)

그렇다면 오늘날 불리는 북한산은 어디에서 비롯된 이름일까?

앞서 말한 것처럼 본래 백제시대부터 산 이름이 아니라 '한강 이북의 한산지역'이란 의미로 사용되었던 땅 이름으로 행정상의 명칭으로 쓰였다. 그리고 고려시대 성종 때부터 삼각산의 별칭으로 약 1000년간 사용되었다.

이렇듯 북한산은 행정적 측면의 성격이 강한 이름인데 1914년 항일전쟁시대부터 [북한산]이라는 명칭을 쓰도록 하여 지금까지도 북한산이라고 많이 부르고 있다.

북한산 전경

V 비석

진흥왕 순수비(국보 제3호)

1. 북한산 비봉에 우뚝 세워진 진흥왕 순수비

진흥왕은 화랑제도를 만들어 인재를 키웠고 백제와 손을 잡고 고구려를 한강유역에서 몰아내면서 점차 영토를 넓혀갔다.

영토를 넓힌 진흥왕은 친히 새로 점령한 영토를 두루 돌아보고 영토확장을 기념하기 위하여 순수비(巡狩碑)를 세웠다.

'순수비(巡狩碑)'란 임금님이 나라 안을 살피며 세운 기념비로서 넓어진 영토를 표시하고자 만든 비석이다. 진흥왕은 하늘의 도움을 받아 영토를 넓혔으므

북한산 진흥왕 순수비

로, 항상 백성을 잘 다스리고자 하는 뜻으로 순수비를 세웠다.

그 중 가장 먼저 세운 순수비가 바로 북한산 비봉에 세워진 '진흥왕 순수비'이다. 이외에 경상남도 창녕, 함경남도 황초령, 마운령 등 여러 곳에도 순수비를 세웠다.

'진흥왕 순수비'는 555년 한강유역을 점령한 다음해에 세워졌다. 진흥왕이 직접 신하와 승려들을 거느리고 살펴본 후 세운 것으로 그 당시 신라에게 한강유역과 북한산이 얼마나 중요했는지를 알 수 있다.

이 순수비는 '국보 제3호'로써 높이 1.54m, 너비 0.7m, 두께 0.16m의 크기이며 직사각형으로 다듬어진 비석이다.

◎ 김정희가 밝힌 진흥왕 순수비

북한산 비봉에 세워진 비석이 진흥왕 순수비(국보3호)임을 알게 된 지는 그리 얼마 되지 않았다.

150여 년 전, 금석학의 대가이며 화가였던 '추사 김정희' 선생이 전국의 비석을 연구하고 있던 중에 비석의 내용을 살펴보니 [왕이 신라 땅이 된 지방의 민심을 살피고 공이 있고 충성스런 사람들을 표창하였다]라고 적혀있어 진흥왕 순수비라는 것을 처음으로 밝혀냈다.

진흥왕 순수비는 북한산에서 쉽게 구할 수 있는 화강암으로 만들어 그 위에 글씨를 새겼다. 하지만 비석에 새겨진 내용을 정확히 알 수 없을 정도로 오랜 세월동안 거친 비바람으로 심하게 손상되었다. 그래서 1972년 경복궁 근정전으로 옮겨졌다가 다시 1986년 8월에 국립중앙박물관으로 옮겨져 더 이상 손상되지 않도록 보호하고 있다.

북한산 비봉에 올라가 볼 수 있는 비석은 비가 서 있던 자리를 기념하기 위해 최근에 세운 비석이다.

북한산 진흥왕 순수비는 진흥왕이 삼국통일을 위하여 북쪽으로 진출하여 한강유역과 북한산 일대를 점령함으로써 삼국통일의 기반을 다졌음을 알 수 있는 유적이다.

태고사 원증국사 부도탑비(보물 제611호)

1. 태고사 원증국사탑비

태고사 법당 우측에는 원증국사탑비가 자리하고 있다.

탑비에는 스님들의 행적은 물론이고 다른 스님들과의 관계나, 절의 역사, 나아가 당시의 사회적 흐름이나 문화의 일면 등이 적혀 있어 귀중한 자료가 된다.

이 탑비에는 원증 국사의 출생부터 입적에 이르기까지의 내력이 적혀 있다. 이 탑비의 본래 이름은 보월승공(寶月昇公)인데 대체로 태고 보우스님의 시호를 따라 원증국사탑비라고 한다.

원증국사탑비 비문 가운데에는 판삼사사(判三司事) 이성계(李成桂)라는 구절이 새겨져 있어 조선을 세운 이성계가 고려의 신하로서 이 비를 세우는 데 참여하였고 그 비문을 고려의 충신인 이색이 썼다는 사실로 볼 때 원증국사의 사회적 위치를 가늠할 수 있다.

또한 원증국사탑비를 보면 원증국사의 업적과 더불어 고려시대의 역사적 사실을 알 수 있다. 이러한 가치가 인정되어 보물 제611호로 지정되었다.

태고사 원증국사부도탑비

◎ 탑비의 기본형식

원증국사탑비는 전체 높이 3.42m, 비신 높이 2.27m, 이수(옥개석) 높이 0.55m 의 규모로 크고 위엄 있어 보이는 탑비이다.

탑비는 대체로 크게 네 부분으로 이루어진다. 즉 지대석, 귀부, 비신, 이수 등 으로 구성되어 있다.

-지대석(地臺石)- 탑비의 버팀목

지대석은 탑비의 가장 밑을 차지한다. 탑비의 버팀목이 되는 셈이다. 널따란 사각형 모양으로 그 넓이는 탑비의 크기에 따라 다른데 탑비의 위치를 정해주고 받쳐 주는 역할을 한다.

-귀부(龜部)- 거북이 모양의 받침대

지대석 바로 위에는 거북이 모양의 돌이 자리잡고 있다. 이것이 귀부이다.

거북이가 밑에서 떡하니 바치고 있으니 든든해 보이고 오래 살기로 소문나서 인지 비석 주인의 여러 행적을 영원히 전해줄 것 같은 느낌도 든다. 덕택에 원증 국사 탑비가 위엄 있고 안정적으로 보인다.

게다가 거북이의 얼굴을 찬찬히 들여다보고 있노라면 마치 용의 얼굴처럼 보 인다. 툭 튀어나온 눈에서 부리부리하게 노려보는 모습이 옆에 얼씬도 못하게 으 름장을 놓는 것 같다.

대부분의 비석들이 거북 위에 세워져 있는데 이와 관련된 이야기가 있다. 전설 에 거북은 용의 아들로 태어났다고 한다. 용의 아들이 아홉이 있는데 그 아홉이 각기 좋아하는 바가 달랐다. 그 중에 한 아들이 유독 무거운 것을 짊어지는 것을 좋아하였다고 한다. 그가 바로 거북이었다. 그리고 귀부의 부(部)는 책상다리를 의미한다. 책상다리를 자세히 보면 십자가처럼 교차되어 있는데 바로 이점에 착 안하여 '부'는 받침대를 의미하게 되었다. 즉 귀부는 거북이 모양의 받침대라는 뜻이다.

-비신(碑身)- 탑비의 몸

귀부 위에는 긴 직사각형의 비신이 올려져 있는데 비의 몸이 되는 부분이다. 비신에는 원증국사의 출생부터 입적에 이르기까지의 내력을 새겨놓았다.

앞면 윗부분에 원증국사탑명(圓證國師塔銘)이라는 6글자의 제목이 쓰여 있어 비의 주인이 누구인지를 알려준다.

-이수(螭首)- 탑비의 머릿돌

이수의 이(螭)자는 본래 뿔이 없는 용 또는 교룡을 가리키는 글자인데 이무기 머리라고도 한다. 이수란 용의 모양을 새겨 장식한 비석의 머릿돌로서 용 한 마리가 구름 속에서 꿈틀거리며 하늘로 날아오르는 모양이 새겨져 있다.

2. 원증국사 태고 보우스님의 생애(1301-1382)

원증국사의 이름은 보우(普遇), 호는 태고(太古), 속성은 홍(洪)씨이다. 원증(圓證)은 우왕(遇王)이 보우대사가 입적한 후 내린 시호이다.

충렬왕 27년 (1301년)에 태어난 원증국사는 13살 때 출가하여 양주군 회암사(檜巖寺)에 계시던 광지선사(廣智禪師)의 제자가 되었다. 얼마 뒤 가지산(迦智山), 하총림(下叢林)등 많은 사찰과 산천을 누비며 깨달음을 얻기 위하여 열심히 수행하였다.

1325년, 25세 승과(僧科)에 합격하였지만 관직에 나가지 않고 불경을 깊이 연구하였다. 그러나 불경만 공부한다고 해서 진정한 수행이 되지 못한다는 것을 깨달아 선수행(禪修行)에 몰두하기 시작했다.

충혜왕 1341년, 고려의 대신들이 보우대사의 이러한 높으신 도학과 풍모를 흠모하여 북한산 중흥사(重興寺)의 주지로 모셨다. 이에 보우대사는 중흥사를 크게 일으키는 한편, 중흥사 동쪽 솔숲에 자신의 호를 딴 작은 암자를 지어 5년간 머물렀다. 그 암자가 바로 태고암(太古庵)이다. 이때 유명한 <태고암가 太古庵歌> 1편을 지었다.

46세가 되던 해 중국에 갔을 때 그곳 호주(湖州)의 하무산(霞霧山)에 머물던 청공선사(淸珙禪師)에게 도를 인정받았다. 청공선사(淸珙禪師)는 중국에서 선사상(禪思想)을 크게 펼치던 승려 중 한 사람으로 선종의 한 종파인 임제종을 계승하였다.

보우대사는 40여 일 동안 청공스님 곁에서 임제선을 탐구하였다. 보우대사가 고려로 떠날 때, 청공선사는 <태고암가>의 발문을 써주는 한편 깨달음의 신표로 가사(袈裟)를 주면서 당부하였다.

"이 가사는 오늘의 것이지만 법은 영축산에서 흘러나와 지금에 이른 것이다. 지금 그것을 그대에게 전하노니 잘 보호하여 끊어지지 않게 하라"

청공선사의 당부대로 보우대사는 임제종(臨濟宗)을 우리나라에 처음으로 전파하였다.

그 이후 다시 중국에 갔을 때, 원나라 마지막 황제인 순제(順帝)가 소식을 듣고 영령사(永寧寺)에서 대중들에게 법문을 하도록 했다. 그리고 금란가사(金襴袈裟)와 심향(沈香), 불자(拂子)등을 하사하였다고 한다. 그러던 중 보우대사는 불교가 여러 종파로 나뉘어 대립하고 싸우는 모습을 안타깝게 생각하여 선종과 교종을 구별하지 않고 하나가 될 수 있도록 부탁하였다. 그래서 공민왕에게 『원융부』(圓融附)를 두어 여러 종파가 화합하도록 노력하였다. 공민왕은 광명사(廣明寺)에 『원융부』(圓融附)를 짓고 보우대사를 왕사(王師)로 임명하여 그곳에 머물게 하였다.

공민왕 역시 불교에 심취하여 보우대사를 왕사(王師)로 명하고 자주적 개혁정치에 적극 참여하도록 했다.

이에 봉은사에서 축성도량이 열렸을 때 태조전에 참배하여 태조 왕건이 부처님의 은혜를 입어 삼한을 통일하였음을 상기시켰다. 공민왕 자신도 역시 고려의 영토를 회복하기 위해 원나라에 대항하여 군사를 일으키는 데 도움을 달라고 축원하였다.

뿐만 아니라 왕사로서 나랏일에 관심을 갖고 '한양천도'를 주장하기도 했으며 홍건적과 같은 오랑캐의 침입에 대비하여 성곽을 튼튼히 쌓도록 진언을 드리기도 하였다.

보우대사는 16년 동안 왕사로서 소임을 다하였으나 이 당시 공민왕의 총애를 받던 신돈이 나라를 위태롭게 하는 행동을 서슴지 않던 때였다. 그러자 보우대사는 왕에게 "나라를 잘 다스리려면 참된 스님을 가까이하시고, 나라가 위태로워지려면 요승들이 힘을 얻습니다. 왕께서 살피시고 신돈을 멀리하시면 국가의 큰 다행이겠습니다." 하며 진언을 올렸다. 그러나 갈수록 신돈의 횡포가 심해지자 크게 실망하고 왕사자리를 내주고 다시 소설사(小雪寺)로 돌아가 버리고 만다. 그러나 신돈이 죽자 우왕은 그를 국사(國師)로 임명하였다. 그 후 12년 간 국사로 있다가 소설사로 다시 돌아갔다.

어느 날 보우대사는 "내일 유시(酉時)에 내가 떠날 것이니, 장례준비를 하라."는 말을 남기고 이튿날 새벽에 목욕한 뒤 옷을 갈아입고 유시가 되자 단정히 앉아 임종계를 남기고 입적하였다. 이때 나이 82세, 법랍 69세였다.

연산군 금표비(경기도 문화재 자료 제88호)

1. 금표비(禁表碑)가 전하는 연산군의 폭정

연산군은 조선의 왕 중 가장 포악한 왕으로 알려져 있다.

성종의 맏아들로서 임금이 된 지 3년 동안은 별 탈 없이 나랏일을 돌보았다. 하지만 그 이후에 몇몇 신하들의 계략에 빠져 무고한 신하들을 죽였고 왕으로써 덕과 교양을 쌓기 위해서 노력하기보다는 향락에 빠져 나랏일을 돌보지 않을 때가 더 많았다.

이런 연산군의 폭정을 전하는 비석이 대자동 간촌마을에서 발견되었으니 '연산군 금표비'이다.

왕조실록 '연산군일기'에는 금표(禁表)에 대한 내용과 연산군의 폭정이 자세히 적혀 있다. 하지만 오랫동안 연산군의 폭정을 증명해 줄 만한 금표비가 발견되지 않았다. 1994년, 금표비가 만들어진 지 490년이나 흘러 기록에만 남았던 금표비가 발견되어 그 당시의 진실을 얘기해 주고 있다. 1504년에 세워진 이 금표비는 국내에서 최초이자 하나밖에 없는 비석으로 연산군의 폭정을 증명해주는 매우 가치 있는 금표비이다.

특히 금표비에 새겨진 글의 내용은 '연산군 일기'에 기록된 것과 일치하여 그 의미가 더욱 크다.

2. 고양시를 사냥터로 만든 연산군

그렇다면 금표비란 무엇이며 왜 이곳에 세웠을까?

금표비란 말 그대로 '일정한 구역 안에 들어오지 못하도록 표시하는 비석'이다. 대체로 왕이 휴식을 위해서 사냥터로 쓰는 산이라든지 '왕릉'(陵)을 보호하기 위해 백성들이 함부로 드나들지 못하도록 세웠다.

사실 연산군 뿐만 아니라 이전의 많은 왕들도 금표비(禁表碑)를 세웠다. 고양지역은 왕실의 매 사냥터로 자주 이용되거나 여가를 보내며 쉬는 곳으로 왕들이 많이 찾았다. 연산군 역시 이런 예를 들어 곳곳에 금표비를 세웠다. 그러나 다른 왕들과 달리 연산군은 나랏일보다 사냥에 몰두하거나 궁녀나 후궁들과 함께 유흥과 향락을 즐기는 시간이 더 많아

연산군 금표비

졌다.

점차 연산군은 더 멀리, 더 많은 금표비를 세웠다. 마침내 나날이 넓어진 금표 구역은 도성(한양)으로부터 100여 리까지 다다르는 지경에 이르고 만다.

도대체 도성으로부터 100여 리라면 어느 정도의 면적이일까?

지금의 고양시, 파주시, 양주군, 포천시, 광주시, 남양주시, 김포시 등 매우 넓은 지역을 포함한 면적이다. 특히 오늘날 고양의 3분의 2가 넘는 지역을 금표 구역에 넣어 연산군의 사냥터나 유흥지로 만들어버렸다.

사정이 이러다 보니 금표비로 가장 큰 피해를 본 사람들은 바로 고양군에 살던 백성들이었다. 금표비 때문에 쫓겨 난 백성들은 삶의 터전을 잃어 살기 힘들었고 원망은 날로 커져만 갔다.

1504년, 백성을 돌보지 않고 유흥에 빠진 연산군을 매우 못마땅하게 생각했던 지언(池彦), 이오을(李吾乙), 미장수(未長守) 등이 연산군의 잘못을 꼬집었다. 그러자 왕을 모독했다는 죄로 벌을 주었는데도 화가 풀리지 않은 연산군은 그들의 고향이 이곳이라는 이유로 '고양군'을 폐지해야 한다고 고집했다.

몇몇 신하들은 '고양군'에 왕릉이 있으니 안 된다고 말렸지만 결국 연산군의 뜻에 따라 '고양군'을 없애고 만다.

이리하여 고양군을 다스리던 관아는 놀이터가 되고, 백성들이 살던 집들은 흉물스런 폐가로 변했으며 조상 대대로 생계를 위해 가꾸던 논과 밭에는 점차 풀들만 무성하게 자라게 되었다. 대신 이곳에 내수사(內需司)의 노비들을 데려와 살게 하였다.

사람들의 발길이 뚝 끊겨져 폐허가 된 고양, 양반들조차 이곳에 묻힌 부모님 무덤 앞에서 제사를 위해 금표 안에 들어가려 해도 숨어 가듯 했고 허락을 받더라도 함부로 돌아다니지 못했다.

특별한 경우를 제외하고 금표 안을 들어오는 경우 매우 엄한 처벌을 받았다. 그 이유는 금표비 앞면에 새겨진 무시무시한 14 글자가 잘 설명해준다.

[禁(금)標(표)內(내)犯(범)入(입)者(자)論(론)棄(기)毁(훼)制(제)書(서)律(율)處(처)斬(참)]

이 문장을 해석해 보면 '금표 안으로 침범한 사람은 누구든 목을 치겠노라'

이 잔혹한 14글자는 금표 구역 안에서 살아왔던 백성들에게 삶의 터전을 빼앗긴 슬픔과 함께 가난과 두려움을 안겨 주었다.

그러나 점점 심해져 가던 연산군의 폭정도 얼마가지 못했다.

1506년, 중종반정이 일어나 백성의 원망을 사고 신하들에게 믿음을 잃은 연산군이 왕위에서 쫓겨났다. 중종은 폐단점이 많던 금표비를 없애기로 결정하였다. 백성들은 그 동안 패륜과 폭정의 상징이었던 금표비를 깨거나 쓰러뜨려버려 땅속에 묻었다.

그리고 예전에 살았던 집을 다시 짓고 논과 밭을 가꾸었다. 점차 고양군은 제 모습을 다시 찾게 되고 활기를 띠기 시작하였다.

3. 금표비의 역사적 가치

금표비가 발견될 당시 오랜 세월 동안 땅속에 묻혔었던 터라 비석의 빛깔이 흙색으로 염색된 것처럼 황갈색이었다고 한다.

특히 비의 뒷면은 돌을 충분히 다듬지 않아 매우 거칠고 울퉁불퉁 하다. 비록 비신의 일부분과 머리 부분이 깨졌지만 비신에 새겨진 글자가 잘 보존되어 490년이 흐른 뒤에도 연산군의 폭정을 생생하게 전한다.

조선 왕조 역사상 가장 포악하고 제일 넓은 금표 구역을 만든 연산군의 행적을 비롯해 연산군의 유흥과 사냥터로 전락해서 3년 동안 단절되었던 고양시의 역사를 생생히 밝혀준다는 점에서 의미가 있다.

행주대첩구비와 중건비(유형문화재 제74호)

1. 한석봉의 명필이 서린 행주대첩구비(幸州大捷舊碑)

(1) 한석봉이 글씨를 쓴 행주대첩구비

'한석봉'하면 불을 끄고 어머니가 떡을 곱게 썬 반면 자신의 글씨는 비뚤비뚤
하여 잘못을 뉘우쳐 공부에 전념해 훗날 명필가가 되었다는 일화로 유명하다. 이
러한 한석봉의 명필을 볼 수 있는 비석이 있으니, 바로 행주대첩구비(幸州大捷舊
碑)다. 행주대첩구비는 덕양산 정상 대첩비각 안에 세워졌다.

행주대첩구비

한석봉 글씨

이 비는 행주대첩을 이룬 권율 장군의 업적을 널리 알리기 위해 선조 35년
(1602년) 6월에 세운 것이다. 권율 장군이 사망한 지 일주년이 되던 해에 권율

장군의 부하들이 행주대첩을 다음세대에 전하고자 뜻을 모아 세운 비로써 국가에서 세운 것이 아니라 그의 부하들이 돈을 모아 세웠다.

이 외에 행주산성에는 헌종 11년 (1845년)에 세운 중건비가 충장사(忠將社)16) 앞에 있다. 행주대첩구비에 새겨진 글씨가 너무 닳아 잘 보이지 않자 다시 세운 것이다. 행주대첩구비는 중건비보다 시기상 앞서 행주대첩구비(幸州大捷舊碑) 또는 초건비라 부른다.

행주대첩구비는 대리석으로 만들어졌으며 그 재질이 무른 편에 속한 데다 오랜 세월 탓에 심하게 마모되어 한석봉의 명필을 감상하기 힘들다. 다행히 최근에 비각을 만들어 보호하고 있다.

비문은 당시 유명했던 문장가 '간이 최립(崔砬)'이 짓고, '한석봉(韓石峰)'이 글씨를 썼으며 비의 머리 부분의 전액은 '선원 김상용(金尙容)'이 썼다. 그리고 비문 끝(추기)에는 권율 장군의 사위였던 이항복(李恒福)이 비문에 빠진 내용을 추가하여 덧붙이고 그 글을 '남창 김현성(金玄成)'이 썼다.

(2) 행주대첩구비에 기록된 권율 장군의 행적

그럼 행주대첩구비에는 어떤 내용이 써 있을까?

간략히 정리하자면 행주대첩비를 세우게 된 이유나 임진왜란 때 권율 장군의 눈부신 활약상, 행주대첩의 과정, 그리고 한 인간으로서의 권율 장군의 모습 등을 상세히 기록해 놓았다.

다음은 행주대첩구비에 기록된 권율 장군의 행적을 정리한 것이다.

◎ 용맹했던 명장군

행주대첩구비에 새겨진 기록을 바탕으로 권율 장군의 충성심을 엿볼 수 있는 몇 가지 일화를 살펴보겠다.

임진왜란으로 나라가 매우 어렵게 되자 선조는 "권 장군이 훌륭한 인재로 알고

---

16) 권율장군의 영정이 모셔진 사당으로 매년 3월 14일에 대첩제가 치러진다.

있는데 지금 어디 있느냐?"며 찾았다.

그러자 권율 장군은 주저 없이 모두가 피하는 전라도 광주로 내려갔다. 당시 광주는 왜군이 들끓고 피해가 많은 지역으로 싸움하기 힘든 곳이었으나 장군은 나라에 대한 충성심으로 위험을 마다하지 않고 광주로 내려간 것이다.

충남 금산군 이치 전투 때였다. 용맹하기로 유명한 동복현감 '황진'이 왜군의 조총을 맞고 후퇴하여 군의 사기가 떨어져 위기를 맞았다. 이때 권율 장군은 목숨을 아끼지 않고 칼을 뽑아 들고 크게 소리 지르며 칼날이 난무하는 적진으로 뛰어 들었다.

그러자 장군의 용기와 투혼에 감명 받은 우리 군은 사기 충전하여 한 명이 100명을 당해낼 만큼의 힘을 얻었다. 왜군들은 하늘을 찌르는 듯한 우리군의 사기와 용맹함 앞에서 전사자와 부상자들을 미처 수습도 못한 채 창과 칼을 버리고 달아났다고 한다.

선조는 권율 장군의 이와 같은 용맹함과 충성심을 믿고 전라도 순찰사로 임명하였다. 순찰사로 임명한다는 교서가 진에 도착하자 장군은 선조가 피신하고 있는 서쪽 의주를 향해 머리를 조아리며 슬프게 통곡하여 많은 군인들이 감동하였다고 한다.

◎ 권율 장군에 대한 왕의 믿음

권율 장군에 대한 선조의 믿음과 사랑은 깊었다.

왕이 내린 교서에는 「그대는 충성과 노력이 두드러지게 드러났고 용맹과 군략이 세상에 뛰어나 이름이 천하에 알려졌으니 원수의 책임을 맡을 사람이 그대가 아니고 누구이겠는가?」하면서 장군을 높이 칭찬하였다.

임진왜란이 끝나고 「이제 나라가 어느 정도 안정된 것은 그대의 공로 덕택이다. 적을 무찌르고 국가의 안전을 확보해주기를 나는 바랄 뿐이다.」하며 궁중의 말을 내려 주었다.

왕은 권율 장군을 다시 도원수로 임명했지만 장군이 거절하자 꾸중의 말로 간곡하게 부탁하였고, 그래도 거절하자 술과 궁중의 말과 장비를 주어 달랠 만큼 권율 장군에 대한 신뢰와 사랑이 깊었다.

◎ 대외까지 알려진 명성

　행주대첩의 소식을 들은 중국의 장군 송응창은 "권율 장군은 외롭고 위태로운 성(행주산성)을 지켜내었고 때로 큰 적군을 막아냈다. 나라가 어려운 시기의 충신이며 나라를 다시 일으킬 명장이다."며 크게 감탄하였다.

　직접 권율 장군이 이끈 전투를 본 제독 마귀는 "군대에게 명령이 저절로 전달된다"며 칭찬을 아끼지 않았다. 세월이 흐른 뒤에도 중국의 신하들은 권율의 이름을 듣고 모두들 어떻게 생겼는지 한번 만나보기를 원했다고 한다.

　심지어 적이었던 일본 장수들마저 권율 장군의 안부를 묻기까지 했다니 그 명성이 얼마나 대단했었는지 짐작할 수 있다.

　오랜 세월이 지났어도 일본에서는 권율과 그 자손이 어떻게 되었는지를 궁금해 했고 전염병이 돌면 권율 장군과 그의 부하였던 조경 장군의 이름을 불러 치료하거나 아이의 울음을 그치게 했다고 한다.

1.	1537년 강화 연동에서 출생(중종 32년)	8.	1592년 7월 – 충남 금산군 이치에서 왜적을 크게 무찔러 나주목사(羅州牧使)를 거쳐 얼마 뒤 전라도 순찰사로 승진
2.	영의정 철(徹)의 아들로써 본관은 안동 권씨	9.	1592년 12월 – 수원 독산성 전투 승리
3.	어릴 적 이름 – 언신(彦愼), 호 – 만취당(晩翠堂), 모악(募嶽), 시호 – 충장공(忠將公)	10.	1593년 2. 12 – 행주대첩 승리
4.	1582년(선조 15년) – 문과 급제, 승문원 정자, 사헌부 감찰 역임	11.	1593년 6월 – 도원수에 임명, 영남지방의 군대 통솔
5.	1587년 – 전라도 목사	12.	1596년 – 충청도 순찰사, 도원수가 됨
6.	1591년 – 의주목사(義州牧使)	13.	1597년 – 영의정에 추증(追增)
7.	1592년 4월 – 광주 목사(光州牧使)	14.	1599년 – 사망
		15.	1604년 – 선무공신(宣武功臣) 1등에 영가 부원군으로 추봉(追封)

2. 충장사(忠將社) 앞에 다시 세워진 중건비(重建碑)

행주대첩구비(幸州大捷舊碑)는 당대의 쟁쟁한 선비들이 비문을 짓고 썼다. 하지만 석재가 대리석이라 비바람으로 글씨가 심하게 마모되어 알아보기 힘들다.

헌종 11년, 행주대첩구비가 심하게 마모되자 비를 크게 다시 세웠다.

그것이 충장사 앞에 세워진 중건비(重建碑)이다.

'중건비(重建碑)'에는 '행주대첩구비'의 비문을 그대로 옮겨 놓고 비문 뒤에 행주대첩구비에서 빠진 권율 장군의 역사적 행적, 권율 장군의 사당인 '행주 기공사'를 다시 새로 짓게 된 과정 등을 함께 새겨놓았다.

중건비(重建碑)는 원래 권율 장군의 사당(당시 기공사) 자리인 행주서원 안에 있었다. 하지만 1970년 행주산성에 권율 장군의 정신을 이어 받고자 지은 '충장사'가 '기공사'의 역할을 대신하면서 충장사 앞으로 옮겨지게 되었다.

◐ 충장사(忠將司)

충장사는 기공사(지금의 행주서원)가 6.25 전쟁으로 타버리자 다시 지은 것이다. 기공사는 1842년(헌종 8년) 건립될 당시, 행주나루터 근처에 있었다. 한강의 물줄기가 변하자 홍살문을 세웠던 자리까지 강물이 들어와 기공사가 그만 허물어져 버렸다. 이를 다시 복원하였으나 6.25 때 타버리고 주춧돌만 남게 되었다.

그리하여 사당을 복원할 때 물줄기의 변화로 다시 그 자리에 세울 수 없게 되자 지금의 행주산성 안에 충장사를 세웠다. 충장사의 편액(액자)은 박정희(朴正熙) 대통령이 쓴 것이다.

이곳에는 권율 장군의 영정이 모셔져 있으며 매년 3月14日에 대첩제가 치러진다.

이석탄장대비

이석탄장대[李石灘將臺]는 의병을 모아 전투를 벌였던 도내동에 이신의(李愼義) 선생의 무덤과 함께 자리 잡고 있다.

이신의 선생의 업적에 비해서 비석하나만 덩그러니 있어 어쩐지 허전해 보이고 초라해 보인다.

하지만 이석탄장대(李石灘將臺)비는 임진왜란 때 이신의 선생과 더불어 우리 고장 더 나아가서 나라를 사랑하는 고양인들의 애국심을 느낄 수 있는 소중한 유적이다.

이 장대비는 1740년쯤에 이신의 선생의 뜻과 향촌 주민들의 애국심을 기리고자 세워졌다.

비문 앞에는 [李石灘將臺(이석탄장대)]라 기록되었고 뒷면에는 장대비를 누가, 언제, 왜 세웠는지를 알 수 있는 비문이 새겨져 있다.

비문을 살펴보면 先生任辰起義兵說臺後百四十九李庚甲洞人立「선생임진기의병설대후백사십구이경갑동인입: 석탄 이신의 선생님이 임진년에 의병을 일으켰다. 이를 기념하여 1740년 마을 149명의 이씨 성을 가진 마을 사람들이 장대비를 세웠다.」라고 적혀있다. 이 장대비는 처음에는 도란산 정상에 세워져 있었다. 그러나 언제부터인지 홍도초등학교 건너편 산 아래 모퉁이에 옮겨져 지금의 위치에 자리하고 있다.

이석탄 장대비가 자리한 도내동과 관련해서 다음과 같은 일화가 전해지고 있다.

창릉천 건너편 지금의 용두동에 주둔한 왜군과 싸우게 되었을 때이다. 겨우 의병 300명으로는 대항하기 힘들 정도로 병력차가 커서 왜병이 감히 공격하지 못하도록 해야 했다. 이에 이신

이석탄장대비

의 선생은 수적으로 열세인 아군의 군사가 많다는 것을 보여주기 위하여 병사 300여 명을 이끌고 며칠 동안 산을 돌고 돌았다고 한다.

그 후로 이 산을 도란산이라 불렀고 이석탄 선생이 왜군에게 겁을 주기 위해 도란산을 돌고 돌았다 하여 그 마을을 도래울이라 하였다. 도래울은 오늘날에 이르러 도내동으로 바뀌었다.

(1) 석탄 이신의(石灘 李愼義)

(1551년(명종6)-1627년(인조 5) 호:석탄, 본관: 전의 이씨)

고양 팔현(高陽八賢) 중 임진왜란이 일어나자 의병을 일으켜 왜적에 대항했던 대표적인 인물로 석탄(石灘) 이신의(李愼義) 선생님을 꼽는다.

◎ 벼슬보다 인간됨을 중시한 선비

석탄 이신의 선생은 임진왜란 당시 의병을 일으켜 고양 땅을 지킨 분이다.

이신의 선생은 고양 8현 중 한 분인 민순(閔純) 선생을 20년 동안 스승으로 모시고 어려서부터 가르침을 받았다. 그런데도 그는 과거를 보려하지 않았다. 이신의 선생은 "일찍 부모님을 여의었으니 과거에 급제한들 무엇이 영광스럽겠는가?" 하면서 출세에 뜻을 두지 않았다.

아마 이신의 선생에게 출세란 부모에게 효도를 하기 위한 방법일 뿐 큰 의미를 두지 않았던 것 같다. 오히려 열심히 학문을 닦고 인격을 수양하는 것이 선비의 길이라 생각하였던 것이다.

하지만 훗날 34세(1584년)때 스승인 민순 선생님의 간곡한 권유로 벼슬길에 올랐다. 그것도 잠시, 겨우 2년 만에 벼슬을 버리고 다시 자신이 살던 마을에서 학문을 닦으며 마을 주민들의 존경을 받으며 지냈다.

◎ 의병을 일으키다

1592년 42세가 되던 해 임진왜란을 맞게 된다.

석탄 이신의 선생님은 풍전등화처럼 위태로운 나라를 지키기 위해 300여명의 의병을 조직했다.

작은 마을에서 300여명의 의병을 모집했다는 것은 그만큼 주민들의 신뢰가 얼마나 컸는지 말해준다.

이신의 선생은 마을에 '의장대'(儀仗隊)라는 단을 쌓고 함께 지켜야 할 약속을 만들어 철저히 지키도록 하였다. 또한 우리 고장의 지형을 잘 안다는 장점을 최대한 살려 왜군들을 기습공격하였다.

의병들 덕분에 왜군들은 마을 주변 지역을 쉽게 침범하지 못했다. 혹 약탈하러 온 왜군들은 포로가 되거나 죽음을 당하는 자가 많았다고 한다. 이러한 이신의 선생의 의병활동을 증명하는 것이 있으니 바로 이석탄장대(李石灘將臺)이다.

VI 건 축

고양의 1000년 고찰 흥국사(경기도 문화재 자료 제57호)

흥국사 전경

1. 고양시에서 가장 오래된 목조건물

한미산(노고산) 아랫자락에 자리잡은 흥국사는 고양시에서 가장 오래된 목조건물이다.

흥국사는 삼국 통일한 후 문무왕 1년 (661년)에 원효대사가 창건한 유서 깊은 절이다. 원효대사가 삼국통일과 평화를 위해 북한산 원효봉에서 기도를 하던 중 노고산 자락에서 신비로운 기운이 흘러나와 이곳에 흥서암(興瑞庵)이라는 절을 세웠다.

실제로 약사전에서 북한산 쪽을 바라보면 원효봉이 선명하게 보여 이곳과 관련된 설화를 뒷받침해 준다.

흥국사는 고려를 거쳐 조선시대에 숙종(1686년), 영조, 정조, 고종 때 여러 번 보수하거나 새로 지어 오늘날에 이르고 있다.

이렇게 흥국사는 통일신라시대에 세워져 오늘날까지 약 1340년 동안 면면히 이어져 백성들의 소원과 국가의 평화를 기원하던 역사 깊은 사찰이다.

2. 원효대사가 세운 흥국사

흥국사에서 바라본
원효봉

아래의 이야기는 원효대사가 흥국사를 짓게 된 일화이다.

【신라가 북한산을 점령하고 고구려, 백제가 다시 빼앗기 위해 끊임없이 공격을 하고 있을 때였다.

신라에서 많은 백성들로부터 존경을 받고 있던 원효대사는 하루 빨리 삼국의 피비린내 나는 싸움이 끝나고 통일이 되어 백성들이 평화롭게 살길 바랐다. 그래서 고구려와 국경을 이루고 있던 북한산으로 올라가 지금의 원효봉 부근에 굴을 파고 통일을 기원하는 기도를 간절히 드리고 있었다.

바위에 굴을 파고 수행을 하던 어느 날이었다. 원효대사는 기도를 마치고 밖으로 나와 북한산 서쪽에 자리잡은 지금의 한미산인 노고산을 지그시 바라보았다.

그런데 노고산 골짜기에서 상서로운 기운이 풍기고 있지 않겠는가?

원효대사는 잠시 생각에 잠겼다.

'음… 이상한 징조로구나. 저곳에 가서 살펴봐야겠구나'

원효대사는 제자들과 함께 북한산을 내려와 한참을 걸어 노고산 자락에 도착하게 되었다.

역시 생각한 대로 신비롭고 상서로운 느낌이 드는 곳이었다. 그 곳을 들어오는 입구의 산허리를 앞에 두고 사방이 빙 둘러싸인 곳으로 평지의 형태로 이루어져 아늑해 보였다. 또한 아름답고 기이한 꽃들과 풀들이 피어있었고 맑은 샘물이 콸콸 솟아 흐르고 있었다.

원효대사는 기뻐하며 제자들에게 말하였다.

"이곳에 와 보니 마치 극락에 온 것처럼 아늑하고 그 기운이 상서롭구나. 여기에 암자를 지어 부처님을 공경하는 모든 사람들이 머물러 기도하도록 하면 좋을 것 같구나."

그래서 제자들과 함께 이곳에 자그마한 암자를 짓고 그 이름을 흥서암(興瑞庵)이라 불렀다.】

3. 노고산(老姑山)에서 한미산(漢美山)으로, 흥서암(興瑞庵)에서 흥국사(興國寺)로

1770년(영조46년), 영조가 이곳에 잠시 머물었다고 한다. 생모 숙빈 최씨의 묘원인 소녕원에 행차하다가 큰 눈을 만나 이곳에 들르게 된 것이다. 영조대왕이 하루를 머물고 아침에 일어나 지었던 시가 비문에 전해진다. 삼유지지로 [조래유심희(朝來有心喜 :아침 일찍부터 기쁜 마음이 있고)척설험풍미 (尺雪驗豊微 :수북하게 쌓인 눈에 올해도 풍년이 드는 것을 알겠구나)]라는 시구(詩句)를 편액(扁額)으로 만들어 친히 하사하였다. 그리고 노고산과 흥서암 이름을 각각 한미산과 흥국사로 바꾸었다.

흥서암에서 흥국사로 이름을 바꾼 까닭은 무엇일까?

일단 작은 암자였던 '흥서암'에서 왕이 머물렀고 왕실의 원찰이 되었기에 절의 지위를 높여 '사(寺)'로 격상시켰을 것이며 절이 자리 잡은 북한산 일대가 전쟁시 국운(國運)과 밀접한 역할을 감안하였을 것이다. 나라의 흥망성쇠를 함께 한 북한산이 위치한 점과 영조가 잠시 머물었던 짧은 인연으로 흥국사라 이름을 고치고 국가의 안녕을 기도하도록 하였다.

4. 흥국사를 이루고 있는 건물

흥국사 입구에는 일주문(一柱門)과 만일염불비가 서 있다. 절 안으로 안내하는 언덕길을 따라 쭉 올라가면 여러 가지 건물들이 보인다.

절 안에는 본전인 약사전(藥師殿)을 중심으로 좌·우에 나한전(羅漢殿)과 명부전(冥府殿)이 있다. 그 앞으로 미타전(彌陀殿)이 있고 명부전 (冥府殿)뒤쪽으로 삼성각(三聖閣)이 있다. 전체적으로 한미산 자락의 품에 안긴 듯 아담한 인상을 주는 절이다. 흥국사에 남아있는 건물들은 대체로 조선 말기 건축 양식을 잘 보여주고 있다.

(1) 일주문(一柱門)

사찰에 들어설 때 제일 먼저 만나는 일주문은 "어서 오세요! 여기서부터 바로 절의 경내입니다"라고 알리는 문이다.

대부분 많은 건물들이 4개의 기둥 위에 지붕을 올린 데 비해 이 문은 일직선 상으로 2개의 기둥 위에 지붕을 얹었다. 그래서 머리가 크고 다리가 가늘어 어딘가 불안해 보이기도 하지만, 두 개의 다리로 잘 버티고 있는 모습이 오히려 야무져 보이기도 한다.

그런데 왜 기둥이 두 개인데 문의 이름을 일주(一株)라 했을까?

이는 기둥을 하나 세워서 문을 만들었다는 것이 아니다. 두 기둥을 일직선상에 세웠다는 의미에서 일주문(一株門)인 것이다.

두 기둥이 일직선으로 세워진 것처럼 절에 들어오기 전 오직 한 마음을 가지고 들어오라는 문이다.

다시 말하면 밝은 마음을 가지고 일주문의 기둥처럼 먼저 가지런한 마음을 가져야 진리와 깨달음의 길로 들어갈 수 있다는 교훈을 알려주는 문이라고 하겠다.

일주문에는 흥국사라는 현판이 걸려 있으며 팔작지붕을 한 다포계[17] 양식을 하고 있다.

(2) 약사전(藥師殿)

약사전(藥師殿)은 흥국사의 본전이다.

---

17) 다포계 양식이란 간단히 말하면 건물 양식의 하나로서 기둥과 기둥사이에 공포가 여러 개 있어 화려해 보이는 양식을 말한다.

본전(本殿)이란 그 절의 중심이 되는 건물로서 약사전에는 약사여래를 모셨다. 지금의 약사전은 1867년에 다시 수리한 것으로 오늘날에 이르렀다.

◎ 약사여래(藥師如來)

─병과 고통을 구제하는 약사여래─

약사전은 약사여래(藥師佛, 약사불)를 모셔놓은 건물이다.

약사여래는 모든 병에서 구제하고 어리석은 마음까지 치유하여 깨달음을 인도하는 부처이다. 그래서 아픈 사람들은 약사여래가 있는 약사전을 찾는다. 약사여래는 한 손에 약병을 들거나 약상자를 손바닥 위에 올려놓은 모습으로 앉아 소원을 비는 사람들을 맞이하는데, 흥국사 약사여래는 약병을 들고 있다.

병을 고쳐준다는 약사여래와 관련된 재미난 설화가 전해진다.

이 설화는 [삼국유사]에서 전해지는 것으로 신라 선덕여왕과 관계가 있는 이야기이다.

「선덕여왕은 백성들을 잘 보살피고 나라를 안정시켜 많은 사람들이 좋아했던 여왕이었다. 그런데 어느 날 선덕여왕이 병에 걸려 앓아눕게 되었다. 용하다는 약을 먹어보아도 효험도 없고, 오히려 임금님의 환우는 깊어만 갔다. 온 백성들은 그토록 믿고 따르는 임금이 아프자 모두 걱정을 하였다. 하루는 임금을 곁에서 모시고 있는 밀본(密本)법사도 근심이 되어 임금께 문안을 드리러 왔다.

밀본법사는 임금의 병이 하루빨리 쾌차하기를 빌면서 향을 정성스럽게 태우고 [약사경]을 읽어 드렸다.

그러자 어디선가 커다란 막대기가 임금의 침소 안으로 날아들더니 무언가를 퍽하고 내려치는 게 아니겠는가? 깜짝 놀라 보니 임금 쪽에 늙은 여우 한 마리가 매를 맞고는 방밖으로 뛰쳐나가 쓰러져 죽는 것이었다. 그 이후 임금님은 언제 아팠냐는 듯이 병이 씻은 듯이 나아 임금은 물론이고 백성들 모두가 기뻐했다고 한다.」

이 설화 속에서 [약사경]속에 그려진 약사여래는 십이지신상들을 거느리고 백성들을 구제하며 질병이나 재난에서 벗어나게 해 주는 부처이다.

약사여래 좌상

─ 외적의 침입을 물리치는 약사여래 ─

약사여래는 백성을 못살게 부는 폭군이나 오랑캐의 침략까지도 물리치는 힘이 있다고 한다.

그래서 고려인들은 여진족과 몽고족들의 핍박이 한참 심할 때 약사전에서 [약사경]을 외면서 외적을 물리쳐 달라고 빌었다. 그럴 때마다 영락없이 외적을 격퇴하곤 했다고 한다. 북한산 자락에 자리하고 있는 흥국사 약사전도 예외는 아니었다.

특히 북한산은 삼국시대부터 삼국통일의 결정적인 역할을 한 곳이었고 고려시대는 몽고군의 침입을 막았던 곳이며, 조선시대에는 임진왜란과 병자호란의 격전지였다.

그러기에 흥국사기서 외적의 침입을 물리치는 약사여래(藥師如來)를 본전에 모시고 기도를 하는 것은 당연한 것일지 모른다.

◎ 약사전의 건물 밖 모습

약사전 정면 모습

약사전의 크기는 정면 3칸, 측면 2칸으로 아담하다. 본전답게 다포계 양식으로 공포가 매우 장식적이다.

또한 팔작지붕이 위엄 있게 처마 양 날개를 펼쳐 화려하고 우아한 자태를 뽐내고 있다.

약사전은 좌우에 있는 나한전이나 명부전처럼 색깔이 산뜻하게 칠해져 있지는 않다. 하지만 공포나 단청, 기둥의 빛바랜 색들이 오히려 고양시에서 가장 오래된 목조건축의 예스러움을 더해주고 있으며 세월의 흔적이 고스란히 남아 흥국사의 오래된 역사를 그대로 보여주는 듯하다.

◎ 약사전을 이루고 있는 것들

-현 판-

일반적으로 현판은 그 건물의 이름을 가리키는 글씨가 새겨진 판이다. '약사전'(藥師殿)이라고 새겨진 현판은 영조가 직접 쓴 것으로 그 글씨가 정갈하면서도 강직한 느낌을 준다.

-공 포-

다포계 양식의 약사전

흥국사 약사전의 공포 양식은 다포계 양식이다.

사진을 보면 쉽게 알 수 있듯이 공포가 기둥 위에는 물론 기둥과 기둥 사이에 두 개의 공포가 더 있어 다포계 건물임을 쉽게 발견할 수 있다.

공포란 기둥 위에 얹히는 부분으로 목조 건물에서 가장 복잡하게 짜 맞추어진 곳이다. 우리나라 목조 건물은 못을 쓰지 않고 나무를 짜 맞추어 만들기 때문에 공포처럼 짜 맞춘 흔적이 밖으로 돌출되어 있다. 자칫 공포로 건물이 복잡해 보일 수도 있지만 잘 다듬어 색을 입히면 오히려 건물의 겉모습이 화려하고 장식적인 효과를 자아낸다.

이 외에 공포는 건물의 천장을 높여주고 길게 뻗어 나온 서까래와 처마 무게를 골고루 분산시켜 기둥에 전달하는 역할을 한다.

공포 덕택에 지붕 위의 기와며 나무 부재들을 효과적으로 지탱할 수 있는 것이다.

영조가 쓴 현판

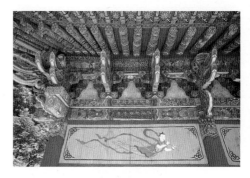

다포계 양식의 공포

◐ 공포 양식

공포는 배치 방식에 따라 크게 주심포(株心包)양식, 다포(多包)양식, 익공(翼工)양식으로 나뉜다.

주심포(柱心包)양식이란 글자 그대로 기둥 위에만 공포가 짜여 있는 양식을 한다. 반면 다포(多包)양식이란 기둥 위뿐만 아니라 기둥과 기둥 사이의 공간에도 공포가 짜인 경우를 말하다. 이와 같은 공포를 가지고 있는 건물을 '다포계 건물'이라고 한다.

익공식 양식

익공식 공포란 주심포식 공포가 아주 간단하게 만들어진 것으로 조선 후기 때 다포식과 더불어 유행하던 양식이었다.

익공식은 기둥 위에 공포를 짜 올리지 않고 기둥 머리에 앞, 뒤 방향으로 첨차형 부재를 꽂아 안팎에서 보를 받치도록 한 것으로 모양이 단순하고 검소한 느낌을 준다.

-지 붕-

팔작지붕인 약사전

지붕은 건물에서 중요한 역할을 한다.

빗물을 막고 강렬한 햇살을 피할 수 있어 실내온도를 조절한다. 그러나 목조 건물의 지붕은 단순히 빗물이나 햇빛, 실내온도를 조절하기 위한 기능과 동시에 건물의 권위와 위엄을 나타내주는 장식적인 기능도 한몫 한다. 약사전의 지붕은 정면에서 보면 '八'의 모양을 닮은 팔작지붕이다.

한미산을 등에 지고 하늘을 향하여 살포시 처마 끝을 올린 팔작지붕은 너무 가볍지도 무겁지도 않게 우아한 자태를 뽐내는 듯하다.

팔작지붕은 본전인 약사전을 더욱 위엄 있게 보이게 한다.

-용 장식-

사찰에서 가장 흔히 볼 수 있으면서도 중요한 위치를 차지하는 장식물은 단연 '용'이다.

용장식

동양에서는 용을 매우 신성한 상상의 동물로 여기기 때문에 많은 곳에서 단골 장식으로 등장한다. 용의 외형을 보면 머리는 소, 뿔은 사슴, 배는 뱀, 꼬리는 물고기를 닮았다.

약사전의 용 장식을 보면 눈을 부리부리하게 부릅뜨고 입 속에는 여의주를 꽉 물고 있으며 메기수염처럼 철로 된 수염 두 가닥이 날카롭게 뻗어 있어 금방이라도 덤벼들 것 같이 생생하게 표현되었다.

약사전 바깥쪽에는 용의 머리를, 법당 안쪽에는 용의 꼬리를 기둥머리에 조각한 모습이 매우 재치 있다.

이렇게 용을 조각한 이유는 법당 건물을 바로 극락정토, 깨달음 세계로 향하는 배로 생각하기 때문이다.

법당은 불자들이 부처님과 함께 타고 가는 배의 선실이고 그 배가 향해 가는 곳은 극락정토이다. 이때 용머리는 배의 머리(선수)가 되고 용의 꼬리는 배의 꼬리(선미)가 되는 것이다.

(3) 나한전(羅漢殿, 고양시 향토유적 제34호)

나한전은 약사전을 정면에서 볼 때 왼쪽에 자리잡고 있다.

광서 4년 1878년에 칠성각으로 창건된 건물이었다. 1996년까지 칠성각으로 사용되다 뒤편에 삼성각이 건립되면서 약사전 옆으로 옮기게 되었다. 나한전에는

나한전

석가모니를 가운데 모시고 보통 16 나한과 500나한을 모신다. 나한이란 부처님의 제자 가운데 수양을 많이 해 사람들에게 복을 주고 진리에 목마른 사람들을 충분히 이끌 수 있는 경지까지 오른 성자(聖者)들을 말한다. 이곳에는 16나한이 모셔져 있다.

이곳에는 16나한 외에 1832년에 제작된 탱화와 1878년에 조성한 괘불탱화가 있다. 괘불탱화를 보관하는 나무함도 매우 오래되어 문화재의 가치를 간직하고 있다.

나한전은 19세기 후반의 일반적인 건축 특징은 그대로 유지하고 있다. 맞배지붕과 공포를 익공식으로 처리해 화려한 약사전에 비해 단순하고 정갈한 느낌을 준다.

대신 약사전에 없는 방풍판이

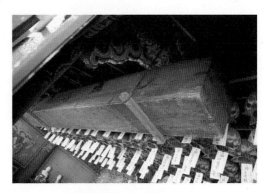

괘불탱화가 보관된 나무함

설치되어 있다. 방풍판은 대체로 맞배지붕의 건물에서 주로 볼 수 있다. 이것은 비바람을 막아주어 건물의 주요 재료인 나무가 썩지 않도록 하고 건물이 오래 보존되도록 하는 기능을 한다. 또한 부채꼴 모양으로 건물 옆면을 뒤덮어 엄숙한 느낌을 자아내기도 한다.

◐ 김성근(金聲根)의 명필이 새겨진 칠성각 현판

　본래 칠성각이었던 「나한전」에는 '칠성각'이라고 써진 현판이 걸려 있었다. 칠성각 현판은 조선후기 당대 명필가였던 해사(海士) 김성근이 송판(松板)에 쓴 글씨이다. 해사 김성근은 평소에도 불교를 가까이 하여 전국 여러 사찰을 순례하면서 글씨를 남겼다.

　흥국사 칠성각(七星閣) 현판도 사찰을 순례하던 중 글씨를 남긴 것으로 알려지고 있다.

칠성각 현판

　현판에 새겨진 서체는 초서체로써 글씨를 빨리 쓰기 위해 만들어진 서체로 흘림체라 보면 이해가 쉬울 것이다. 초서체에서 보이는 빠르게 붓을 놀린 속도감과 한 획마다 정갈하게 마무리하여 전체적으로 도톰하면서 부드러운 맛을 잃지 않은 필력이 명필임을 짐작케 한다.

(4) 명부전(冥府殿)

　명부(冥府)란 어둠, 지옥을 뜻하는 것으로 죽은 이의 넋을 인도하여 극락으로 가도록 기원하는 곳이다.

이곳에는 지옥에 떨어진 모든 중생을 하나도 남기지 않고 구제하겠다는 지장 보살과 저승세계의 심판관인 '시왕'이 모셔져 있다.

(5) 미타전(彌陀殿)

미타전은 약사전 바로 앞에 있는 건물로 아미타불을 모신 곳이다.

아미타불은 극락정토에 머물면서 불법(佛法)을 가르치는 부처이다.

현실에서 어렵고 살기 힘들 때 사람들은 극락처럼 고통에서 벗어난 자유로운 곳에서 살고 싶어 한다. 죽어서나마 극락에 다시 태어나고 싶어 했고 그 곳에 가기 위해 아미타불에게 기도를 열심히 했던 것이다.

목조아미타여래좌상

어찌 보면 현실도피적일 수 있지만, 반대로 현실의 어려움을 기도하면서 마음을 정리하고 희망을 가질 수 있었던 곳이기도 하다. 이렇게 미타전은 현세보다는 죽고 난 후의 삶을 위해 기도하던 건물이었다.

미타전에 모셔진 아미타여래좌상(1758년, 건륭 23년)은 18C 전후의 불상으로 추측된다. 아미타여래좌상의 전체적인 크기는 작은 편이고 불상의 머리는 소라 모양의 머리칼을 붙여 놓은 듯한 머리 형태를 하고 있다. 얼굴은 인자한 인상을 풍긴다.

결가부좌한 자세로 엄지와 중지를 맞대어 양 무릎 위에 올려놓은 자세이다. 이 자세는 아미타불에서 많이 볼 수 있는 손 모양이다. 옷은 양 어깨를 모두 감싸 안고 옷 주름이 계단식으로 자연스럽게 흘려 내리는 모습이다. 얼굴표현, 옷 주름, 조각수법 등에서 전형적인 조선 후기 양식을 보이고 있다.

(6) 극락구품도(경기도 유형 문화재 제143호)

흥국사에는 몇 점의 불화(佛畵)가 보존되어 있다. 흥국사극락구품도, 약사전 후불탱화, 괘불탱화가 그것이다.

불화의 종류인 탱화는 종이, 비단, 베에 불교경전의 내용을 그려서 벽면에 걸어 놓은 그림이다. 그리고 탱화는 탑이나 불상, 불경처럼 기도하고 예배하는 신앙의 대상이기도 했고 절에서 모시고 있는 불상이나 건물과 직접 관계가 있다. 예를 들어 약사전에 걸린 후불탱화는 약사여래와 관련된 그림이다. 극락구품도는 극락세계를 다스리는 아미타불을 모신 미타전에 걸려있다. 그리고 탱화 중에서 가장 큰 괘불탱화는 영산재(靈山齋)나 수륙재(水陸齋)같은 야외에서 큰 법회나 의식이 있을 때 쓰인다. 사월 초파일같이 큰 법회가 있으면 법당에 모든 사람들을 다 수용할 수 없기 때문에 법당 밖 야외에 괘불탱화를 걸어놓고 법회를 연다. 흥국사의 괘불탱화는 최근에 경기 지정 유형 문화재 제189호로 지정받았다. 괘불탱화를 보관하는 나무함 역시 매우 오래되어 문화재로서 가치가 있다.

흥국사 극락구품도(興國寺 極樂九品圖)
(전체폭: 214cm×154cm 화폭: 205cm×146cm)

◎ 극락을 9단계 모습으로 묘사한 그림

흥국사 극락구품도는 약사전 맞은 편 미타전에 걸려 있는 19세기 후반의 탱화이다.

[흥국사 극락구품도興國寺 極樂九品圖]는 현실의 고통에서 벗어나 극락처럼 좋은 곳에 다시 태어나고 싶은 사람들의 소망을 엿볼 수 있는 그림이다.

극락구품도는 말 그대로 극락을 9가지 모습으로 나누어 그려 놓았다.

극락세계가 얼마나 좋고 아름다운지 극락구품도를 보면서 아미타불에게 자신이 죽고 난 후나 이미 죽은 조상들을 극락세계로 이끌어 줄 것을 기도했던 것이다.

극락구품도를 자세히 보면 다양한 극락세계가 펼쳐진다.

극락을 모두 9단계로 나누어 죽은 사람의 근기나 특성에 따라 각각 다른 단계의 극락으로 태어나는 모습을 보여주고 있다.

극락을 상품, 중품, 하품 3단계로 나누고 다시 각 단계를 상·중·하 3단계로 나누었다.

즉 상품상생(上品上生), 상품중생(上品中生), 상품하생(上品下生), 중품상생(中品上生), 중품중생(中品中生), 중품하생(中品下生), 하품상생(下品上生), 하품중생(下品中生), 하품하생(下品下生)으로 나눠 죽은 사람의 선행에 따라 극락에 태어나는 것으로 묘사했다. 이중 4면은 아미타불이 설법하는 회상장면으로 5면은 사람들이 극락세계에 다시 태어나는 왕생장면으로 이루어졌다.

◎ 극락구품도에 그려진 극락

극락세계를 다스리는 부처가 아미타불이기 때문에 아미타불이 설법하는 장면인 아미타회상도가 상품상생, 상품중생, 상품하생(이하 첫 번째 줄), 그리고 중품중생(가운데 줄 가운데 면)에 그려져 있다. 이 중 상품중생은 아미타불과 보살, 10대 제자들이 그려져 있다. 그 양옆으로 아마타회상에 참여하기 위해 모여든 보살과 사람들이 8인의 성문상(聲聞像)으로 묘사되어 있다. 중품중생에는 극락세계의 장엄함과 아름다움이 펼쳐져 있다. 아름다운 궁궐, 맑고 깨끗한 연못, 진귀한 나무들, 정원을 거니는 사자, 코끼리, 자유롭게 떠다니는 구름 등이 묘사되었다. 이외에 5면은 거의 연꽃에서 극락세계로 태어나는 연화화생(蓮花化生)으로 이루어졌고 인물들의 모습이나 얼굴표정, 자세 등이 생동감 있게 표현되어 있다.

◎ 생동감 있고 섬세한 묘사

전체적으로 각 화면구성이 짜임새가 있고 사용된 필선들이 모두 가늘고 섬세하게 색칠되어 있다. 색도도 짙은 녹색이나 밝은 황토색에 홍색, 백색, 청색 등 오방색(五方色)을 조화롭게 잘 가미시켜 화려하면서도 우아한 극락의 모습을 묘사하였다.

이 그림은 19세기 후반의 작품으로 그 당시에는 불화가 그리 발전하지 못했고 옛것을 그대로 베끼거나 묘사력이 떨어졌던 시대였다. 이런 점에서 비추어 본다면 [흥국사극락구품도]는 매우 뛰어난 작품이다.

김홍도의 작품이라는 설도 있으나 남양주시 흥국사에 있는 팔상도나 나한도에 보이는 수법을 닮았다. 이로보아 19세기 후반 흥국사를 근거지로 활동했던 금곡당, 영난의 유파가 그린 것으로 추정하고 있다.

(7) 약사전 후불탱화(藥師殿 後佛撑畵)

흥국사 약사전 후불탱화의 일부분

약사전 약사여래불상 뒤 벽면에는 정조 16년(1792년)에 제작된 탱화가 걸려있다. 이 탱화는 금어(金魚)[18]인 상훈(尚訓), 최순(最淳)이 그린 것으로 200여 년 동안 보존이 잘 된 그림이다.

약사전 후불탱화의 화면을 꽉 채운 인물들은 모두 약사여래와

18) 금어(金魚): 불화나 불상을 조성하는 무리들의 우두머리.

관계가 있다. 탱화 한가운데에 약사여래를 크게 그려 놓았고 약사여래의 왼쪽, 오른쪽 밑으로 각각 일광보살과 월광보살이 있다. 이 보살들은 약사여래를 옆에서 도와주는 신들이다.

흥국사 약사전 내부의 후불탱화

그 외 나머지 공간에도 여러 보살들과 신장상(神將象)들을 화면에 꽉 메워 놓아 조금은 복잡하고 답답한 느낌을 준다.

하지만 화면 중앙에는 가장 중요한 인물인 약사여래를 그려 놓고 일광보살, 월광보살을 좌우에 배치하여 전체적으로 삼각형 구도를 이루어 균형감과 안정감을 잃지 않도록 구성하였다.

약사여래를 비롯한 여러 보살들과 신장상(神將像)은 움직임이 없는 정적인 자세를 하고 있지만 모두 몸과 눈의 시선방향이 약사여래를 향해 중앙으로 집중되어 있어서 통일감을 준다. 게다가 인물들을 좌우 대칭으로 그려 놓아 꽉 찬 화면이 정돈되어 보인다. 인물들의 자세는 정적이지만 화려한 색깔과 인물들 사이에서 부드럽게 떠다니는 황금색 구름 덕택에 동적인 느낌도 동시에 준다.

약사전 후불탱화를 비롯한 대부분의 탱화는 흔히 보아왔던 그림과 달리 화면 구성도 복잡하고 그려진 인물들의 얼굴이나 옷에서 입체감과 원근감도 찾아볼 수 없다. 하지만 탱화를 이렇게 그리는 데는 그만한 이유가 있다.

원근법은 멀고 가까운 것을 표현하여 실제 모습과 비슷하게 그린 것처럼 보이게 한다. 그런데 부처님이 사는 세계는 현실을 초월한 곳으로 시·공간을 뛰어넘는 진리의 세계이다. 부처님의 세계가 공간을 초월한 세계이기 때문에 이를 그림으로 만든 불화에 원근법을 사용하지 않은 것이다. 그 대신 인물의 중요성에 따라 크기를 달리하여 그렸다. 예를 들면 주인공인 약사여래는 크게 그리고 월광보살이나 일광보살, 제자들은 그보다 작게 그렸다.

약사전 후불탱화의 또 다른 특징으로 화려한 색채와 섬세한 묘사를 들 수 있다. 탱화에는 대체로 파란색, 노란색, 빨간색, 흰색, 검은색의 오방색(五方色)을 주로 사용한다. 특히 이들 오방색은 우리 조상들이 좋아했던 색깔로서 단청이나 깃발 등에도 자주 애용되던 색이었다. 약사전 후불탱화에는 강렬한 빨간색을 옷 색깔로 많이 써 화려해 보일 뿐만 아니라 초록색이 머리 광배(光背)에 사용되어 보색대비로 강렬하고 때로는 무서운 인상을 준다.

또한 비단처럼 얇고 자연스럽게 흘러내리는 듯한 옷의 감축과 옷 주름, 무늬 등이 섬세하게 묘사되어 있다.

밤가시 초가(민속자료 제8호)

1. 옛 집의 정이 느껴지는 밤가시 초가

정발산 북쪽 기슭, 허름하지만 옛 집의 소박한 정을 느끼게 하는 집이 있다.

바로 밤가시 초가집이다.

오랜 세월동안 우리 조상들이 생활했던 집인데도 불구하고 신도시에서의 초가집의 풍경은 낯설고 신기하게만 느껴진다.

그래도 밤가시 초가집을 보고 있노라면 빽빽하게 들어선 콘크리트 아파트와 세련되고 멋있는 전원주택에서 느낄 수 없는 할머니의 푸근한 정을 아련한 추억처럼 떠올리게 된다.

초가집의 특징으로 부드러운 곡선을 들 수 있다.

볏짚이 만드는 지붕의 둥근 선은 뒷산의 굽이굽이 흐르는 산등성이를 닮았고 기둥과 보는 나무의 자연스러운 선을 본떴다. 상상해 보건데 밤가시 마을을 비롯해 옛 초가집 마을들은 부드러운 곡선들의 연속이지 않았을까 싶다.

밤가시 초가 전경

하지만 오늘날 초가집을 만든다고 할 때 이러한 곡선을 만들기란 그리 쉬운 일은 아니다. 왜냐하면 예전의 길고 부드러웠던 볏짚과 달리 요즘 개량 품종 볏짚은 짧고 뻣뻣하여 부드러운 곡선이 나오기 힘들기 때문이다. 그래서 초가집에 올릴 벼를 따로 심을 정도로 구하기 어렵다고 한다. 어찌 보면 초가집이 소박한 주거공간이란 이미지와는 달리 알고 보면 꽤 희소성이 있고 비싼 집인 것이다.

초가집을 비롯한 한옥은 대부분 장인의 수작업으로 지어진다. 그러다 보니 집 짓기의 성패는 장인의 섬세한 손맛과 센스 있는 눈썰미가 중요하다. 오랫동안 갈고 닦은 경험에서 우러나오는 손맛은 분명 기계로 다듬은 맛과는 사뭇 다르다. 아무리 모양은 똑같다 해도 인간의 손맛과 기계 맛이 풍기는 미세한 차이를 너무 확연히 느낄 수 있다. 그래서일까? 옛집들은 사람의 손길이 간 탓인지 훨씬 인간적이고 따뜻한 온정을 느끼게 해주는 그 무언가가 있는 듯하다.

2. 밤가시 초가의 재료와 구조

인간은 집을 만든다. 하지만 집은 또다시 그 집에 사는 인간의 생활을 만든다. 우리는 오랜 세월동안 꽤 많은 문화적 변화를 겪어 왔다. 좌식 문화에서 입식문화로의 변화, 침대나 의자 등 가구의 변화, 텔레비전과 컴퓨터의 발달로 인한 사회·문화적인 변화는 주거 문화와 집의 구조를 변화시켜 왔다. 옛 집도 마찬가지로 당시의 사회적 흐름과 변화를 고스란히 담고 있다. 지금부터 150년 전(19세기 말)에 지어진 밤가시 초가집의 구조와 재료를 살펴보면서 집 속에 스며든 생활, 문화, 가치관 등을 알아보고자 한다.

3. 밤나무를 이용한 초가집

'밤가시 초가'라는 이름만으로도 이 초가집이 밤나무와 깊은 관련이 있음을 쉽게 눈치챌 수 있다.

초가집이 위치한 밤가시 마을은 예로부터 밤나무가 울창한데서 그 이름이 비롯되었다. 이곳은 조선시대부터 가을만 되면 마을 부근 산 전체가 밤가시로 꽉 찼다고 한다. 하지만 지금은 민속전시관 주변에 몇 그루 안 되는 밤나무만이 명맥을 유지하고 있다.

자연히 밤은 지역 특산물이 되었고 밤나무는 생활 속에 두루두루 애용되었다.

밤가시 초가집에는 대들보, 서까래, 기둥 등에 밤나무가 적절히 사용되었다. 그렇지만 밤나무를 쉽게 구할 수 있다고 하여 집 전체에 이용된 것은 아니다. 밤나무는 잘 썩기 때문에 30%정도만 쓰고 나머지는 소나무를 사용하였다. 소나무 속에는 나무를 잘 썩지 않게 하는 송진이 있어 잘 무너지지 않아 집을 지을 때 즐겨 이용하였다.

그런데 소나무가 더 좋은 재료였다면 왜 소나무로만 집을 짓지 않고 밤나무를 함께 사용했을까?

물론 밤나무가 많아서 주변 환경을 잘 활용한 탓도 크다. 하지만 그보다 밤가시 초가가 만들어진 조선후기에는 나무가 많지 않았기 때문으로 보여진다.

조선 초기까지만 해도 서울 근교에 호랑이가 나타났다고 하는 기록이 있어 당시에는 꽤나 산이 울창했음을 추측할 수 있다. 우리 고장에서도 이러한 사실을 엿볼 수 있는데 이성계와 얽힌 숯고개(탄현) 설화가 그것이다. 탄현(炭縣)은 그 이름처럼 숯을 많이 굽던 곳으로 참나무가 많았다. 이곳에 호랑이가 나타날 정도면 매우 우거진 숲이었음을 짐작할 수 있다.

이것은 곧 집 재료로 쓸 나무가 많았다는 뜻이며 같은 가격에 좋은 집을 지을 수 있었음을 뜻한다. 하지만 조선 후기에 이르면 사정이 달라진다. 당시 온돌이 널리 보급되던 시기로 양반부터 하인까지 방에 불을 때서 생활하였다. 그러다 보니 나무가 남아나질 않았다.

급기야 나라에서 양질의 목재를 확보하기 위해 소나무를 관리했다. 이는 국가가 직접 관리할 만큼 집짓기에 필요한 나무를 구하기 어려웠음을 말한다. 근세에 이르면 더욱 사정이 악화되어 대부분 산이 민둥산으로 변해버릴 정도였다.

그런 까닭에 조선조 후기의 집들에서 곧은 나무나 소나무만 사용해서 지은 집을 찾아보기 힘들다. 이는 조선 후기에 지어진 집의 수준들이 많이 떨어지는 원인이기도 하다. 이러한 상황에서 지어진 밤가시 초가 역시 부족한 소나무를 보충하기 위해 밤나무를 적극적으로 이용한 민가(民家)라 할 수 있다.

4. 또아리 집

(1) 'ㅁ'자형 형태의 집

밤가시 초가는 안마당이 좁은 'ㅁ'자 형태다. 'ㅁ'자는 마치 한자 입: 구(口)와

닭아 먹을 것이 연상된다. 그래서 조상들은 'ㅁ' 모양으로 집을 지으면 먹을 복이 생긴다고 믿어 'ㅁ'자 형태로 집을 지었다

대체적으로 'ㅁ' 자 집은 중상류 양반집에서 많이 볼 수 있는 형태로 안마당이 넓다.

반면 밤가시 초가는 서민 주택으로 좁은 집터에 'ㅁ'자 형태의 집을 지은 까닭에 안마당이 거의 없는 것이 특징이다. 이렇게 안마당이 거의 없는 좁은 집터에다가 추운 겨울바람을 막기 위해 사방을 막아 버리니 지붕 모양이 특이하게 만들어졌다.

위에서 보면 머리에 짐을 일 때 받치는 똬리[19] 모양 같기도 하고 또 어떻게 보면 마치 뱀이 똬리를 튼 모양 같기도 해서 똬리지붕 또는 '또아리지붕'이라 한다.

밤가시 초가는 겨울에는 사방이 막혀 있어 추위를 잘 막아내고 지붕 사이로 햇빛이 들어와 아늑한 느낌을 주는 전형적인 서민주택이다.

대체적으로 무더운 여름보다는 싸늘한 봄과 가을, 추운 겨울을 좀 더 고려하여 만든 집의 형태라 볼 수 있다.

그런데 안마당이 너무 좁고 창문이 그리 넓지 않아 여름에는 꽤나 덥지 않을까 하는 의구심이 들곤 한다.

하지만 실제로 대청마루에 걸터앉아 있다 보면 생각보다 바람이 시원하게 들어온다. 바람은 도대체 어디서 어떻게 불어오는 것일까? 지붕 위에서 불어오는 것도 아니고 창문에서 들어오기엔 그 크기가 작은 편이다.

이를 과학적으로 접근해보자.

베르누이(Bernoulli)의 정리에 따르면 유체(流體)의 운동에너지는 일정하므로 유체가 넓은 면적에서 좁은 면적으로 흐를 때 속도가 빨라진다. 예를 들자면 평지에서 불던 바람이 골짜기 사이로 들어가면 훨씬 세차게 불거나, 고층 빌딩 사이로 부는 골바람이 매섭게 불 때가 이와 같은 경우이다.

대청이 시원한 이유가 바로 여기에 있다.

대청의 앞은 넓고 뒤쪽 창이나 문은 작다. 또한 집 전체를 두고 봤을 때 대청

---

19) 똬리: 머리에 물동이 동을 얹을 때 짚 또는 헝겊 등으로 둥글게 틀어 물동이를 이는 고통을 없애주는 도구다.

은 지붕면이나 방의 벽면보다 그 면적이 상대적으로 작다. 그래서 바람이 넓은 마당에서 대청 뒤쪽으로 난 좁은 창이나 문으로 흘러들어 가면서 대청에 시원한 바람이 불게 된다. 반대로 마당이 뜨거워지면 상승기류가 만들어지면서 뒤뜰에서 안으로 바람이 들어온다. 이와 같은 원리로 뒤쪽 작은 창을 열면 대청에는 언제나 시원한 바람이 이는 것이다.

그렇다면 밤가시 초가에 이 원리를 적용하여 대청에 부는 바람을 과학적으로 설명해보자.

밤가시 초가는 사방이 막혀있고 안마당이 매우 좁다. 여름에는 평지에 불던 바람이 좁은 대문 사이로 빠르고 세게 들어와 똬리지붕으로 빠져나가거나 대청 뒤쪽 벽에 난 창으로 흘러가면서 시원해질 것이다. 게다가 똬리지붕 사이로 들어오는 햇빛으로 봉당 주변의 공기가 상승기류를 만들면 뒤뜰에서 안쪽으로 바람이 들어올 수밖에 없다.

이 외에 봉당에 심은 식물들에게 물을 뿌려주면 기화열로 물이 증발할 때 주위 공기로부터 증발열을 빼앗아가기 때문에 공기가 냉각되면서 시원해지기도 한다.

이렇게 옛집에서 과학적 원리를 찾아보는 것도 감상의 폭을 넓히는 일이 될 것이다.

5. 밤가시 초가의 구조

(1) 담, 울타리

밤가시 초가에 들어서서 제일 먼저 만나는 것이 나지막한 울타리이다. 이 울타리가 담의 역할을 한다. 밤가시 초가 경우에는 집 자체가 'ㅁ'자형으로 폐쇄된 형태여서 그 자체가 담의 기능을 가지고 있다. 그래서 울타리의 역할이 다른 집과 경계를 긋는 정도에서 머문다.

울타리로 사용된 나무 역시 밤나무이다. 밤나무 밑동을 툭툭 잘라 세로로 세워놓았고 문 역시 싸리나무 대신 밤나무가지를 엮어 만들었다. 앞마당이 훤히 보이는 울타리나 발 한 번 툭 걷어차면 부서질 것 같은 문이 엉성하기 이를 데 없어 보인다.

요즘 기준으로 본다면 밤가시 초가의 울타리는 안전이나 보안면에서 허술하기 짝이 없고 방패막이 역할도 하지 못한다.

옛사람들은 '나'보다는 '우리'를 소중히 하는 삶을 살아왔다.

그러다 보니 우리 집은 우리 마을을 떼어놓고 생각할 수 없었다. 늘 얼굴을 맞대고 살면서 이웃집의 대소사(大小事)를 다 함께 나누었고 옆집 숟가락이 몇

울타리

개 있는지 알 정도였다. 어쩌면 옛사람들은 서로에 대한 정과 신뢰가 제일 좋은 보안이라는 것을 깨달았는지 모른다. 그러니 서로에 대한 정과 신뢰를 바탕으로 만들어진 울타리는 그저 이웃집과의 경계선 역할에 머물던 것이 아닐까.

울타리는 이웃끼리 대화의 문턱이었으며 그 높이만큼 이웃에 대한 마음의 울타리도 낮았던 것이다.

◑ 담과 사회와의 관계

우리는 일제식민사관에 의해 역사왜곡과 더불어 우리 문화에 대한 부정적인 의식이 부지불식간에 심어 왔다. 그중 하나가 주변국가로부터 수천 번의 침략을 받아왔으나 그 중 몇 번의 맞대응에만 그쳤던 평화를 사랑하는 민족이라는 것이다. 물론 우리는 평화를 사랑하는 민족임에 틀림없지만 일제가 노리는 것은 스스로 무기력한 민족으로 느끼게 하기 위함이었을 것이다. 하지만 막상 중국과 일본의 집과 비교해보면 일제의 주장이 틀렸음을 알 수 있다.

만약 수천 번의 침략으로 항시 생명을 위협받았음에도 불구하고 왜 담이 낮단 말인가? 그렇다면 더 방어적이어야 되지 않겠는가?

오히려 한국보다 중국의 담이 훨씬 더 폐쇄적이다. 중국은 오랫동안 민족적 분열을 항상 안고 있었기에 불안한 역사적 상황이 오랫동안 계속되었다. 그래서 건물을 만들 때 방위(防衛)에 중점을 두었다.

중국의 상류 주택은 그 정도가 심하여 높은 외벽으로 둘러싸여 있다.

유럽의 예를 들면 '로미오와 줄리엣'을 시대적 배경으로 한 건물에서는 아주 높은 탑들을 쉽게 찾아볼 수 있다. '로미오와 줄리엣'의 몬테규 가(家)와 채플리트 가(家)처럼 가문 간의 싸움이 격렬하다 보니 서로 감시하기 위해 높은 탑들을 쌓았다.

이처럼 사회가 불안하면 할수록 건물이 수비적, 공격적으로 변하여 담이 높아지는 형태로 나타난다. 시대적인 상황뿐만 아니라 지역적으로도 담의 높이가 달라진다. 치안 상태가 더 불안한 도시가 지방보다 담의 높이가 더 올라간다.

그럼 우리나라의 담들은 어떤가?

발꿈치를 높이 들고 고개를 쑥 빼면 밖이 보일 정도로 낮거나 아예 없는 곳도 많다. 양동 마을의 관가정(觀稼亭)은 집 이름처럼 농사를 짓는 것을 내다보는 건물이라는 뜻이다. 언덕 위에 위치하여 집주인이 이곳에서 하인들이 농사짓기에 열심인지 살펴도 보고 주변 경관도 즐긴다. 만약에 사회가 불안했다면 경치나 구경하고 농사짓는 모습을 살펴보려고 담을 낮게 짓지는 않았을 것이다.

그만큼 우리나라가 일제가 말한 것처럼 불안한 사회가 아닌 안정된 사회였음을 유추할 수 있다.

(2) 대 문

울타리를 지나면 집안으로 들어가는 대문이 나타난다.

대문 위에는 가시나무 가지 두 개가 묶여 있다.

왜 가시나무를 대문 위에 걸어 놓았을까? 옛사람들은 뾰족한 가시나무가 못된 도깨비나 귀신을 얼씬 못하게 하는 지킴이라고 생각했다.

마을 사람들은 이 가시나무를 '엄나무'라고 부른다. 엄나무는 두릅나무를 깎아 만든 것으로 집안으로 들어오는 각종 나쁜 액을 막아주고 복을 기원하는 소박한 마음에서 걸어 놓았다.

엄나무는 집안의 길흉사와 관계된 만큼 소중히 여겨졌다.

우리 조상들 대부분은 농사를 짓고 살았기에 언제나 풍년이 들기 간절한 소망했다. 때문에 추수를 하고 농사일이 다 끝나는 10월(상달)에 집안에서 고사를 지내고 그동안 집을 지켜 준 엄나무를 새로 바꾸거나 다시 구

대문 위의 엄나무

할 수 없으면 정성껏 손질하면서 새로운 마음으로 다음 해를 준비하였다.

(3) 봉 당

◎ 배수로 역할을 한 봉당

집으로 들어가면 제일 먼저 눈에 띄는 것이 마당 가운데 움푹 파진 웅덩이 모양의 터다.

이 웅덩이가 바로 봉당이다. 봉당은 밤가시 초가의 아름다움을 말할 때 똬리지붕과 함께 빼놓을 수 없는 특징 중 하나이다.

그런데 도대체 좁은 집 마당 가운데에 왜 봉당을 만들었을까?

그것도 하늘이 훤히 보이도록 뚫린 지붕 바로 밑에 말이다. 똬리지붕과 봉당은 실과 바늘처럼 매우 밀접한 관계를 가지고 있다. 엄밀히 말하면 똬리지붕 덕택에

똬리지붕과 봉당

봉당이 만들어졌다고 봐도 무방하다.

좁은 집터에 추위를 막기 위하여 'ㅁ' 자형 집을 만들었는데 집의 규모가 작다 보니 지붕이 하나로 이어지게 되고 지붕 한가운데가 뻥 뚫렸다. 이로 인해 만들어진 것이 똬리지붕이다.

그런데 똬리지붕을 만들고 나니 몇 가지 문제가 생겼다.

큰 비나 눈이 내릴 때 똬리지붕에서 흘러내리는 물이 좁은 안마당으로 떨어지고 이로 인해 집안에 습기가 차게 된다.

그래서 똬리지붕과 맞닿은 안마당을 동그랗게 파 봉당을 만들었다. 즉 봉당은 똬리지붕에서 떨어지는 물이나 집안에서 나오는 폐수 등을 처리하는 배수로 역할을 하였다. 봉당 테두리는 주변에서 쉽게 구할 수 있는 막돌로 둘러놓았다.

◎ 집안에서 즐기는 자연

그럼 봉당 안에는 무엇이 있었을까?

봉당은 배수로 외에 작은 꽃밭 구실도 했다. 이곳에 채송화, 봉숭아, 제비꽃 등 산과 들에서 쉽게 볼 수 있는 예쁜 꽃들을 심어 놓았다고 한다. 이곳에 설거지하다 남은 물이나 똬리지붕에서 톡톡 흘러내리는 빗물들로 꽃들을 길렀다.

사계절에 걸쳐 느낄 수 있는 봉당의 풍경은 어떤 것이었을까?

봄에는 봉당에서 새싹들이 돋아나고 나비가 날아드는 모습을 보며 봄의 흥겨움을 느낄 수 있었을 것이다. 장마철에는 집주인이 대청마루에 걸터앉아 똬리지붕에서 떨어지는 빗방울을 보며 봉당 사이로 보이는 하늘을 향해 비가 적당히 오기를 기도하지 않았을까?

가을에는 추수를 끝내고 대청마루에 걸터앉아 고단한 몸을 달래며 봉당 한가운데 비친 달빛을 보며 휴식을 취했을 것이다. 그리고 함박눈이 내리는 겨울에는 봉당 속에 소복이 쌓인 흰 눈을 물끄러미 보며 다음해의 풍년을 점쳐 보았을지도 모른다.

(4) 똬리지붕(또아리 지붕)

봉당 다음으로 밤가시 초가의 가장 큰 특징이라면 똬리지붕을 꼽는다.

똬리지붕의 재료는 볏짚이다. 서민들은 비싼 기와보다 추수하고 남은 볏짚으로 지붕을 덮었다.

볏짚으로 만든 지붕은 기와지붕 못잖은 장점이 있다.

일단 볏짚 자체가 속이 비어 있기에 가볍다. 이렇게 빈 볏짚을 두껍게 쌓으면 단열 효과가 뛰어나 겨울에는 따뜻하고 여름에는 시원하다.

겨울에는 집안의 훈훈한 온기를 지켜주고 매서운 바람도 잘 견뎌냈다. 여름에는 강렬하게 내리쬐는 땡볕의 방패막이가 되었다. 장마 때나 눈이 와도 짚의 결을 따라 물이 봉당으로 잘 흘러내려 습도에도 강하기 때문에 지붕재료로서 안성맞춤이었다.

그래서 장마철이 되면 기와집에 살던 양반들도 일부러 초가집으로 와서 생활하곤 했다.

(5) 자연이 묻어나는 집 재료들

우리나라는 나무를 짜 맞추어 뼈대를 세우고 흙으로 벽을 만들어 집을 지었다. 주위에 나무가 많아 집의 주재료로 사용하다 보니 나무를 준 자연을 소중히 하고 감사하면서 자연과 더불어 사는 삶의 태도가 집 구석구석에 배어 있다.

일단 집의 재료부터가 자연에서 얻을 수 있는 나무, 흙, 돌 등이다.

언뜻 보면 그냥 아무데서나 얻을 수 있는 재료라 원시적으로도 보이지만 이 모두 다시 자연으로 돌아가 완벽히 재활용되는 재료들이다. 더욱이 집의 뼈대를 이루는 나무는 어엿한 생명체로서 그 집에서 사는 인간이 숨 쉬는 생명체라 생각할 때 얼마나 자연 친화적이었는지를 알 수 있다.

반면 오늘날 우리가 살고 있는 건물들은 거의 철근과 콘크리트로 이루어져 있다.

옛집과는 비교도 안 될 만큼 매우 단단하고 높으며 모양도 으리으리하게 지을 수 있지만 따뜻한 정이나 생명력이 없는 차가움과 답답함을 준다. 건물이 낡아 부수고 나면 건물 잔해들과 먼지들로 환경오염의 심각한 골칫덩어리로 변한다.

물론 시대가 변하면서 기술이 발달되고 생활환경이 달라져 그에 걸맞게 집이나 건물의 재료, 모습들이 달라졌고 분명 옛날과는 다른 아름다움이 있다. 그러나 옛 조상만큼 자연을 벗삼으며 함께 공존하는 미덕이 부족한 것은 아쉬움으로 남는다.

◎ 집의 뿌리 주춧돌

집의 뿌리인 주춧돌은 기둥을 받치는 돌로 기둥을 땅 위에 올려놓는 역할을 한다. 집을 짓기 전에 터를 닦고 기둥이 들어설 자리를 정한다. 주춧돌을 놓은 자리는 땅을 깊이 파고 그 속에 돌을 넣어 다져야 한다. 왜냐하면 겨울철에 땅이 얼면 부풀어 올라오기 때문이다.

이렇게 기둥 설 자리에 주춧돌을 놓아야 땅에서 올라오는 습기와 물을 막아주어 나무기둥이 썩지 않는다.

또한 주춧돌은 '블랙박스'의 역할을 한다.

불에 타 없어진 건물이라도 주춧돌이 놓인 곳은 기둥이 서있던 자리이므로 그 간격에 따라 기둥과 기둥사이의 간격을 알 수 있다. 또 주춧돌의 크기에 따라 기둥의 굵기를 가늠해 볼 수 있어 건물의 구조와 크기가 어느 정도였는지 가늠할 수 있다.

-막돌을 쓴 주춧돌-

주춧돌은 대체로 기둥 크기와 얼추 맞는 막돌을 그대로 쓰거나 다듬어 모양을 내어 썼다. 밤가시 초가에 쓰인 주춧돌은 큰 돌을 깨어 쓰거나 대개는 막돌 그대로 썼다.

이렇게 돌을 다듬지 않고 막돌 그대로 쓴 주춧돌을 덤벙주초라 한다. 사람으로 치자면 주춧돌은 발에 속하는데, 모양이 들쑥날쑥하여 왠지 불안해 보인다.

어떤 이들은 집의 뿌리가 되는 주춧돌을 다듬지도 않은 막돌을 사용하여 성의 없다고 생각할지도 모른다. 하지만 덤병 주초는 밤가시 초가 같은 민가뿐만 아니라 궁전이나 종묘, 향교 등에서도 많이 사용했다.

막돌을 사용한 주춧돌

왜 막돌을 사용했을까? 정말 귀찮아서, 돌을 다듬는 기술이 부족해서 그랬을까? 우리에게는 돌 중에서 가장 다루기 힘들다는 화강암을 떡 주무르듯 하여 석가탑, 다보탑을 만든 훌륭한 기술이 있었다.

그런데도 이렇게 산속 어딘가에 박혀 있던 막돌들을 골라 그대로 사용했던 것이다. 우리 조상들은 자연을 거스르지 않고 닮는 미덕을 소중히 했다. 모든 사람들이 각자의 역할과 가치가 있듯이 보잘 것 없는 돌멩이 하나에도 그 쓰임새를 찾았던 것이다. 그래서 막돌이라도 기둥 크기와 모양에 얼추 맞으면 주춧돌도 사용했다.

이러한 자연친화적 사상은 덤병주초뿐만 아니라 옹이가 박힌 기둥에서도, 휘면 휜 대로 썼던 보나 도리에서 자연스럽게 묻어난다.

◎ 집의 뼈대들

-기 둥-

주춧돌을 놓으면 그 위에 기둥을 세운다.

이때 기둥은 나무가 서있던 대로 뿌리가 아래로 가도록 바르게 세워야 한다. 나무는 원래 자라난 방향대로 돌아가려는 성질 때문에 거꾸로 세워두면 뒤틀어지고 만다.

그래서 기둥을 세울 때 가장 중요한 것은 나무를 똑바로 세워야 한다는 것이다. 그렇지 않으면 집 전체가 기울어지기 때문이다.

밤가시 초가 기둥에 쓰인 나무 모양을 보면 옹이가 툭툭 박혀져 흉해 보인다. 이왕 쓸 나무라면 곧고 미끈하게 빠진 것을 쓸 것이지 왜 옹이가 박힌 나무를 사용했을까?

결론적으로 말해 옹이가 박힌 나무가 더 단단하고 튼튼하기 때문이다. 마치 사람이 고생도 해봐야 성숙해지듯이 나무도 태풍에도 시달리면서 버틸 수 있어야 더 강해지고 단단해져 이렇게 자기 구실을 해 내는 것이다.

-그랭이 기법-

기둥을 세울 때 문제가 있다면 덤벙주초(주춧돌)의 표면이 평평하지 않고 울퉁불퉁하다는 점이다.

우리 조상들은 돌을 평평하고 반듯하게 깎는 일보다 나무 밑동을 깎아 세우는 쪽을 선택했다.

이때 밑동을 주춧돌에 껴 맞추는 것을 그랭이질이라고 한다.

그랭이질이란 그랭이 칼로 기둥밑동에 주춧돌의 울퉁불퉁한 모양대로 그린 다음 기둥밑동을 깎아 기둥과 주춧돌의 표면이 딱 맞물리도록 깎아내는 기법이다.

그랭이 기법은 기둥을 바로 서게 하는 역할 외에 또 다른 놀라운 기능을 한다. 바로 지진에 효과적으로 대비할 수 있다는 점이다.

오늘날에도 지진에 끄떡없는 건물을 짓기 위해 오랜 세월동안 많은 기술을 연구해 왔는데 수백 년 전 우리 조상들은 작은 지혜로 지진까지 슬기롭게 이겨내는 방법을 알았던 것이다.

그랭이 기법으로 자른 밑동은 주춧돌과 잘 맞물려 있지만 그 사이가 꽉 채워져 있지 않기 때문에 지진의 요동에 어긋나지 않고 진동에 따라 조금씩 흔들리며 충격을 완화해 주어 집이 쉽게 무너지지 않도록 돕는다.

-보(대들보), 도리-

기둥이 서면, 본격적으로 뼈대 만들기 작업에 들어간다.

먼저 기둥 사이에 목재를 짜 맞추어 집의 골격을 만든다. 이때 집을 정면으로 보았을 때 기둥을 가로 방향으로 연결하는 목재를 '도리'라 하고 세로 방향으로 연결하는 목재를 '보'라고 한다.

밤가시 초가의 보, 도리 역시 덤벙주초처럼 반듯한 것은 아니다.

휜 것은 휜 대로, 틀어진 것은 틀어진 대로 원래 나무의 모양에서 조금씩 다듬었을 뿐이다.

이렇게 나무 그대로의 모양을 살리다 보니 보와 도리의 모양이 다양한 곡선을 이루어 부드러운 느낌을 준다.

곡선을 이루는 보와 도리

단 휘어진 나무로 만든 보와 도리가 집의 튼튼한 뼈대가 되려면 다음과 같은 점에 주의해야 한다.

모양이 틀어진 나무를 사용할 때는 반드시 오른쪽으로 틀어진 나무와 왼쪽으로 틀어진 나무를 알맞게 짜 맞추어야 한다. 그러면 서로 톱니바퀴처럼 맞물려서 튼튼한 집이 된다.

그렇기에 밤가시 초가가 엉성하고 대충 맞춘 듯하지만 매우 오랜 세월 동안 끄떡없이 서 있는 것이다.

-숨 쉬는 벽-

주춧돌이 그 집의 뿌리라면 흙은 집의 살갗과도 같다.

우리나라 벽은 대부분 흙벽인데, 수숫대나 싸리나무 가지로 뼈대를 마련하고 양쪽에서 흙을 발라 만든다.

벽에 바를 흙은 점성이 좋아야 하므로 차진 황토 흙을 퍼다가 볏짚을 썰어 놓고 거기다 물을 붓고선 발로 잘 밟아 이겨야 한다.

이렇게 잘 반죽된 흙을 벽에 바르고 말리면 흙벽에는 자연스러운 미세한 틈이 생기고 이 틈이 숨구멍 역할을 한다.

이렇게 흙벽에 생긴 미세한 틈은 숨구멍 역할을 한다.

우리나라 기후는 여름에는 덥고 습하며 겨울에는 춥고 건조하다. 이런 기후에서 열기와 냉기를 자연스럽게 조절해 줘야 하는데 흙벽이 숨구멍 역할을 해주니 안성맞춤이었다.

그래서 두터운 흙벽이 있는 초가집은 가습기가 없어도 저절로 습도를 조절해 주어 쾌적한 상태를 유지해 준다.

-살림채와 부속채-

집안에서 하는 일이 점점 늘면서 그 쓰임새에 따라 구역이 나뉘어졌다. 이런 생활공간은 크게 살림채와 부속채로 나누어진다. 살림채는 사람이 지내는 건물로 생활의 중심이 되는 곳이고, 부속채는 짐승을 기르거나 물건을 보관하는 건물이다.

1. 살림채

방

살림채는 말 그대로 살림을 하는 공간으로 방, 마루, 부엌으로 이루어진다. 즉 사람이 먹고, 자고, 쉬는 곳이다.

방은 살림채 중 가장 중요한 곳이다. 잠을 잘 때, 밥을 먹을 때, 책을 읽을 때, 오순도순 정답게 얘기를 할 때 등 가족들이 편안히 쉴 수 있는 장소이다.

방, 대청마루 전경

밤가시 초가에는 안방과 건넌방이 있다.

안방은 집에서 가장 중심이 되는 방으로 주인 부부가 잠을 자고, 안주인이 평상시에 생활하는 곳이다.

건넌방(상방)은 대청마루를 사이에 두고 안방과 마주하고 있는 방이다. 이곳에는 며느리가 사용하거나 연로하신 부모님이 안방을 내주고 건넌방에서 계시기도 한다. 밤가시 초가에서는 안방을 주인 부부가 사용하고 건넌방은 노부모가 생활하였다고 한다.

방을 보고 있노라면 참 작다는 생각이 든다. 뭐든지 대형이어야 좋아하는 요즘 시대에 비춰 보면 초라하기까지 하다. 겨우 잠이나 자는 공간이지 않았나 싶다. 밤가시 초가뿐만 아니라 유명하다는 많은 한옥을 둘러봐도 큰 방을 찾기 힘들다.

왜 방을 이렇게 작게 만들었을까?

이는 온돌문화와 좌식문화의 영향 때문이다.

온돌은 고구려에서 발달하여 점차 남쪽으로 전파되었다. 온돌은 조선에 이르러 널리 보급되었는데 이로 인해 생활방식도 많이 변하게 되었다.

그 전에는 중국처럼 입식생활을 하였다가 온돌의 보급으로 인해 좌식생활로 변하게 되었다. 좌식생활을 하다 보니 천장이 낮아지게 되었다. 천장이 너무 높으면 앉아서 생활하는 데 고압적이고 어딘가 불안한 느낌을 준다. 그러다 보니 천장이 낮아지게 되고 자연히 방의 규모에 영향을 끼쳤다.

대신 넓은 방이 필요하면 방 몇 개를 개방하여 썼다.

특히 우리나라 문들은 개폐방식이 자유롭다. 더운 여름이나 방을 넓게 쓸 필요가 있으면 분합문을 접어서 천장 위에 있는 걸쇠에 올려 이용하였다. 그러다 보니 우리나라의 방들은 대개 다목적용이다.

양옥은 사용 목적에 따라 거실, 식당, 서재, 침실로 나뉘지만 한옥은 방에 이불을 깔면 침실이 되고 밥상을 놓으면 식당이 되고 잔치가 있을 때 분합문을 접어 천장 위에 걸어 놓으면 연회장이 되는 것이다.

굳이 방의 명칭을 붙이자면 사용하는 사람이 누구인지, 그 위치가 어디쯤에 있는지에 따라 방의 명칭이 달라진다.

이렇게 방이 다목적용으로 쓰일 수 있는 또 하나의 이유는 방에 가구가 많지 않기 때문이다. 온돌은 복사열로 바닥을 따뜻하게 해주는 난방방식이다. 바닥 전체에 난방이 되기 때문에 가구로 가리면 그만큼 열효율을 떨어뜨리는 것이다. 방의 면적도 좁아 가구를 웬만하면 간단하고 작게 만들었다. 그래서 벽장이 발달하고 가구의 크기도 낮고 작은 것이 많다.

이렇게 온돌은 좌식 문화와 가구의 변화까지 가져왔다. 심지어는 고려시대까지 기마 민족답게 발목까지 오는 장화를 신었다가 말을 타지 않고 좌식생활을 하자 벗기 쉬운 신발 형태로 변할 정도로 생활 구석구석까지 영향을 미쳤다.

생활환경뿐만 아니라 더 넓게는 사고관까지 변화시켰을 것이다. 조선시대 양반들은 동적인 활동보다는 집안에 앉아 글을 읽으며 세상을 바라보는 정적인 활동을 주로 했다. 비약적이긴 하나 관념적이고 이상적인 세계를 더 심오하게 연구하는 성리학 문화에 온돌 문화가 어느 정도 일조하지 않았을까 하는 생각을 해본다.

마 루

마루는 방문 앞에 나무판을 깔아 이어서 만든 것으로 대청마루와 쪽마루가 있다. 대청마루는 안방과 건넌방 사이의 큰 마루이고, 쪽마루는 마당에서 방으로 드나들기 쉽도록 붙여 놓은 마루이다.

이런 마루 덕택에 신을 신지 않고 방에서 방으로 건너다닐 수 있다. 또한 대청마루에서 다듬이질이나 제사를 지내는 등 여러 가지 집안일을 한다. 특히 앞으로 마당이 보이고 뒤쪽에는 창문이 나있어 바람이 잘 통해 쌀이나 반찬 등을 보관하기에 좋고 찌는 듯한 여름철에는 시원한 피서지가 되었다.

부 엌

부엌은 안방과 가까운 곳에 두고 있는데 우리나라는 여름을 제외하고는 거의 난방을 해야 했고 연료로 쓰일 나무를 쉽게 구하기 어려웠기 때문에 난방을 하면서 취사를 동시에 해결하고자 부엌과 안방을 가까운 곳에 두었다.

2. 부속채

옛 사람들은 대부분 농사를 지었다. 그래서 논밭을 갈기 위해 소를 기르고, 고기를 얻기 위해 돼지, 염소, 닭 등 가축을 키웠다.

뿐만 아니라 옷을 만들기 위해 옷감을 직접 짜야 했다.

이와 같이 잡다한 집안일들을 하는 곳이 부속채이다.

부속채에는 농기구를 보관하는 헛간, 곡식을 보관하는 곳간과, 곡식을 빻는 방앗간, 베틀을 놓고 옷감을 짜는 방, 가축을 기르는 외양간 등이 있다. 밤가시 초가에는 이 중 헛간과 곳간 등이 있다.

지금까지 살펴본 바대로 전통적인 우리나라 집에는 돌 하나, 기둥 하나, 흙 한 줌에도 조상들의 슬기가 배어 있음을 알 수 있다. 밤가시 초가가 무조건 오래 되어서 좋은 것은 아니다. 쇠못 하나 박지 않고서도 나무·돌·흙만으로 지은 집이 100년의 세월을 버티게 한 조상의 지혜가 다름 아닌 자연을 닮고자 한 소박한 마음에서 비롯되었다는 것을 알 수 있다.

집이란 으레 그곳에 사는 사람들의 생활이 묻어나는 곳이다.

시대에 따라 집의 재료, 모습, 구조 등 변화를 거치면서 집은 사람들의 생활 모습, 문화를 담는 그릇이었다. 그래서 집을 자세히 관찰해보면 그곳에 살았던 사람들의 생각, 정서, 가치관을 짐작할 수 있다.

고대사회일수록 자연환경이 집에 끼치는 영향력은 매우 컸다.

그러기에 집 구석구석을 살펴보면 우리 조상들이 자연의 변화에 어떻게 적응했고, 자연조건에 맞는 건축재료, 집의 형태, 집의 구성요소들을 어떤 식으로 발전시켜 왔는지를 짐작할 수 있다.

집의 발전과정을 잠깐 살펴보자.

집의 시작은 무서운 동물이나 비바람을 피하는 보호처에서 출발하였다. 아주 먼 옛날 산속 동굴에서 살다가 농사를 짓게 되면서 평평한 들판으로 나가 살았다. 이때 처음으로 인위적인 집을 만들기 시작했는데 땅에 구덩이를 넓게 파고 아메리카 원주민의 전통 집처럼 생긴 '움집'을 만들었다.

겨우 삼국 시대에 이르러서야 초가집이나 기와집처럼 제대로 된 집을 짓게 되었다. 특히 초가집은 불과 30~40년 전만 해도 농촌 어디서나 볼 수 있을 정도로 우리나라 대표적인 집이었다.

이처럼 기와집과 초가집 같은 우리의 옛집을 '한옥'이라 한다.

반대로 오늘날 살고 있는 양옥은 우리나라에서 그 역사가 불과 약 100년 정도밖에 되지 않았다. 선교사들이 우리나라에 들어와 자기 나라 식대로 집을 짓게 되면서 시작되었던 양옥을 일제가 우리 문화를 탄압하기 위한 일환으로 많이 짓도록 장려했다. 물론 양옥은 한옥에 없는 장점이 많았다. 짓기도 편하고 생활하기도 편하고 층을 높일 수 있었다.

아무튼 일제 탄압이 제대로 효과를 얻게 되었던 것인지 혹은 사회 환경의 변화로 양옥의 필요성이 높아져서 그랬는지, 또는 한옥은 가난해 보이고 불편한 점이 많았기 때문인지, 이런 저런 복합적 요소로 양옥의 수는 점차 늘어나게 되었다. 반면 한옥은 마구 헐려 요즘은 민속마을 아니면 보기가 힘든 지경이 되고 말았다.

그래서 원래 '집'하면 한옥을 말했는데 마치 '굴러온 돌이 박힌 돌 빼낸다'는 속담처럼 이젠 우리 전통 집을 '한옥'이라 하고 양옥을 오히려 그냥 '집'이라 부르게 되었다.

향교와 서원

조선의 교육기관으로는 서당, 향교, 서원, 성균관이 대표적이다. 조선은 유교의 도덕 윤리를 백성들에게 가르치기 위해 서당, 향교, 서원을 세우는 데 힘썼다.

오늘날과 비교하면 서당은 초등학교에, 향교는 지방 중·고등학교, 서원은 사립대학교, 성균관은 국립대학교쯤으로 볼 수 있다.

우리 고장에는 고양향교, 문봉서원, 행주서원, 용강서원 등 교육기관이 있었는데 이중 문봉서원은 흥선대원군 때 철폐되어 터만 남겨진 상태이다. 행주서원은 서원철폐에서 제외되었으나 한국 전쟁 시 불탄 것을 복원하였고 그중 기공사는 1998년대 말경에 복원하였다. 용강서원은 함경도 용흥강변에 있는 것을 고양에 다시 중건한 것이다.

서원의 성격에 따라 분류하면 문봉서원은 학문연마와 인재양성을 우선시한 학교였고, 행주서원은 권율 장군을 용강서원은 고려 고종 때의 무신 충정공(忠靖公) 박서(朴犀)와 조선 태종 때의 충민공(忠愍公) 박순(朴淳)과 조선 태종 때의 경헌공(景獻公) 조상경(趙尙絅) 등 특정 인물에게 제향을 올리는 기능에 중점을 둔 서원이었다.

마지막으로 간단히 향교와 서원의 공통점과 차이점을 살펴보자.

먼저 향교·서원 모두 오늘날 중·고등학교 수준의 학교로 지방에 세워졌다. 둘다 유교를 공부하던 곳으로 훌륭한 선비가 되도록 나라의 인재를 키우던 곳이다.

유교 공부 외에도 훌륭한 선현들을 본받고자 제향을 드렸다. 두 학교의 다른점이라면 향교는 나라에서 운영하고 대체로 관아가 있는 고을 중심에 설립하였고 서원은 개인이 운영하고 학문연마와 심신수련을 위해 경치가 좋고 한적한 곳에 세웠다.

고양향교(경기도 문화재 자료 제69호)

고양향교

　향교는 국립학교(관학)이기 때문에 기본적으로 수령(首領)이 통치하는 관아에서 멀지 않은 곳에 위치한다. 그리고 관아는 대체로 고을의 중심부에 위치하여 향교가 있었던 자리를 통해서 당시 도회지가 어디인지 추측해볼 수 있다. 따라서 오늘날 고양향교가 자리한 고양동은 그 이름처럼 조선시대에는 고양의 중심지로서 번화가였음을 알 수 있다.

　하지만 고양향교가 처음부터 고양동에 설립되었던 것은 아니었다.

　조선초기 태조 7년 [고양문묘 高陽文廟]를 옛 벽제면 대자리 고읍(古邑)마을에 세웠다.

　그러나 고양문묘가 임진왜란 때 불타 없어져서 3년 후 다시 지었다. 때마침 처음 향교가 세워졌던 벽제면 대자리 고읍(古邑)마을에서 국장(國葬)[20]을 지내자 나라에서 향교의 위치를 옮기라는 명을 내린다. 그래서 지금의 위치인 고양동으로 옮기게 되었고 동시에 관아도 고양동으로 오게 된 것이다.

---

20) 효종의 부마인 인평위 정재현의 국장이 있었음.

1. 1398년(태조 7년)에 세워진 고양향교

고읍마을에서 고양동으로 향교를 옮기면서 대성전, 동무, 서무, 전사청, 내·외삼문, 명륜당, 동재, 서재 등 여러 건물들을 지었다. 하지만 당시 세워진 건물들은 안타깝게도 한국전쟁 때 불타버렸다. 오늘날 볼 수 있는 건물들은 1980년대 이후 몇 차례 보수공사를 했거나 다시 지어진 것들이다.

2. 고양향교는 어떤 곳일까?

◎ 지방 중·고등 국립학교

향교는 요즘으로 치자면 중·고등학교 수준의 지방국(공)립학교였다.

향교는 대체로 양반가 자제를 위주로 서당을 거치면 입학자격을 주었다. 하지만 그리 쉽게 누구나 들어가지 못했다. 왜냐하면 향교 교생(敎生)이 되면 다양한 혜택을 누릴 수 있어 경쟁률이 높았기 때문이다. 군대도 면제되고, 성적이 우수하면 예비시험을 치지 않고 과거시험에 응할 수 있었다. 또한 나라에서 내려준 토지와 지방유지의 기부금으로 운영되기 때문에 무료로 공부까지 시켜주었다. 이런 혜택으로 서당을 졸업한 학생들은 향교에 가고 싶어 했다. 그러나 향교의 학생 수가 적게는 30명, 많아야 90명 정도에 지나지 않아 웬만한 실력으로는 들어가기 힘들었다.

◎ 유교를 배우는 학교

향교에서는 유교경전을 읽고 해석하거나 시 쓰는 법(製述)을 공부하였다. 주로 유교와 관련된 책이나 역사책을 공부하였다.

뿐만 아니라 마치 '인성체험학습'처럼 공자와 훌륭한 선현들을 기리는 제향을 지내며 몸소 유교의 가르침을 실천하였다.

공자의 탄신일을 기념하여 지내는 제향의식인 '석전대제'(釋奠大祭)가 바로 그 것이다.

석전제(釋奠祭)는 대체로 봄, 가을인 음력 2월과 8월 두 번을 치루는데 고양 향교에서는 매년 공자님이 태어나신 음력 8월 27일에 석전대제(釋奠大祭)를 봉행하고 있다.

이 행사는 향교를 다니는 교생들에게 공자를 비롯하여 유학을 크게 발전시킨 훌륭한 분들을 본받고 다시 한 번 유교의 가르침을 몸소 실천하도록 돕는 인성교육 역할을 했다. 더불어 고장주민들에게는 유교의 도리를 다시금 되새길 수 있는 계기를 마련하는 행사였다.

특히 향교가 서원에 떠밀려 교육기관의 역할이 점차 약해지면서 석전대제(釋奠大祭)는 더욱 중요한 행사가 되었다. 석전대제(釋奠大祭) 덕택에 향교가 오늘날까지 명맥을 유지하고 있다고 해도 과언이 아니다.

특히 국가 중요문화재 제 85호로 지정되어 있는 석전대제는 중국에서도 보존 못한 유교의 원형을 세계적으로 유일하게 간직하고 있어 그 의미가 매우 크다.

◎ 입학 나이와 학생 수

향교에 입학할 수 있는 교생 나이는 대체로 15살~20살 사이로 지방마다 조금씩 달랐으며 교육 기간은 일정하게 정해져 있지 않았다. 대체로 40세까지도 학생의 신분으로 향교에서 공부를 할 수 있었다. 그래서 나이 지긋한 어른과 어린 학생들이 함께 다니는 풍경은 그리 어색한 것은 아니었다.

그렇다면, 향교에는 몇 명의 학생들이 다녔을까?

학생 정원은 고을의 크기에 따라 달랐는데 많게는 90명, 적게는 30명 정도였다고 한다. 고을의 크기가 현(縣)은 30명, 군(郡)은 50명, 목(牧)은 70명 정도가 다녔다고 했을 때 고양 향교의 경우에는 규모가 작은 편에 속해 40-50명 정도가 다녔을 것으로 추측된다.

◎ 향교에서는 무엇을 배웠을까?

교생들은 성균관을 들어가기 위한 입시공부나 과거 시험을 대비하는 공부를 했다. 그래서 향교에서는 유학과 관련된 책이나 과거시험에 대비하는 교과목을 가르쳤다.

과연 향교에서 오늘날의 국어·영어·수학처럼 큰 비중을 차지하는 교과목은 무엇이었을까?

과거시험과 관계없이 가장 중시한 과목은 소학(小學)이었다.

소학(小學)[21]은 유교사상의 입문서라 할 수 있다. 일상생활 속에서 쉽게 실천할 수 있는 규범을 적어 놓아 백성들에게 유교를 널리 보급시켰던 책이었다. 특히 과거시험 때 예비시험으로도 채택될 만큼 중요한 과목이었다.

비단 소학뿐만 아니라 효경(孝經), 사서오경(四書五經), 성리대전(星理大典), 삼강행실도(三綱行實圖), 심경(心經), 근사록(近思綠), 가례(家禮) 등 유교와 관련된 책들이나 송원절도(宋元節度)와 같은 역사책을 주로 공부하였다. 이렇듯 향교에서는 조선시대가 유교국가였던 만큼 유교 관련서적과 역사책을 주로 배웠다고 할 수 있다.

◎ 향교의 시험 '고강'(考講)

향교에서는 정기적으로 배운 과목을 시험 봐서 실력을 테스트하는 '고강'(考講)이 있었다.

'고강(考講)'은 지금까지 공부한 내용을 한 사람씩 시험관의 질문에 답하는 형식이다. 시험 내용도 각 학생의 능력이나 향교를 얼마나 다녔느냐에 따라서 달랐다. 예를 들어 입학한 첫 해에는 소학(小學), 대학(大學), 시전(詩傳) 등을 보았고 2년째는 논어(論語), 서전(書傳), 가례(家禮) 등을, 3년째는 맹자(孟子), 주역(周易), 심경(心經)을 4년째는 중용(中庸), 예기(禮記), 근사록(近思綠)의 내용에서 시험을 보았다 고강을 통해 체계적으로 교생을 교육시켰음을 보여준다.

---

21) 주자의 제자인 유자징이 어린이에게 도덕을 가르치기 위해 만든 책이다. 일상생활에서 지켜야 할 예의범절, 마음을 다스리는 데 도움 되는 격언, 충신효자, 열녀의 이야기로 꾸며져 있다.

그렇다면 시험에 통과하지 못한 학생들은 어땠을까?

'고강'은 일종의 진급시험이다. 공부한 내용을 다 알아야만 시험에 통과할 수 있기 때문에 '고강(考講)'에서 떨어진 학생들은 좀 더 분발해서 공부해야만 했다.

◎ 지역문화센터로서의 향교

향교는 교육기능뿐만 아니라 고을 백성들을 바른 길로 이끄는 윤리적 기능과 종교적인 기능, 그 지방의 문화를 이끌어 가는 지역사회 중심지로서 중요한 역할을 담당하였다.

그래서 향교는 고을의 운명과 함께 하였다.

향약을 제정하고 실천하도록 돕고 장려함으로써 고을 사람들이 서로 상부상조 활동을 하도록 적극적으로 이끌었다. 특히 지방의 정치를 담당하는 관아와 함께 고을의 문제를 함께 의논하고 마을의 중요한 행사나 풍속을 이끌어 나가는 '지역 문화센터'로서 기능을 하였다.

3. 향교 건물

고양향교 건물은 크게 두 가지로 나눌 수 있다.

학교로서 공부하는 교육공간과 유교를 집대성하거나 발전시킨 훌륭한 선현들을 추모하기 위해 제사지내는 배향공간으로 나뉜다.

(1) 교육공간

명륜당(明倫堂), 동재(東齋), 서재(西齋)

　외삼문을 들어서면 바로 정면에 보이는 건물이 명륜당(明倫堂)이고 좌우에 위치한 작은 건물이 동재(東齋)와 서재(西齋)이다. 이 건물들은 모두 교육을 하기 위하여 만들어진 것으로 선생님과 학생이 모여 공부를 하던 장소이다.

　향교에서는 선생님을 전교(典校), 교관(教官), 교도(教導), 교수(教授), 훈도(訓導)라 하고 학생을 교생(教生)이라 한다.

　명륜당(明倫堂)은 교육하는 건물이다.

　명륜당의 '명륜(明倫)'이란 '인간 사회의 윤리를 밝힌다.'는 뜻으로 맹자「등문공 滕文公」편에 "학교를 세워 교육을 행하는 것은 모두 인간의 윤리, 도리를 밝히는 것이다."에서 유래했다. 그만큼 교육이 매우 중요하다는 것이다.

명륜당

　그럼 명륜당 어디쯤에서 공부했을까?

　명륜당 중앙의 넓은 대청마루가 바로 교실이었다. 대청마루 양쪽에 정면 한 칸[22], 측면 두 칸짜리 온돌방이 있다. 이곳이 교관(教官)들이 머물던 곳으로 교무실 또는 상담실 및 휴식공간으로 이용되었던 방이다.

　건물 밑에는 구멍이 두 개씩 뚫려 있는 것을 볼 수 있다. 이는 구멍 사이로 바람을 통하게 하여 건물이 습하지 않도록 돕는 숨구멍 역할을 한다.

◎ 학생들의 기숙사, 동재(東齋)·서재(西齋)

　명륜당 좌우에 자리한 동재(東齋)와 서재(西齋)는 학생들의 기숙사이다. 동·서재는 가운데에 대청을 두고 양쪽에 온돌방을 두어 학생들이 머물렀다. 향교가 처음 생겼을 때는 신분의 구분 없이 동·서재를 같이 사용하였다. 하지만 나중에는

---

22) 우리나라 건물의 크기는 '칸'으로 한다. 칸은 쉽게 말하면 기둥과 기둥사이를 말하는데 약 2.5m 정도이다.

양반의 자제들은 동재를 사용하고 평민이나 서얼들은 서재를 사용하여 신분을 구별하였다고 한다.

동·서재는 명륜당에 비해 규모가 아담하고 소박할 뿐만 아니라 건물에 사용된 재료도 조금 다르다.

명륜당 기둥 주춧돌은 잘 다듬어진 둥근 돌을 이용해 정갈한 느낌을 준다. 이에 비해 동·서재에 쓰인 주춧돌은 크기와 높이만 대충 맞춘 막돌을 사용했다.

이렇게 명륜당과 동·서재에 각각 다른 모양의 주춧돌을 사용한 까닭은 무엇일까? 선생님이 가르치는 명륜당은 좀 더 권위 있는 장소인데 비해 동·서재는 공부하는 학생들이 머물며 학문을 배우는 곳이므로 검소하게 건물을 지었던 것이다.

동 재

오늘날 관점으로 본다면 학생들이 이용하는 기숙사가 좁고 초라할 경우 학부모들에게 꽤나 원성을 사고도 남을 것이다.

하지만 조선시대 유교관에 비추어볼 때 교실보다 오히려 기숙사가 더 크고 화려하면 큰일 날 일이었다.

상·하 질서가 엄격한 유교사상은 아랫사람은 마땅히 웃어른을 공경해야 하고, 자식은 부모님

명륜당 주춧돌

에게 효도해야 하며 제자는 스승을 존경하고 신하는 왕에게 충성을 다하는 것을 마땅한 도리라 여겼다. 그러므로 스승이 제자를 가르치는 공간인 명륜당은 동·서재보다 더욱 권위 있는 장소였으며 반면 동·서재는 공부하는 학생들이 머물며

겸손한 태도로 학문을 배우는 곳이었기에 명륜당보다 좀 더 간소하게 짓는 것이 당연한 것이었다.

이렇듯 향교건물에는 상·하를 엄격히 구분하는 유교질서가 고스란히 배어있다.

◑ 왜 양반은 동재를 평민이나 서얼들은 서재를 사용했을까?

동쪽은 해가 뜨는 곳이기에 시작, 희망을 뜻하고 양(陽), 바름(正)을 의미하는 등 좋은 방향으로 생각했다. 그에 반해 서쪽은 해가 지는 곳이며 일을 마치는 시간, 죽음을 상징하고 음(陰), 반대(反)를 뜻하는 경우가 많았다. 그래서 사회를 이끌어 가는 양반이나 남자, 정실부인에게 태어난 자제들은 동재를 사용하고 평민이나 첩실부인의 자제들은 서재를 이용하였다. 처음에는 동·서재를 신분의 구별 없이 사용하였다가 점차 시간이 지날수록 신분의 구별이 엄격해짐에 따라 동·서재로 나누어 사용했던 것이다.

(2) 배향 공간(선현들에게 제사를 지내는 장소)

◎ 대성전(大成殿), 동무(東廡), 서무(西廡)

명륜당 뒤편 높은 계단을 올라가면 내삼문이 나타난다. 내삼문을 들어서면 대성전이 바로 보이고 그 옆으로 동무·서무가 있다.

대성전(大成殿), 동무(東廡), 서무(西廡)는 유학을 집대성하거나 발전시킨 훌륭한 분들을 추모하기 위해 제사를 지내던 배향공간이다.

고양향교에는 모두 25위(位)의 위패가 모셔져 있다.

대성전

◎ 공자와 중국사성의 위패를 모신 사당 대성전

대성전은 공자의 위패를 모신 사당이다.

대성전의 '대성(大成)'은 '크게 학문을 이루었다'는 뜻으로 공자를 일컫는다. 이 건물에는 공자의 위패와 더불어 제자였던 안자(顔子), 증자(曾子), 자은(子恩), 맹자(孟子)등 중국사성(中國四聖)의 위패가 모셔져 있다.

대성전(大成殿)은 서로 등을 맞댄 듯한 맞배지붕이다. 규모는 정면 세 칸, 측면 두 칸으로 명륜당보다 조금 작은 편이다. 대성전에는 명륜당과 달리 방풍판이 설치되어 있다. 맞배지붕은 처마가 앞뒤로만 나오므로 옆면은 비바람에 약하다. 그래서 방풍판(방풍널)을 설치하면 비바람을 막아 주어 건물이 쉽게 썩지 않는다. 겉모습도 방풍판이 설치되어 다른 건물보다 훨씬 위엄 있어 보인다.

대성전의 기둥

◎ 동무(東廡)·서무(西廡), 우리나라 유학자의 위패를 모신 사당,

동·서무는 주로 우리나라 학자 중 유학발전에 공로가 큰 분의 위패를 모신 건물로서 고양향교에는 총 20위가 모셔졌다.

신라, 고려 시대의 학자 설총, 최치원, 정몽주, 안향 등 네 명의 위패와 조선시대의 학자 정여창, 김굉필, 이언적, 조광조, 김인후, 이황, 성혼, 이이, 조헌, 김장생, 송시열, 김집, 박세채, 송준길 등 14명의 위패가 모셔져 있다. 이외에 중국학자 중 성리학을 더욱 새롭고 깊게 연구한 주희, 정호의 위패도 함께 있다.

동무 기둥

(3) 전사청

전사청은 대성전 왼쪽에 자리한 건물이다. 제사지낼 때 필요한 그릇(제기용품)을 보관하는 창고로서 고양향교에 있는 건물들 중에서 가장 오래되었다.

(4) 외삼문(外三門)과 내삼문(內三門)

향교의 문은 크게 외삼문과 내삼문으로 이루어져 있다. 이 중 향교를 들어가기 전 바로 만날 수 있는 출입문이 외삼문이다.

외삼문은 '솟을삼문'이다. 솟을대문은 말 그대로 대문이 높게 솟아 오른 문이다. 지체 높은 양반 집이나 관공서에서 주로 쓰던 대문이다.

향교에 따라 외삼문의 또 다른 이름으로 풍화루(風化樓), 만화루(萬化樓)라는 이름을 사용한다. '풍화루', '만화루'는 '풍속과 교화,' '모든 것을 가르쳐 바르게 한다.'는 뜻으로 백성들을 유교의 가르침으로 이끌겠다는 향교의 기능을 설명한 이름이다.

내삼문은 교육공간과 배향공간을 구분하는 문으로 명륜당과 동재, 서재를 지나 대성전으로 들어가기 전에 볼 수 있다.

내삼문은 외삼문보다 작고 역시 '솟을대문'이다.

문을 드나들 때는 반드시 동문(東門:밖에서 볼 때 오른쪽)으로 들어갔다가 서문(西門:밖에서 볼 때 왼쪽)으로 나오는 동입서출(東入西出)의 예를 따라야 한다. 가운데 문은 신문(神門)이라 하여 제향을 드릴 때만 문을 여는데, 사람은 이 문을 통해 드나들면 안 된다. 세 개의 계단 중 가운데 계단은 신도(神道)이므로 이용하면 안 된다. 계단을 오를 때도 일정한 예의가 있다. 그것은 오른쪽 계단으로 오른발부터 먼저 오르고 그 다음 왼발을 올려 오른발에 가지런히 붙이며 오르는 것이다. 이것을 합보(合步)라 한다. 왼쪽계단으로 내려도 그같이 한다.

(5) 배움의 상징 은행나무

이 외에 건물은 아니지만 향교 안이나 정문 앞에는 으레 수백 년 된 은행나무가 서 있다. 향교를 세우면서 심는 경우가 많아 나무의 나이를 통해 향교의 나이도 가늠해 볼 수 있다.

고양향교 외삼문 옆에도 은행나무가 서 있다.

그런데 하필 많은 나무들 중 은행나무를 심었을까?

이것은 은행나무 그늘 아래에서 공자가 제자들을 가르쳤던 데서 비롯되었다. 이런 까닭에 훗날 은행나무는 교육하는 장소를 나타내는 상징물이 되었다.

4. 유교사상이 깃든 향교 건축

◎ 건물 위치에서 엿보는 유교질서

고양향교는 유교를 공부하여 훌륭한 선비가 되도록 나라의 인재를 키우던 학교였던 만큼 향교건물에도 유교사상이 깃들어 있다.

이런 점은 건물의 위치와 명칭에서도 찾아 볼 수 있다.

제일 먼저 눈에 띄는 점은 교육공간과 배향공간의 위치이다.

대성전은 명륜당보다 더 높은 곳에 위치해 있다. 왜일까? 그냥 평탄한 곳에 함께 있으면 계단을 오르지 않아도 되는데 말이다.

향교는 기본적으로 유교를 공부하는 학교였다.

유교는 조선의 통치이념이었으며 실생활에도 광범위하게 엄청난 영향을 끼친 사상이었다. 심지어 꽤나 글줄이나 읽던 사대부들조차 '공자 왈', '맹자 왈'을 언급하지 않고서는 학문을 논할 수 없을 정도로 모화사상(慕華思想)에 빠져들기도 했다. 그렇다면 유교를 가르치던 향교에서 공자와 중국사성 등 유교를 만들고 발전시킨 분들을 모신 「대성전」과 유교를 배우는 학생들이 머무는 「명륜당」 중 어느 쪽을 더 높여야 하겠는가? 당연히 유교사상의 스승을 모신 대성전이 더 높은 위치에 자리해야했다. 그래서 땅 높이를 달리하여 대성전은 높은 위치에, 명륜당은 낮은 위치에 건물을 지었던 것이다.

대성전(배향공간)과 명륜당(교육공간)의 땅 높이를 달리해서 상·하를 엄격히 구분했듯이 건물의 명칭에서도 마찬가지였다.

대성전(大成殿)에 쓰이는 '전(殿)'은 근정전(勤政殿), 교태전(驕泰殿), 동궁전(東宮殿) 등 '대궐'을 뜻하는 글자이다.

한편 동무·서무에 쓰인 무(廡)는 '행랑'을 뜻한다. 행랑이란 대문간에 붙어 있는 방, 대문 양쪽에 있는 하인들의 방을 의미한다.

이렇게 대성전에는 궁궐을 뜻하는 '전(殿)'을 쓰고 동·서무에는 행랑을 뜻하는 '무(廡)'를 쓴 것은 우리나라가 유교사상을 전파한 공자와 중국사성을 스승으로 받들었기 때문에 건물 명칭까지 달리하여 위·아래를 구분한 것이다. 달리 보면 중국에 대한 조선의 '사대주의(事大主義)' 사상이 드러나는 부분이기도 하다.

◎ 건물모습에 나타난 유교 질서

대성전과 동·서무를 비교해보면 대성전의 규모가 더 크고 화려하다. 기둥은 둥글게 하여 권위 있게 보이고 공포도 익공식으로 형식을 갖추었다. 반면 동무와 서무는 민도리 양식의 공포인 데다 네모난 기둥으로 평범한 가정집처럼 소박한 모습이며 명륜당과 동·서재처럼 건물 모습을 달리하여 유교질서를 건물에 반영하였다.

◎ 검소함이 묻어나는 향교건물

향교 건물에는 유교 질서와 더불어 검소함의 미덕이 돋보인다.

유교는 일상생활 속에서 기본적인 도리를 실천하는 학문인 동시에 '인'(仁)과 '예'(禮)로써 어리석은 백성을 가르치고 보살피는 것을 중시하였다.

공자는 "예는 사치함보다 차라리 검소해야 한다. 검소하여 실패한 사람은 드물다"라고 말하여 욕심을 절제하고 검소한 생활을 하도록 가르쳤다. 그래서 백성들에게 모범이 되기 위해 유교를 전파하는 향교나 서원 역시 솔선하여 건물을 검소하게 지은 것이다.

사실 당시 유교에 대한 국가의 지원이나 지방 유림들의 관심을 본다면 매우 화려하게 짓는 게 당연할지 모른다.

하지만 대성전은 정면 다섯 칸이 최고규모였고 대부분의 향교는 정면 세 칸 정도의 최소공간만을 가지고 있을 정도로 검소하다.

또한 건물들의 좌·우 대칭의 배치로 차분하고 엄숙한 느낌을 준다.

지금까지 살펴본 것처럼 질서와 검소함을 미덕으로 생각했던 유교사상은 향교나 서원 등 유교건축물에 자연스럽게 반영되어 있다. 지나친 장식이나 꾸밈이 없는 단순한 모습의 향교건물에서 소박하고 청렴한 삶을 지향하던 선비들의 기개를 느낄 수 있다.

행주서원(경기도 문화재 자료 제71호)

1. 서 원

◎ 조선시대의 사립대학교

서원은 조선시대 사립 고등 교육기관이다. 요즘으로 치자면 '사립대학교'에 해당하다. 서원은 향교와 비슷한 점이 많다. 유학(성리학)공부와 함께 선현들을 기리기 위해

사당을 지어 놓고 제향을 지내는 점
과 훌륭한 선비를 길러내는 데 목적
을 두는 점도 같다.

행주서원 정문

서원은 학문과 인격을 닦고 관
직에 나가서 왕을 도와 자신의 뜻
과 신념을 펼쳐 백성들을 잘 다스
리도록 가르쳤던 곳이다.

서원의 시초는 지방에 살던 유
생들이 학식과 덕이 높은 선비에
게 유학(성리학)을 배우면서 시작
됐다. 처음에는 한두 명의 유생들
이 스승의 양해를 얻어 직접 집을
찾아가 공부하다가 점차 그 수가 많아지면서 체계적인 교육시설이 필요했다.

그러다 출세를 멀리하고 고향에 살면서 학문에만 힘쓰고자 한 선비들이 '서원'
을 세웠던 것이다. 우리나라 최초의 서원은 백운동서원이다.

◎ 원장, 교수, 원생

서원의 구성원은 원장(院長), 교수(敎授), 원생(院生)으로 이루어져 있다.

원장은 오늘날 대학학장쯤으로 서원의 대표자이다. 서원을 다니는 학생들은 원
생 혹은 강생이라 하고 선생님을 교수라고 한다. 그리고 서원의 여러 행정업무나
총무를 담당하는 사람을 유사라고 한다. 유사는 항시 서원에 머물면서 여러 가지
일들을 도맡았다.

◎ 서원의 시험 '강회'(講會)

원생들은 시험을 어떻게 보았을까?

보름에 한 번씩 시험을 보았다 이 시험을 '강회(講會)'라고 하는데 오늘날 시

험과 조금 다르다. '강회'는 서원의 여러 교수님들 앞에 한 사람씩 불려 나와 그 동안 공부한 내용을 발표하는 형식으로 이루어진다.

강회가 있는 날에는 모든 원생들이 강당 대청마루에 올라 바르게 앉는다. 그리고 여러 명의 교수들 앞에서 한 사람씩 불려나와 그동안 공부한 내용을 발표한다. 교수들은 공부한 내용 중에서 하나씩 질문을 하면서 원생의 학습수준을 가늠한다.

만약 질문에 대답하지 못하면 불합격이다. 반면 합격한 원생들은 다음 진도를 나간다. 이처럼 서원의 교육방식은 원생들의 능력에 맞춰 진도를 나갔던 개별적·완전학습의 성격을 띠고 있다. 그러기에 어떤 원생은 2년 만에 졸업하기도 하고, 10년까지 서원을 다니는 원생도 더러 있었다.

배우는 과목도 능력에 따라 조금씩 다르다. 처음에는 유학의 기본이 되는 '소학'을 먼저 배우고 그 다음은 대학, 논어, 맹자, 중용, 시경, 서경, 주역, 예기, 춘추 순으로 배운다.

모두 유학(성리학)과 관련된 책으로 서원에서 주로 배우는 교과목들이다.

2. 권율 장군 사당이 있던 행주서원

서원은 역할에 따라 크게 두 가지로 나뉜다.

첫째 그 지역의 훌륭한 선현을 기리고자 사당을 먼저 짓고 주로 제향 지내는 일을 중시하는 서원과 둘째, 유학을 깊이 연구하여 주로 학문연마와 인재양성을 중시하는 서원이다.

이 중 행주서원은 첫 번째 역할인 선현을 모시고 배향의식을 중시하는 서원이었다. 즉 학문연구를 위해 먼저 건물을 세운 학교가 아니라 제향을 지내기 위한 사당을 먼저 세운 서원이다.

◎ 행주서원의 첫 이름 '기공사(紀功詞)'

행주 서원의 사당에 모셔진 분은 누구일까?

대체로 서원은 사당에 모신 분과 인연이 깊은 곳에 세웠다. 그렇다면 행주서원이 행주산성과 가까운 곳에 있는 것으로 보아 사당에 모신 분은 누구일까? 바로 권율 장군밖에 없다.

행주서원은 권율 장군의 사당인 '기공사'를 먼저 짓고 그 후에 교육시설을 세웠다. 행주서원의 모태였던 '기공사'는 권율 장군의 사당으로 1842년에 세워졌다.

1841년 10월 헌종이 '서오릉'에 행차하실 때였다.

왕을 모시던 영의정 인영이 아뢰기를 "이 곳은 도원수 권율 장군이 행주에서 왜적을 격파했던 곳입니다. 특히 올해(1841년)는 선조께서 마침 '임진왜란'을 평정한 해입니다. 행주는 고양군 안에 있는데 임금님께서 이곳을 지나가시게 되었으니 이 해에 행주에 사당을 세워 권율 장군의 무공을 기리게 함이 좋을까 하옵니다."

헌종은 이 말을 듣고 흔쾌히 영의정의 청을 허락하였다.

이리하여 1842년, 행주대첩이 있었던 행주산성과 멀지 않은 곳에 사당을 세웠다. 그리고 이름을 '기공사(紀功詞)'라 짓고 권율 장군의 공을 기렸다.

훗날 '기공사'에 교육공간인 '강당'이 세워지면서 이름을 '행주서원'으로 바꾸고 이곳에서 20명 정도의 원생들이 공부하였다. 그런데 행주서원이 행주나루터 근처에 지어졌던 터라 지형의 변화로 홍수의 피해를 받았었다. 그리하여 현재의 위치로 옮겨졌다가 다시 한국전쟁으로 불에 타버려 1998년에 중건했다. 그 후 학교로서의 기능이 매우 약한 데다 그나마 명맥을 이어온 권율 장군에 대한 배향기능마저 행주산성 안의 충장사로 옮겨지고 말았다. 최근에는 다행히 행주서원의 본래 건립취지를 살리고자 2002년부터 행주서원 제전위원회를 만들어 봄가을에 봉향제를 하고 있다.

◎ 경치가 좋은 곳에 자리 잡은 행주 서원

서원은 일부러 향교처럼 번화가를 피했다. 대신 인적이 드물고 경치가 뛰어난

곳에 세웠다.

행주서원 역시 유유히 흐르는 한강이 내려다보이고 조용하면서도 운치 있는 경치가 펼쳐진 곳에 자리하고 있다.

특히 행주(幸州)의 절경은 겸재 정선의 「행호관어도, 杏湖觀魚圖」에서도 찾아볼 수 있듯이 행주는 살구나무, 버드나무와 소나무가 많고 수려한 절벽과 한강에 떠다니는 나룻배들로 풍경이 아름다운 곳이었다.

게다가 행주서원이 자리한 행주외동은 예로부터 많은 정자들이 있었다고 한다. 서원에서 공부하던 원생들과 양반 사대부들이 어울려 풍류를 즐기며 인격을 수양하기에는 안성맞춤이었다.

이처럼 경치가 좋고 조용한 곳에 자리잡은 이유는 원생들이 공부에만 전념하고 아름다운 풍경을 보면서 인격을 닦는 데 도움이 되고자 했기 때문이다.

◑ 행호관어도

「행호관어」는 '행호(杏湖)에서 고기 잡는 것을 살펴본다'는 뜻이다. 한강물은 용산에서 서북쪽으로 꺾여 양천 앞에 이르면 맞은편의 수색, 화전 등 저지대를 만나 강폭이 갑자기 넓어진다. 그래서 안양천과 불광천이 강 양쪽에서 물머리를 들이미는 곳부터 서호 또는 동정호 등으로 불렸는데 창릉천(昌陵川)이 덕양산(德陽山) 산자락을 휘감아 돌며 한강으로 합류하는 행주(杏州) 앞에 이르러서는 그 폭이 더욱 넓어진다. 이곳을 행호(杏湖)라 부르는 이유가 여기에 있다.

행주는 본디 개백현(皆伯縣)이라 불렀다. 고구려 때 한주가 고봉산에서 봉화로 신호를 보내 안장왕(安藏王·519~531)을 이 개백현에서 만났기 때문에 '왕을 만났다'는 뜻으로 그렇게 불렸던 모양이다. 그러던 것을 신라가 이곳을 점유하고 나서 경덕왕 16년(757)에 전국의 지명을 한자식으로 고치면서 왕을 만났다는 뜻으로 우왕현(遇王縣) 또는 왕봉현(王逢縣)으로 바뀌었고 고려 초에는 행행(行幸·왕이 여행함)한 곳이라는 뜻으로 행주(幸州)로 고쳤다. 조선시대에 와서는 행주(幸州)와 행주(杏州)를 함께 쓰는 경우가 많아져 행주 아래 넓은 한강물을 행호(杏湖), 또는 행호(幸湖)라 쓰기도 했다.

행호관어도 그림

아마 이 행주에 실제 살구나무가 많아서 그렇게 불렀을지도 모르겠다. 공자가 행단(杏壇)에서 제자들과 함께 음악을 연주하며 즐겼다는 고사를 연상하며 '살구 행(杏)'으로 대신했을 수도 있다. 어떻든 이런 행호에서 고기잡이가 한창이라 배들이 떼를 지어 그 너른 행호 물길을 가로막고 그물을 좁혀나가는 듯하다. 이처럼 큰 규모의 고기잡이 행사가 벌어지는 것은 별미 중의 별미인 이곳의 웅어와 하돈(河豚 · 황복어)이 잡히는 철이기 때문이다.

이것들은 모두 수라상에 오르는 계절의 진미였으므로 사옹원(司饔院)에서는 제철인 음력 3, 4월이 되면 고양군과 양천현에 진상을 재촉했다. 그러면 두 군현에서는 고기잡이배들을 모아 본격적으로 웅어와 복어잡이에 나섰다.

이 그림은 그 아름다운 행호에서 전개되는 고기잡이 모습을 그려낸 것이다. 당연히 현재 행주외동 일대의 행호 강변의 경치가 한눈에 잡혔다.

오른쪽의 덕양산 기슭에는 죽소 김광욱(竹所 金光煜 · 1580~1656)의 별서(別墅 · 별장)인 귀래정(歸來亭)이 들어서 있고, 가운데에는 행주대신으로 불리던 장밀헌 송인명(藏密軒 宋寅明 · 1689~1746)의 별서인 장밀헌이 큰 규모로 들어서 있다. 송인명은 이 당시 좌의정으로 세도를 좌우하고 있었다. 그리고 지금 행주대교가 지나고 있는 덕양산 끝자락 바위절벽 위에는 낙건정 김동필(樂健亭 金東弼 · 1678~1737)의 별서인 낙건정이 숲 속에 자리잡고 있다.

행호 강안에서는 앞뒤로 7척씩의 고기잡이배가 대오를 지어 고기잡이에 열중하고 있다. 아마 고기잡이 노래가 강물 위에 가득 넘쳐흐르고 황금빛 복어와 은빛 찬란한 웅어가 그물에 갇혀 펄떡펄떡 뛰고 있을 것이다.

3. 행주서원의 건물들

행주서원도 향교처럼 교육공간과 배향공간, 외삼문·내삼문, 제기를 보관하는 전사청으로 이루어져 있다.

◎ 공부하는 건물, 강당(講堂)

서원의 정문인 외삼문에는 행주서원(杏洲書院) 이라고 써진 현판이 걸려있다. 이 현판은 복제품 인데 진품은 문화재 보존을 위해 별도로 보호하고 있다. 이 현판의 글씨는 조선 후기 '신헌(申櫶) 선

행주서원 현판

생'이 예서체로 쓴 것이다. 대부분 서원 강당에서는 학문을 연마하고 인격을 수련하라는 의미를 담는 글자를 현판에 새겼다. 행주서원의 현판은 서원이름을 그대로 썼으나 서원 일대의 지명인 幸州(행주)를 쓴 것이 아니라 살구나무 '행(杏)'자와 물가 '주(洲)'자를 사용했다.

이는 공자가 행단(杏壇)에서 제자들과 함께 음악을 연주하며 즐겼다는 고사를 연상하여 '살구 행(杏)'으로 대신했을 수도 있다.

또한 '杏洲(행주)'를 통해 당시 그 지역의 특징을 엿볼 수 있다. 행주 지역 한강 가에는 오래전부터 살구나무가 매우 많았다 하며 지금도 그 일대 덕양산에는 수령 100년이 넘는 살구나무 한 그루가 남아있다. 현재 행주마을 사람들은 마을 특색과 옛 모습을 살리기 위해 살구나무심기 운동을 전개하고 있다.

외삼문을 열면 바로 보이는 건물이 강당(講堂)이다.

강당은 교육이 이루어지는 장소이다. 좀 더 정확히 말하자면 시험 보는 장소라고도 할 수 있다. 왜냐하면 강회가 있을 때만 학생들이 강당에 오를 수 있었기 때문이다. 평소에는 교수들만 쓰는 건물이었다.

원생들은 각자의 능력에 따라 공부할 진도가 정해지고 거의 자습과 독서를 통해 스스로 실력을 쌓았다. 보름에 한 번 정도 열리는 강회 때만 강당 대청마루에

서 시험을 받고 개인별 진도가 정해졌다. 향교와 마찬가지로 철저한 능력별진급·졸업제도였다.

강당 대청마루 양옆에 온돌방이 있는데 이곳은 원장이 쓰던 곳이다. 학생들과 상담을 하거나 수업준비, 서원에 필요한 여러 가지 일들을 처리하는 장소이다. 요새로 치자면 대청마루는 교실이고 양옆 온돌방은 교무실인 셈이다.

◎ 제향을 지내는 건물 '사당'(祠堂)

강당 뒤편에는 '기공사'라 불리던 권율 장군의 사당이 있다.

사실 이곳의 사당은 건물 터만 남겨졌던 터라 다시 만들어진 건물이다.

항일전쟁시대와 한국전쟁으로 불에 타버려 주춧돌만 남아있던 기공사를 1970년 '충장사'라 이름을 바꾸고 행주산성 안으로 옮겨왔다.

비록 지금은 '충장사'가 권율장군의 사당역할을 하지만 이곳에서도 매년 고양시장이 초헌관(조선 시대(朝鮮 時代) 나라 제향의 초헌을 맡은 임시 벼슬)을 맡아 제향을 모시고 있다.

행주서원의 사당 건물은 강당보다 자그마하다. 사당은 강당보다 더 높은 곳에 자리하는데 역시 원생들이 사당에 모시는 분보다 높은 곳에 위치할 수 없기 때문이다.

◎ 외삼문과 행랑채, 내삼문

행주서원의 출입문인 외삼문은 행랑채가 딸려있다. 행랑채란 대문 양쪽 또는 문간 옆에 있는 방이다. 이곳에는 노비 등이 살았는데, 서원의 여러 가지 잡일을 도와주는 사람이 머물던 방이었다.

내삼문은 솟을삼문으로 강당을 지나 사당으로 들어가는 곳에 있다.

◎ 전사청(제기고)

사당에서 제향을 드릴 때 전날 미리 제사상을 차리는 건물로 평소에는 제기와
제례용구를 보관하는 건물이다.

VII 터

문봉서원 터

1. 고양시 최초의 사액서원

행주서원과 마찬가지로 문봉서원도 선현들에게 제사를 지내고 교육하는 학교이다. 그러나 문봉서원은 제향의식을 중시하는 행주서원과 달리 학문연마와 인재양성을 우선시하였다. 1688년(숙종 14년) 일산구 문봉동 빙석촌에 세워져서 1709년 왕으로부터 사액을 받았던 고양시 최초의 서원이다.

'사액'(賜額)이란 임금님이 서원의 이름을 지어 주고 그 이름을 새긴 액자(篇額·편액)를 내려주는 것이다. 즉 '사액서원'이란 왕이 편액과 공부에 필요한 책이나, 서원 운영에 필요한 토지와 노비를 주는 등 나라에서 지원하는 서원이다. 덕분에 문봉서원은 다른 서원보다 그 권위를 인정받았다.

특히 한양 근처에서는 인재를 많이 길러냈던 서원으로 손꼽힐 정도였다. 하지만 지금은 아쉽게도 주춧돌이나 기와 파편만이 문봉서원의 흔적을 대신할 뿐이다.

나라에서 내려준 사액까지 받았던 문봉서원은 무슨 까닭으로 사라져 버렸을까?

가장 큰 이유는 서원이 본래 역할이던 학문 연마나 인격수양, 후학을 길러내고 백성들에게 유교 규범을 실천하도록 보살피는 일에서 점차 거리가 멀어졌기 때문이다.

오히려 서원이 농민수탈과 당쟁정치의 소굴로 변해갔다. 게다가 많은 혜택을 받다 보니 도리어 나라 살림을 어렵게 만드는 골칫거리였다.

결국 흥선대원군은 서원철폐령을 내렸고, 이때 문봉서원도 함께 없어졌다.

2. 고양팔현(高陽八賢)과 문봉서원

행주서원이 권율 장군의 공을 기리고 있듯이 문봉서원 역시 훌륭한 분들을 모신 사당이 있었다.

이곳에는 우리 고장에서 존경받고 본받을 만한 여덟 명의 인물들을 모셨는데, 그 분들을 가리켜 '고양팔현'(高陽八賢)이라 한다.

고양을 대표하는 선비들로 당시 최고 학자들 밑에서 공부하고 올곧게 살았던 분들이다

'고양 8현'은 추강 남효온, 사제 김정국, 복제 기준, 추만 정지운, 행촌 민순, 공당 홍이상, 석탄 이신의, 만해 이유겸 선생을 일컫는다.

(1) 추강 남효온(秋江 南孝溫)

1454(단종2)～1492(성종23)

옳은 일에 대해서 끝까지 자신의 의지를 꺾지 않는 기개를 지녔던 선비다운

분이었다.

또한 비운의 왕 '단종'을 위해 충절을 바친 사육신(死六臣)의 업적을 알리는 등 불의를 참지 못하고 의로움을 소중히 한 분이다.

　　묘소)김포시, 덕양구 대장동에서 이장

(2) 사제 김정국(思齋 金正國)

1485(성종16)~1541(중종36)

관직에 있을 때 백성을 잘 다스려 칭송을 얻고 교육에 큰 관심을 가져 지역의 많은 인재를 키워낸 학자이다.

　　묘)장단군

(3) 복제 기준(服齋 奇遵)

1492(성종 23)~1521(중종16)

백성의 마음을 천심으로 알고 진정한 왕도 정치를 바랐던 조선시대 최고의 도학자 조광조와 함께 개혁을 이루고자 한 학자였다. 이황과 함께 사단칠정을 논쟁한 고봉 기대승이 그의 조카이다

　　묘)덕양구 원당동

(4) 추만 정지운(秋滿 鄭智雲)

1509(중종4)~1561(명종16)

조선시대 중기 고양이 낳은 대표적인 성리학자이다. 매우 가난하였으나 벼슬을 하지 않아 아내가 길쌈을 하여 살림을 꾸려 나갔다. 하지만 정지운 선생은 오로지

학문에만 정진하여 성리학을 깊이 연구하였다. 그 결실로 『천명도설 天命圖說』을 저술하게 되었다. 천명도설에서 추만은 '사단(四端)은 이(理)에서 발(發)하고 칠정(七情)은 기(氣)에서 발(發)한다'고 주장하였다. 훗날 당대 최고의 성리학자 이황이 그의 이론의 부족한 점과 잘못된 점을 바로잡아 주어 학자로서 더욱 유명해졌다.

정지운 선생이 쓴 『천명도설』은 성리학을 한층 깊이 발전시키는 밑거름이 되었다.

묘)일산2동 고봉산

(5) 행촌 민순(杏村 閔純)

1519(중종14)~1591(선조24)

고양에 머물면서 인재를 양성하고 학문을 닦는 데 몰두했던 분으로서 석탄 이신의 선생의 스승이었다. 부모님을 지극한 정성으로 모시는 등 유교의 '효'를 몸소 실천하신 분이었다. 병환에 든 부모님을 위해 밤낮으로 간호하고 상을 당하였을 때는 예의를 철저히 지킴으로써 보는 사람들이 모두 감동하였다고 한다. 저서로 『행촌집 杏村集』이 있다.

묘)덕양구 향촌동, 민순 선생 묘 및 신도비(향토유적 제13호)

(6) 공당 홍이상(恭堂 洪履祥)

1549(명종 4)~1615(광해군7)

민순과 이이의 문하에서 공부하였으며 청백한 기개를 지킨 선비였다.

묘) 일산구 성석동(고봉산), 홍이상 선생 묘 및 신도비(향토유적 제13호)

(7) 석탄 이신의(石灘 李愼儀)

1551(명종6)~1627(인조5)

임진왜란 때 의병을 일으켜 고양 땅을 지킨 분이며 도내동에 석탄장대비가 세워져 있다.

　　묘)덕양구 도내초교 앞

(8) 만해 이유겸(晚海 李有謙)

1586(선조19)~1663(현종4)

스승이던 조수륜(趙守倫)이 정치적 모함으로 감옥에서 죽자 다른 사람들은 모두 피하는데도 두려움을 무릅쓰고 제자로써 예를 다하여 장례를 치렀던 분이다.

또한 병자호란으로 나라가 어려울 때 강화에서 의병을 일으켜 조선조 선비의 바른 모습을 보여주었다.

　　묘)용인시

3. 선비정신을 실천한 고양팔현(高陽八賢)

고양팔현은 조선시대를 이끌어 갔던 학자들에게 영향을 받았거나 교류를 했던 분들로 고양 땅과 깊은 인연을 가지고 있다. 하지만 이 여덟 분들은 단지 고양 땅과 인연이 있다는 이유만으로 문봉서원에 모셔졌던 것은 아니다. 그보다 선비로서 모범이 되고 후세에까지 좋은 본보기가 되었기 때문이다.

추강 남효온 선생은 죽음을 두려워하지 않고 잘못된 점을 상소하여 선비의 기개를 보여주었다. 민순, 기준 선생은 많은 제자를 길러냈고 추만 정지운 선생은 조선시대의 '성리학' 발전에 기여했다.

그리고 석탄 이신의, 만해 이유겸 선생은 풍전등화 앞에 놓인 나라를 지키고자 의병을 일으키는 등 선비정신과 의로운 행동이 무엇인지 보여주었다. 이렇게 고양팔현은 "이로움을 보면 그것이 의인가 아닌가를 생각하라!"는 견리사의(見利思義)정신과 "자신을 희생해서 인을 실천한다"는 살신성인(殺身成仁)의 정신을 몸소 실천하였던 분들이었다.

벽제관지(사적 제144호)

1. 벽제관의 자취를 찾아서

벽제관의 옛 모습-정청

벽제관지는 마을버스들이 지나는 좁은 도로 옆에 있어 언뜻 보면 넓은 공터처럼 보인다. 이는 한국전쟁 중에 건물이 불에 타버려 터만 남았기 때문이다.

지금은 비록 주춧돌을 통해 그 흔적만 간신히 알아볼 수 있지만 조선시대에는 규모도 크고 화려한 모습으로 사람들로 북적였던 곳이었다.

◎ 외교관이 머물던 벽제관

벽제관은 외교 사신을 위한 역관으로 교통·통신 및 숙박시설이었다.

요즘으로 치자면 특급호텔이다. 중국으로 오가는 외교 사신들이 먼 여행으로 인해 쌓인 피로를 풀면서 휴식을 취하거나 여러 가지 일들을 정리하던 곳이었다. 또한 교통수단이었던 말에게 먹이도 주고 마차를 손질하거나 갈아 탈 수 있고 소식을 전할 수도 있었다.

특히 중국에서 오는 사신들은 한양에 들어가기 전 반드시 벽제관에 머물러야 했는데 다음날 예의를 갖추어 관복으로 갈아입고 왕을 뵙는 것이 정해진 예법이었기 때문이다.

이 외에 벽제관은 왕이 '서오릉'이나 '서삼릉' 등 왕릉에 행차할 때 잠시 머무는 숙소로도 이용되었다.

◎ 관서로(關西路)와 연행로(燕行路)에 설치된 첫 번째 역관

조선과 명나라 양국 간에 사신들의 왕래가 많아지자 한양에서 중국으로 통하는 길을 자주 이용하게 되었다.

한양에서 중국으로 통하는 길 중 관서로와 연행로, 의주로 등이 대표적이다. 이 길들은 중국과 무역을 하거나 외교를 위해 사신들이 이용했던 매우 중요한 길이었다. 관서로(關西路)는 관서지방으로 갈 수 있는 길이다. 중국 대륙이나 만주지방을 육로로 들어가려면 반드시 이 지방을 거쳐야 하는 교통의 중심지였다.

특히 관서지방 상인들 중에는 사신(使臣)을 따라 중국을 왕래하면서 조선과 중국의 물건을 교역하여 크게 부자 되는 사람들이 많았을 정도였다고 한다. 그만큼 관서로(關西路)는 중국 대륙과 무역을 할 수 있는 통로였으며 중국에서 조선으로, 조선에서 중국으로 갈 수 있는 중요한 길이었다.

마찬가지로 연행로(燕行路)도 중국의 북경으로 가는 길이었다. 의주로는 한양에서 의주를 연결한 길로써 경기도·황해도·평안도 등을 거치는 총 1,080리의 교통·통신로이다.

의주로(義州路)는 중국 사신도 왕래하고 국제 무역도 활발히 했을 뿐만 아니라 이 길을 통해 국가의 중요한 공문서나 소식을 전달할 때, 사신이 행차할 때 이용했다.

그 중 당시 고양현은 관서로와 연행로가 통과하는 곳이었다. 자연스럽게 한양에서 중국으로 가는 외교 사신들이나 무역하는 장사꾼들이 고양현을 지나갔다. 이런 까닭에 한양의 길목이던 고양현에 외교사신을 위해서 벽제관을 만든 것이다.

◎ 주춧돌만 남겨진 벽제관터(벽제관지)

벽제관은 1625년(인조3년)에 세워졌다. 처음에는 전체 면적이 1,265평, 건물은 601평에 달했을 만큼 컸다고 한다.

외교 사신들이 머무는 곳인 만큼 한양의 '모화관'에 버금가는 곳이었다. 하지만 일제 때 건물의 일부가 헐렸고 안타깝게도 한국전쟁 후 완전히 불타버리고 말았다.

그러다 보니 건물기둥이 세워졌던 원형모양의 주춧돌이나 길고 반듯한 장대석(디딤돌)을 통해서나마 벽제관의 위용을 짐작해 볼 수밖에 없다.

비록 벽제관은 쓸쓸한 터로 남았지만 고양현이 한양으로 들어가는 길목으로서 혹은 중국으로 진출하는 관문으로서 중요한 역할을 했음을 보여준다. 아울러 고양지역이 외교 관계에서 중요한 지역으로 떠올랐음을 벽제관터를 통해 엿볼 수 있다.

벽제관지
위치: 벽제관지는 덕양구 읍내마을 고양초등학교에서 북쪽으로 70m 남짓한 위치에 있다.

고읍관아지(1413~1627)

1. 사또가 살던 고읍 관아지

◎ 214년 동안 고양군청이 자리 잡은 마을

고양시에서 가장 오래된 마을은 덕양구 대자동 고읍마을이다.

이 마을은 일명 윗고을, 쌍궁마을이라 하는데 예로부터 아름답기로 소문난 마을이었다. 왜냐하면 이곳에 고읍을 대표하는 아름다운 관아가 있었기 때문이라 한다. '고읍마을'이라는 이름처럼 옛날에는 이 마을이 고읍의 중심지였다. 특히 고읍마을은 관아가 있었던 자리로 214년 동안 고양군청이 있었다.

고봉현과 덕양현이 합쳐 '고양현'(高陽)이 된 후, 고양현에 현감23)으로 '하부(河傅)'가 부임했다. 하부는 이곳에 관아를 크고 멋지게 다시 지었는데 당시 경기도에서 가장 큰 규모였다고 한다.

고을의 여러 가지 일들을 처리하던 건물인 동헌과 서헌은 물론이고 공자를 모시는 사당인 고양문묘(훗날 고양향교)와 연회를 열거나 현감이 쉬던 남별관까지 모두 갖추었을 정도로 대단했다고 전해진다.

이때 세워진 관아의 규모가 얼마나 크고 아름다웠는지는 「정이오기 鄭以吾記24)」속에 잘 나타나 있다.

[건물 재료로 쓰일 나무를 모으고 목수들을 불러서 공사를 시작했다. 집이 매우 위엄 있으며 아름다웠으며 담장을 넓게 두르고 아름다운 꽃나무도 심어서 무성하였다. 동헌 앞에는 못을 파서 연못을 만들었고 서헌 앞으로는 돌을 빼고

---

23) 현감: 사또, 원님이라고 불리던 관리
24) 예문관 대제학을 지낸 문인, 시호: 문정공

우물을 팠다. 여름과 봄 사이에는 볕이 밝게 들어오고 연꽃의 향이 그윽했으며 샘물이 시원하고 맑으니 이러한 곳은 단연 고양현 안에서는 으뜸이다.

동헌, 서헌을 비롯해 문묘와 향교를 세우고 남별관과 옛 관청 건물도 함께 자리잡으니 그 모습이 참으로 장관이었다]

이 기록은 고읍마을 관아 규모의 크기와 경관이 아주 웅장하고 아름다웠음을 상상할 수 있다. 훗날 고양현(高陽縣)에 '왕릉'(서오릉)이 있다 하여 고양군(高陽郡)으로 승격이 되면서 1625년 고양군수[25]로 온 심창(沈昶)이 관아를 지금 고양향교가 있는 자리인 고양동으로 옮겼다. 그리고 이곳은 효종의 부마인 인평위 정재현의 묘역이 되었다. 그 후 이 관아는 백련암이라 고쳐 부르고 제사지내는 집으로 사용되었다.

◎ 조용하고 한적한 농촌 마을이 된 고읍마을

현재 고읍 마을은 어떤 모습일까?

1413년부터 1627년까지 214년 동안 고양을 다스리던 관아가 있어 많은 사람들로 분주하고 왁자지껄했을 고읍마을은 이제 조용하고 한적한 마을이 되었다.

단지 관아 건물 지붕에 쓰였을 큼직한 기와 조각, 주춧돌, 댓돌 그리고 현감이나 군수의 밥상에 올라왔을 자기 그릇 조각들만이 오래 전에 웅장하고 화려했던 관아의 모습을 어렴풋이 상상하게 할 정도이다.

현재 고읍마을에는 15채 정도의 집이 있다. 이 중에서 가장 높은 파란 지붕의 건물자리가 고양현 관아(치소)가 있던 곳이었다고 한다.

마을 뒤편에는 옥녀봉(국수봉)이라는 산이 있고 앞으로는 조그마한 개울이 흐르며 주변에 논, 밭, 농원, 과수원이 아늑하게 자리잡고 있다.

하지만 아직까지도 '고읍'이라는 이름을 계속 쓰고 있어 고양의 중심부였던 자취를 이름으로나마 간직하고 있다.

---

25) 군수: 조선시대 군의 으뜸 벼슬인 종4품 외관직

VIII 부 도

원증국사 부도탑(보물 제749호)

1. 원증국사의 높은 덕이 살아 숨쉬는 부도탑

(1) 승려의 무덤 '부도'

부도(浮屠)는 부도(浮圖), 부두(浮頭), 포도(蒲圖), 불도(佛圖) 등 다양하게 불린다. 원래는 불타(佛陀)와 같은 범어의 buddha를 번역한 것이라 한다. 어원으로 보자면 불타(佛陀)가 곧 부도(浮圖)이므로 부처의 상징물인 불상이나 불탑도 부도이다. 더 나아가 부처가 되고자 노력하는 승려들까지도 부도라 할 수 있다. 이렇듯 부도란 꽤나 넓은 뜻을 가진다.

하지만 실제로 부도는 매우 한정된 용어로 사용된다. 우리나라에서는 부처의 무덤이나 부처를 상징하는 탑과 마찬가지로 덕이 높은 승려의 사리를 모신 묘탑

즉 무덤을 가리킨다.

부도를 승려의 사리나 유골을 안치하는 무덤이라고 한다면 부도의 기원은 불교가 처음으로 포교되었던 시점부터일까?

우리나라는 4세기 후반에 불교를 수용하였으나 당시 부도가 만들어졌다는 문헌상의 기록은 확인되지 않는다. 그때까지만 해도 불가에서는 승려들이 입적한 뒤 화장을 하거나 흙이나 돌무덤에 넣거나 화장한 후 바다에 뿌리는 등 다양한 방법으로 장례가 이루어졌기 때문이다.

본격적으로 부도란 용어를 사용한 기록은 신라 경문왕 12년(872)에야 비로소 발견된다. 전라남도 곡성군 죽곡면 원달리 동리산 중턱의 대안사(大安寺) 적인선사조륜청정탑비(寂忍禪師照 輪淸淨塔碑) 비문 중 "기석부도지지(起石浮屠之地)"라는 구절이 그것이다. 여기서 대안사에 세워진 적인선사의 묘탑이 곧 '석부도(石浮屠)'임을 알 수 있다.

이렇게 승려의 사리 묘탑을 가리키는 '부도'는 신라 말기부터 사용되었던 것으로 추정된다. 특히 신라 말 도의선사가 선종(禪宗)을 전파한 후 고려시대부터 유행하기 시작했다.

(2) 시대적 미감(美感)에 따라 변한 부도의 모양

부도의 모양은 시대적 미감에 따라 변해왔다. 신라나 고려처럼 불교를 중시했을 때는 화려하고 섬세하며 다양한 모습을 띄고 있다.

특히 통일신라 말에 세워진「쌍봉사 철감선사부도탑(雙峰寺徹鑒禪師浮屠塔)」을 보고 있노라면 화강암을 떡 주무르듯 섬세하게 조각한 수려한 아름다움 앞에서 감탄사가 저절로 나오는 것은 물론 근엄함마저 느껴진다. 당시 승려들의 사회적 위치를 간접적이나마 충분히 짐작할 수 있다.

고려인들은 승려들이 죽은 후 극락세계에 간다고 믿었다. 극락세계는 현실세계보다 무척 신비롭고 아름다우며 행복할 거라 여겼다. 이를 반영하듯 상상의 동물인 용과 하늘을 자유롭게 떠다니는 구름, 깨달음과 지혜를 뜻하는 연꽃잎 등 갖가지의 길상(吉祥)무늬를 부도나 탑비에 화려하게 조각해 놓았다.

　그러나 숭유억불정책을 폈던 조선시대에 와서는 그 모습이 확연히 달라졌다. 유교는 화려함보다 인간적이고 겸손하며 소박함을 중시한 사상이다. 이러한 경향은 부도에도 여실히 반영되어 전체적으로 단순하고 소박하며 다소 획일적인 느낌의 종형 모양으로 변하였다.

2. 원증국사 부도탑

원증국사 부도탑

　원증국사 부도탑은 태고사 북쪽 봉우리 중턱, 아늑한 자리에 세워져 있다. 북한산 어디서나 구할 수 있는 화강암을 재료로 만든 이 탑은 전체 높이가 무려 4미터에 이르는 부도탑이다. 부도탑이란 부도의 모양이 탑의 형식을 띠고 있는 것을 일컫는다.

　원증국사 부도탑은 고려 말에 조성된 것으로 보물 제 749호로 지정되어 있다. 발견 당시 도굴로 인해 원형을 알 수 없었던 상태였다가 1980년 10월에 겨우 흩어진 조각들을 모아 복원한 것이다.

　원증국사 부도탑은 고려 말 시대적 상황에 비추어 본다면 꽤 잘 만들어진 편에 속한다.

　6차에 걸친 몽고침략으로 인한 막대한 피해, 13세기의 사회적 불안, 그리고 14세기 말 고려왕조의 쇠퇴기에 접어든 시점에 조성된 부도탑 치고는 나름대로 격식과 정성이 깃든 부도탑이라 볼 수 있다.

(1) 세 부분으로 구성된 부도탑

원증국사 부도탑은 크게 기단부, 탑신부, 상륜부로 이루어져 있다. 이러한 구성은 탑의 기본적인 형식에서 크게 벗어나지 않는다.

전체적으로 둥그런 인상을 주며 밑에서 위로 올라갈수록 작아지는 체감비율이 크지 않아서 안정감은 다소 떨어져 보인다. 하지만 탑신부와 상륜부의 모양이나 문양이 비슷하여 어느 정도 균형감을 잃지 않았다. 새겨진 조각들도 단아하게 정리되어 전체적으로 고풍스런 인상을 준다.

◎ 기단부

기단부는 부도탑의 다리에 해당한다. 지대석, 밑받침석(하대석), 중간받침석(중대석), 윗받침석(상대석)으로 이루어져 탑을 튼튼히 받쳐 준다.

지대석은 부도의 위치를 정해주고 단단히 세우기 위해 사각형 모양으로 돌로 쌓은 부분이다. 바로 그 위에 탑의 몸통을 떠받드는 받침석이 밑, 중간, 윗부분 등 3단으로 올라간다. 밑받침석(하대석)은 지대석과 마찬가지로 사각형모양이다.

중간받침석(중대석)은 밑받침석(하대석)보다 더욱 화려하다. 8각의 중간받침석(중대석)의 한 면, 한 면을 4엽문으로 간략하게 새겨 단아한 느낌을 풍긴다. 그리고 윗받침석(상대석)은 넓고 둥근 모양을 하고 있다. 여기에도 연꽃이 활짝 피는 듯한 무늬를 새겨 놓아 마치 부처가 앉는 연좌를 떠올리게 한다. 밑받침석(하대석) 위에 조각된 연꽃과 윗받침석의 무늬가 대칭을 이루어 균형감을 준다.

◎ 탑신부

탑신부는 탑의 몸통과 같은 곳으로 몸돌(탑신)과 지붕돌(옥개석)로 이루어져 있다.

원증국사 부도탑의 몸돌은 둥근 형태의 돌로 되어 있다. 전체적으로 보면 지붕돌의 모양이 말 그대로 마치 기와지붕 같고 모퉁이의 장식은 암키와를 연상시켜 또 다른 천상의 집처럼 느껴지기도 한다. 그리고 모서리의 모퉁이마다 새겨진 귀꽂이 장식과 그 사이에 장막을 돌린 시문(施文)이 있다. 이것은 고려시대 특유의 수법으로 간결한 멋스러움을 더해준다.

◎ 상륜부

마지막으로 상륜부로 눈을 올려보자. 상륜부는 탑 중 가장 화려한 장식이 되는 곳으로 조금은 복잡해 보인다. 크게 보륜, 보개, 보주 등으로 나눌 수 있다.

-보 륜-

지붕돌 위에 놓여 있는 호박처럼 동그란 모양의 돌이 보륜이다. 일반적으로 볼 수 있는 보륜은 몸돌에 비해 매우 작다. 하지만 원중국사 부도탑의 보륜은 매우 커서 몸돌 같은 착각이 들기도 한다. 게다가 보륜의 크기와 균형을 이루도록 보개도 큰 편이다.

-보 개-

보개는 보륜을 덮는 지붕과 같은데 그 생김새가 지붕돌과 비슷하다.

보개는 모든 생각과 형식을 초월한 깨달음의 경지를 나타내기도 하고 천상의 세계를 의미한다. 보개 역시 지붕돌처럼 모서리 모퉁이에 귀꽂이 문양을 새겨 놓아 지붕돌로 착각하기 쉬워 마치 2층탑처럼 보인다.

-보 주-

보개 바로 위에 상륜부를 받치는 노반의 역할을 하는 부재(部材)가 있고 그 위에 앙화가 있다. 앙화는 꽃잎을 위로 벌려 놓은 모양을 조각한 부분이다. 상륜부 꼭대기 위에 있는 것이 보주이다. 보주는 불가사의한 힘을 지닌 구슬로서 일명 여의주라 한다. 여의주는 일정한 모양도 없으며 맑고 가볍고 신비하여 세상의 모든 물건들을 환히 나타낸다. 또한 어떤 병도 다 낫게 할 수 있다는 신비의 구슬이다.

3. 우주의 원리가 깃 든 원증국사 부도탑

문화재를 감상하다 보면 왜 하필 저런 모양으로 만들었을까 하는 의문이 생긴다. 이러한 의문은 원증국사 부도탑을 감상할 때도 예외일 수 없다.

몸돌은 왜 하필 저렇게 둥그렇게 만들었을까? 왜 팔각형으로 깎아 만들었을까? 등등 다양한 형태 중 굳이 그러한 형태를 선택한 이유에 대해 호기심이 일어난다. 원인이 없는 결과가 없듯 무의식적으로든 의식적으로든 이유는 반드시 존재한다.

먼저 부도탑의 모양에 관한 의문을 풀기 위해서 승려의 무덤이라는 점에 착안해 불교에서 말하는 생(生)과 사(死)의 문제를 짚어봐야 한다.

불교에서 생과 사에 관한 문제는 연기론(緣起論)의 바탕 위에서 전개된다.

연기론은 인연(因緣)으로 말미암아 만물(萬物)이 생성된다는 이론이다. 즉 세상 만물이 일어나는 원인에는 인연이 있음을 논리적으로 설명한 것이다.

석가는 "이것이 있기 때문에 저것이 있으며, 이것이 발생하기 때문에 저것이 발생한다. 이것이 없기 때문에 저것이 없으며. 이것이 없어지기 때문에 저것이 없어진다."고 가르쳤다.

인연이란 말 그대로 인(因)과 연(緣)으로 이루어진다. 인(因)이란 결과를 생기게 하는 내적인 직접 원인이며 연(緣)이란 외부에서 이것을 조성하는 간접적인 원인이다. 모든 물질적 현상[色]은 독립적으로 유일하게 존재하는 것이 아니라 이와 같이 무엇인가 인과 연의 복잡한 합성에 의해서 생성된 것이므로 단일한 외톨이 존재는 없다는 것이다.

연기의 원리는 크게 무상(無常)과 무아(無我)로 볼 수 있다.

이때 무상(無常)은 시간적 개념으로 모든 것이 생멸반전(生滅反轉)하므로 항상 머무름이 없다는 것이다. 공간적인 개념인 무아(無我)는 모든 존재하는 것에는 실체가 없다는 뜻이다.

예를 들어 물은 물인 채로 영원한 것이 아니라 물이 될 수 있는 인연이 모이면 물이 되었다가 물이 없어질 수 있는 인연이 조성되면 다시 사라진다는 것이 무상(無常)이다.

그리고 모든 물체는 어떤 작용에 의해 생성되었다가 또 어떤 조건에 의해 분해, 소멸되기 때문에 하나하나에는 원래 실체가 없다는 것 무아(無我)이다. 삶과 죽음 역시 이러한 연기론에 의하여 해석된다. 우주를 이루고 있는 요소들이 그 자체로서 영원하지만 모였다 흩어지는 것에 따라 삶과 죽음의 모습으로 나타난다.

따라서 인간의 삶과 죽음이란 어떤 인연에 의해 인간의 모습으로 머물다가 다시 어떤 환경에 처하면 흩어져서 우주의 요소로 돌아가는 현상이다.

그럼 불가에서는 우주의 요소를 무엇으로 보았을까?

원각경[圓覺經]에서 생(生)과 사(死)에 대해 풀이한 내용을 소개하면 다음과 같다.

[지금의 내 몸은 사대(四大)가 화합한 것이다. 다시 말하면 머리카락, 털, 손톱, 치아, 피부, 근육, 골수, 살, 때, 색은 모두 땅(地)으로 돌아갈 것이다. 침, 눈물, 피, 콧물, 정기(精氣), 소변, 대변은 모두 물(水)로 돌아간다. 따뜻한 기운은 불(火)로 돌아가며 움직임은 바람(風)으로 돌아간다.]

여기서 세상의 모든 물질은 지(地), 수(水), 화(火), 풍(風) 네 가지 요소에 의해 만들어졌다고 보았다. 이 네 가지는 모든 존재의 기초가 되는 커다란 중요한 요소라 하여 사대(四大)라 한다.

이 사대가 모이고 흩어짐에 따라 인간의 몸이 되어 삶을 살다가 우주로 다시 돌아가는 과정에서 죽음을 겪게 된다는 것이다.

또한 불교에서 사대(四大)만큼 중시하는 개념이 바로 '공'(空)이다. 공(空)은 <반야심경般若心經>에서 핵심적인 개념으로 나온다. 공(空)을 깨달을 때 진정 삶을 있는 그대로 받아들이고 관념의 유희와 허망한 생각에서 벗어날 수 있다고 할 정도로 깨달음을 얻는 중요한 키워드이다.

자, 그렇다면 우주의 원리인 다섯 가지 요소, 지(地), 수(水), 화(火), 풍(風), 공(空)을 기하학적 상징형으로 표현할 수 없을까?

땅은 기하학적으로 표현하자면 방형(方形)이요, 물은 원형(圓形), 불은 삼각형(三角形), 바람은 반월형(半月形), 마지막으로 공은 단형(團形)으로 나타낼 수 있다.

이러한 오륜의 상징적 도상은 부처를 뜻하는 모든 상징물에 스며들어 있으며 원증국사부도탑 역시 예외일 수 없다.

원증국사부도탑의 각 부위의 모양을 기하학적 형태로 적용해보자.

기단은 네모난 방형이며 둥근 몸돌은 원형, 지붕돌은 삼각형, 앙화는 반월형, 보주는 단형으로 볼 수 있다.

즉 부도의 버팀목인 기단은 땅(地)을 상징하고 그 위에 올려진 둥근 원형의 몸돌은 물(水)을, 그리고 몸돌을 덮은 삼각형의 지붕돌은 불(火)을, 그 위에 올려진 반월형의 앙화는 바람(風)을, 마지막으로 단형의 보주는 공(空)의 세계를 의미한다.

겉보기에 단순히 형식에 맞춰 쌓아올린 듯한 부도탑 속에 이렇듯 심오한 불교적 세계관이 깃들어 있는 것이다.

승려들이 깨달음의 길을 위해 마지막까지 몸을 불사르며 그 흔적을 남기고 간 자리 부도…….

부도는 오늘날 중생(衆生)으로 살아가는 우리에게 우주의 섭리와 인간생사의 무상함을 상징적 형태로 말없이 보여주는 가르침이기도 하며 넌지시 던지는 화두일지도 모른다.

◐ 우주의 원리가 깃든 탑의 층수

탑의 층수는 대체로 3, 5, 7, 9 등 홀수로 이루어진 경우가 많다. 탑을 홀수 층으로 만든 까닭은 무엇일까?

이것은 불교 교리나 사상보다는 우리나라를 비롯한 동양인들의 우주관에서 비롯된다.

우리 조상들은 자연을 지배하고 있는 우주의 법칙에 따르며 하늘의 뜻을 인간 생활 속에서 실천해야 한다고 생각했다. 그리고 자연과 우주 그리고 인간이 하나가 되었을 때 행복해진다고 믿었다.

이를 위해 널리 사용되는 방법으로 우주의 원리에 맞닿는 수를 여러 가지 대상에 적용하는 것이었다.

우주는 크게 음과 양으로 나누어지고 음·양이 조화될 때 평화로워진다고 생각했다.

이러한 음·양은 모든 숫자에도 깃들어 있다고 보았다. 3, 5, 7, 9 등 홀수는 양의 숫자이고 2, 4, 6, 8 등 짝수는 음의 숫자로 여겼다.

특히 3은 완전성을 갖춘 수로서 천, 지, 인 등 삼재를 의미하기도 하고 5는 목, 화, 수, 금, 토 등 물질을 이루고 있는 다섯 가지 요소, 오행을 뜻한다. 7은 북두칠성을 상징하며 9는 양의 완성된 수다. 이 숫자들은 우리 조상에게는 좋은 의미를 안겨 주는 수로서 탑의 층수를 정할 때에도 애용되었던 숫자이다.

양의 수가 좋다 해도 꼭 홀수 층의 탑만 만들었던 것은 아니었다. 필요할 경우에는 짝수층도 만들었다.

대표적인 예로 10층탑으로는 경천사십층석탑이 있고 2층탑으로는 불국사 다보탑이 있다.

2층 석탑인 다보탑은 석가여래와 다보불이 함께 함을 뜻한다. 10층탑은 화엄사상의 결정체로서 완성을 뜻하는 10을 사용한 것이다.

이렇게 각각 좋은 의미를 상징하는 수들은 탑의 층수뿐만 아니라 여러 곳에 적용되었다. 경복궁 광화문이나 근정문에서 궁궐 전각의 칸수를 3, 5, 7로 하거나 고양향교 대문의 솟을삼문 형식 등은 천, 지, 인 삼재나 오행을 바탕으로 한 것이다.

이상에서 살펴본 것처럼 우리 조상들은 자연에 순응하기 위해서 우주의 원리인 음양오행을 통해 자연을 이해하고 삶에 적용하였다.

자연과 하나가 되어 살아가듯이 인간끼리도 화합하고 믿음으로써, 더불어 살아가는 공동체를 염원하는 조상들의 지혜와 삶의 태도가 유물들 속 곳곳에 배어 있다.

IX 석상

밥할머니 석상

　밥할머니 석상은 처음에는 창릉천 굴착단장 공사 때에 발견되어 동산동 모퉁이(통일로변)로 옮겼는데 통일로를 넓히면서 도화공원으로 옮겨졌다.

　도화공원에 위치할 적에는 2개의 송덕비와 덕수 자씨 교비, 밥할머니 석상이 나란히 세워져 있었다. 지금은 다시 석상이 발견되었던 자리에 옮겨놓았다.

밥할머니 석상

273

1. 머리가 없는 밥할머니 석상

밥할머니 석상은 총 높이 155.5cm로 그리 크지 않고 전체적으로 두툼하고 단단한 느낌을 준다.

이 석상의 가장 큰 특징은 머리 부분이 없다는 것이다. 처음 발견되었을 때도 목이 없었는데 1910년 때 일본 사람들에 의해 팽개쳐져 목이 부러진 상태에서 버려진 것이 아닐까 싶다.

어깨는 풍만하고 쫙 벌어져 당당해 보이는 어깨선을 가지고 있다. 오른손은 가지런히 펴서 손바닥을 밖으로 향하여 어깨 높이까지 올린 모습이다. 왼손은 수평으로 손바닥이 하늘을 향하여 가지런하게 놓았다. 이러한 손 모양을 시무외인(施無畏印)이라 한다. 모든 소원을 다 들어주고 자비를 베풀어서 두려움과 고통을 떠나 온갖 근심과 걱정을 없애 주는 것을 의미하는 손 모양이다. 하지만 이 석상을 관음보살, 약사여래, 미륵보살 등으로 보는 견해도 있다.

밥할머니 석상 전체에 둘러진 옷은 간단하게 옷 주름만 간략히 표현했고 무늬는 없다.

2. 밥할머니 전설

다음 이야기는 임진왜란 당시 북한산에서 진퇴양난(進退兩難)에 빠진 재치 있는 지혜로 왜군으로부터 우리 군사들을 구했던 밥할머니(밥보시 할머니)에 관한 전설이다.

이 전설 속에 나오는 밥 할머니는 훗날 고양 사람들에게 어려운 상황을 슬기롭게 극복하는 지혜를 주는 보살상으로 추앙받게 되었다.

부처 모습의 밥할머니 석상은 머리 없는 보살상으로 세워졌다. 사람들은 이를

'밥할머니', '밥보시 할머니' '고석(古石)할머니'라 부른다.

그런데 할머니의 이름이 왜 '밥할머니'로 불리게 된 것일까? 밥할머니 석상과 관련된 전설 속으로 들어가 보자.

【임진왜란으로 조선 천지가 피로 물들고 유랑민들로 나라가 어지러웠을 때였다. 조선은 거의 200년 동안에 국방에 소홀하여 갑작스런 왜군의 침입에 속수무책이었고 오래 전부터 전쟁 준비를 해온 왜군은 조선의 산천을 쑥대밭으로 만들었다.

급기야 왜군이 상륙한 뒤 겨우 20일 만에 한양을 빼앗자 선조는 평양을 지나 멀리 의주로 피신하였다. 의주에 도착한 선조는 명에게 도움을 청하였다. 그러자 명은 이여송 장군과 4만 명의 군사를 조선에 파견하였다.

총지휘관이었던 이여송 장군은 조선군과 연합군을 만들어 왜군에게 함락되었던 평양성을 되찾게 된다. 평양성을 되찾자 사기가 오른 조·명 연합군은 그 여세를 몰아 한양을 향해 돌진하였다.

1593년 1월 27일 한양의 길목이었던 벽제관 남쪽 숫돌고개에서 왜군과 접전을 치러야 했다. 이곳은 조선의 수도인 한양을 되찾을 수 있는 좋은 지역이었고 왜군의 입장에서는 조선을 정복하는 가장 중요한 지역이었다.

겨울바람이 몹시 매섭고 비가 내리는 날이었다.

평양성에서 패배한 왜군은 조선의 수도인 한양을 뺏기지 않기 위해 만반의 준비를 해놓고 기다리고 있었다.

마침내 조·명 연합군과 왜군은 치열한 전투를 벌이게 된다. 하지만 그 결과는 안타깝게도 연합군의 패배로 끝나고 말았다.

겨우 이여송과 몇몇 장수들과 군사들만이 간신히 살아남아 근처 북한산 노적봉으로 후퇴하였다.

왜군은 크게 승리를 하자 그 기세를 몰아 점차 포위망을 좁히면서 우리 군사들을 옴짝달싹 못 하게 만들었다.

"장군, 어찌하면 좋겠습니까? 정찰 나갔던 첩보에 의하면 왜놈들이 거의 노적봉 기슭까지 당도하였다 합니다. 게다가 그 숫자가 너무 많아 셀 수가 없다하니…"

이여송은 크게 한숨을 쉬며 말했다.

"진퇴양난(進退兩難)이로다! 한양을 앞두고 이곳에서 죽는단 말인가? 그 많던 군사들을 잃었으니, 애통하구나!"

"장군, 아무래도 쉴 틈 없이 평양에서 이곳까지 오다 보니 군사들이 지친데다, 비가 내리는 바람에 기마(騎馬) 전술을 펼치지 못해 제대로 싸워보지도 못한 채 패배한 것 같소."

"지금 패배의 원인을 따지면 뭐하겠소! 당장 왜놈들이 우리의 목을 조여 오고 있는데 살길을 찾아봐야 하지 않겠소! "

장군들은 갈피를 잡지 못한 채 발만 동동 굴렀다.

이여송 장군은 한참을 생각하다 나직한 목소리로 말하였다.

"길은 두 갈래요. 하나는 여기서 왜놈들에게 잡혀 죽던지, 아니면 적에게 투항해 목숨이라도 살펴달라고 하는 것이오. 장군들은 어느 길을 택하겠소?"

이 말을 들은 조선관군의 총사령관 격인 도원수 김명원은 자리에 벌떡 일어나 비장한 표정으로 말했다.

"말도 안 되는 소리요! 왜놈에게 이렇게 당할 수도 없으며, 더욱이 비겁하게 목숨을 구걸할 수도 없소!"

놀란 이여송은 "그럼 방책이 있단 말이요?"

"그렇소. 하나는 벽제관 전투에서 당한 수치를 있는 힘을 다하여 총 반격해 싸우는 길이며, 또 하나는 적군의 가장 취약한 곳을 뚫고 돌파하여 흩어진 병력을 재정비하여 다시 훗날을 도모하는 것이오."

그러나 이여송과 다른 장수들은 고개를 저으며 한숨을 내쉬었다.

이윽고 이여송이 침통하게 대답했다.

"김 원수의 높은 용기와 충정을 모르는 바 아니오. 허나, 알다시피 우리 아군은 벽제관 전투로 너무 많은 병력을 잃은 데다 사기 또한 떨어질 대로 떨어진 상태요. 반면에 저 왜놈들의 사기는 하늘을 찌를뿐더러 시시각각 포위망을 좁히고 있으니 혈로를 뚫기는커녕 쥐 한 마리 빠져나갈 구멍조차 찾기 힘든 형편이 아니오?"

이 말을 들은 김명원 장군은 고개를 떨군 채 장막 밖으로 나왔다.

마침 저 멀리 노적사에서 내려오는 누추한 차림의 한 할머니가 이명원에게 다가왔다.

"장군께 긴히 여쭐 말씀이 있습니다. 저는 저기 숫돌고개 남쪽 진거리에서 떡장사를 하는 노인이옵니다. 미천하나마 왜놈들을 물리칠 계략이 있어 도움이 될까 장군에게 찾아온 것입니다."

"그렇소? 거리낌 없이 말해 보구려."

할머니는 김명원에게 가까이 다가가 귓속말로 얘기했다.

잠시 후 내심 반신반의했던 김명원의 얼굴이 미소로 활짝 밝아졌다.

말을 다 듣고 난 후 즉시 이여송에게 할머니의 말을 전했다. 이여송과 함께 있던 장군들은 모두 기뻐했다.

"하늘이 우리를 돕는 것이 틀림없소 그 할머니는 하늘이 우리를 위해 보낸 부처일지 모르오."

이여송 장군은 바로 할머니의 계략을 행동으로 옮겼다.

"이 근처 마을에 내려가서 볏짚단들을 있는 대로 다 모아 오도록 하라!"

군졸들은 있는 힘을 다해 볏짚단을 모으기 시작했다.

한편, 왜군들은 점점 더 노적봉 가까이 포위망을 좁혀오고 있었다. 진군하던 중에 수많은 왜군들이 물이 떨어지자 창릉천에서 물을 먹기 위해 모였다. 그런데 이게 어찌된 일인가? 맑디맑았던 물이 회색빛으로 뿌옇게 더러워진 것이 아니겠는가?

목이 몹시 말랐던 왜군들은 모두 짜증을 내며 투덜거리기 시작했다.

"목이 말라 죽겠는데, 물이 왜 이렇게 뿌연 거야?"

이때, 한 할머니가 함지박에 뭔가를 수북이 담아 머리에 이고는 산에서 내려오고 있었다.

그 할머니는 바로 김명원을 찾아갔던 지혜 많은 할머니였다.

지나가는 할머니를 한 왜병이 불러 세웠다.

"여보시오, 할멈! 도대체 이 냇물이 왜 이다지도 흐린지 아오?"

할머니는 그 왜병이 한심하다는 듯이 째려보고는 톡 쏘아 대답했다.

"남의 나라까지 쳐들어 와서 어떻게 이런 것도 모르고 싸움을 하시오?

금방 내가 저 노적봉에서 내려왔는데, 수만 명의 군사들이 모여서 뭔가를 씻고 있지 않겠소? 궁금해서 가보니 글쎄 쌀을 씻고 있었다오. 어찌나 군량미가 넘쳐 나는지 처치하기 힘들다고 하더이다. 세끼를 꼬박 쌀을 씻어 수만 명의 군사들의 밥을 지어 배불리 먹는다고 하오. 그래서 쌀 씻은 물이 당연히 이 냇물로 흘러 들어가는 수밖에 없지 않겠소."

할머니의 말은 왜병들을 혼란스럽게 만들었다.

"아니? 뭐요? 저 산에 세끼를 흰쌀로 밥을 지어 먹을 만큼 쌀이 넘친다는 게 사실이오?"

할머니는 왜군들이 겁을 먹자, 신이 나서 목청을 높이며 말했다.

"속고만 살았소? 저기 저 삿갓처럼 뾰족하게 보이는 산봉우리처럼 보이는 게 뭔지 아시오? 그게 바로 노적가리란 거요"

"노적가리가 뭐요?"

왜병들은 고개를 갸우뚱거리며 물어보았다.

"아이고, 역시 왜나라(일본) 사람들은 무식하다니깐⋯⋯. 우리 조선에서는 밖에 쌓아둔 곡식더미를 노적가리라 부른단 말이오. 정 못 믿겠으면 이걸 보시구려."

머리에 이고 있던 함지박을 왜병들 앞에 쑥 내밀었다.

그러자 왜병들은 모두 눈이 휘둥그레져 눈만 껌벅거리며 함지박에 담겨 있는 것을 보았다.

할머니는 시치미를 뚝 떼고

"불 뗄 나무가 떨어져 나무를 하러 올라갔는데 군사들이 밥이라도 드시고 하라며 밥도 주고 또 이렇게 눈처럼 흰 쌀을 마음대로 퍼가라고 해서 지금 집으로 가던 중이었다오."

며칠을 굶고 있던 왜병들은 기가 막혀 아무 말 없이 서있었다.

할머니는 왜병들의 표정을 살피고는 유유히 사라졌다.

이튿날, 이 이야기는 삽시간에 왜병들의 입에서 입으로 전해져 겁을 먹고 도망가 버렸다.

"혹시나 했는데, 그 할머니의 계략이 들어맞았군. 아군의 병력과 군량이 엄청나다 생각하고 도망쳐 버린 것이 틀림없어."

김명원은 미소를 지으며 할머니에게 고마워했다.

그리고 즉시 활로를 뚫고 다시 군사를 재정비하였다.

도대체 볏 짚단을 가지고 어떻게 하였길래 왜병들이 줄행랑을 쳤을까?

할머니의 계략을 정리해보면 이런 것이었다.

일단 마을 주변을 샅샅이 뒤져 될수록 많은 짚단을 모았다. 그 다음 모은 볏 짚단을 노적봉에 둘려서 마치 엄청 높이 쌓은 노적가리처럼 보이게 하여 왜군들의 눈을 속였다. 그리고 쌀 씻은 물처럼 보이기 위해 볏짚을 태워 얻은 '회'를 탄 물을 창릉천에 흘려보냈다.

마지막으로 할머니의 능청스런 연기로 왜군들에게 거짓 소문을 내어 도망가게 만든 것이었다.

할머니의 슬기로운 지혜로 어려운 상황에 있던 우리 군을 살린 왜군과의 멋진 재치 한판승이었다.】

그런데 정말 밥할머니는 실제 인물이었을까?

이 밥할머니는 본래 밀양 박(朴)씨 양반 규수로 남평 문씨 가문으로 시집갔던 분으로 조선조 선조-인조 대의 실존 인물이다. 남편인 문옥형(文玉亭)은 현재 서울 은평구 불광동 일대에 많은 토지를 가졌던 사람이다. 이 밥할머니는 1592년 임진왜란이 일어나자 애국 충정의 마음으로 여인의병부대를 만들어 북한산에서 고전하던 관군을 돕기 위해 밥할머니로 변장해 슬기로운 지혜로 도왔을 뿐 아니라 행주산성의 승병을 돕기 위해 산 위에서 봉화를 올리고 북, 꽹과리, 징 등을 울려 왜군을 혼란스럽게 만들었다고 한다. 임진왜란뿐만 아니라 병자호란 때에도 재물을 풀어 의병을 돕고, 군량미를 조달하였으며 지역 주민들의 구휼에도 앞장섰다. 또한 인조반정에도 공을 세워 그의 아들 문천립(文天立)은 종2품 가선대부에 올랐으며 많은 토지를 하사받았다. 밥할머니의 묘소와 재실이 현 불광중학교에 있었다.

이렇듯 고양의 여성, 밥할머니는 국난극복을 위해 용감하게 맞선 분이었다.

◑ 덕수자씨교비명(德水慈氏橋碑銘)과 방백오정일청덕휼민선정비(方伯吳廷一淸德恤民善政碑)〉

1660년에 세워진 덕수자씨교비명은 한양과 북부지방을 연결하는 관서로(관서로) 구간 중 고양 덕수천(德水川, 오늘날 창릉천)위에 다리를 만들면서 세웠다. 덕수천 위에 다리를 만들면서 도움을 주었던 사람들의 이름과 비를 세우게 된 배경이나 공사 진행기간, 사용경비 등을 이두문자로 새겨둔 것이다.

이 비는 대리석의 비신과 화강암인 비신 윗부분, 지붕모양의 옥개석, 대좌로 이루어졌다.

옥개석, 대좌 모두 투박하고 단순하게 처리되었다.

방백오정일청덕휼민선정비(方伯吳廷一淸德恤民善政碑)는 1660년 경기도 관찰사였던 방백(方伯)과 오정일(吳廷一)의 공덕을 기리기 위해 세운 비이다. 선정비는 지방관리의 공적을 기리기 위해 세운 비다.

이 선정비는 덕수자씨교비명과 달리 거북이 모양의 귀부와 방백오정일청덕휼민선정비라 쓰인 비신, 그리고 화려한 용무늬가 새겨진 이수로 되어있다.

특히 이수에는 용 두 마리가 좌우에서 이를 무섭게 벌리고 하늘로 힘차게 비상하려는 모습과 용의 비늘 하나하나를 섬세하게 새겨 놓았다. 특히 모락모락 피어오르는 구름문양은 생동감이 넘치고 힘이 있어 보인다.

[참고문헌]

전국역사교사모임,『미술로 보는 우리 역사』, 푸른나무, 2000.

최성호,『한옥으로 다시 읽는 집 이야기』, 도서출판 田友文化社 월간 전원주택라이프,
　2004.

김왕직,『그림으로 보는 한국건축용어』, 도서출판 발언, 2003.

박영규,『한권으로 읽는 고려왕조실록』, 들녘, 2001.

임병주,『한권으로 읽는 삼국왕조실록』, 들녘, 2000.

이융조·우종윤·길경택·하문식·윤용현,『우리의 선사문화(Ⅰ)』, 지식산업사, 1997.

한국생활사박물관편찬위원회,『한국생활사박물관01-선사생활관』사계절, 2002.

한국생활사박물관편찬위원회,『한국생활사박물관03-고구려생활관』사계절, 2001.

한국생활사박물관편찬위원회,『한국생활사박물관04-백제생활관』,사계절, 2001.

한국생활사박물관편찬위원회,『한국생활사박물관07-고려생활관1』, 사계절, 2002.

유홍준·윤용이,『알기 쉬운 한국도자사』, 학고재, 2001.

신영훈, 빛깔있는책들『사원건축』, 대원사, 1997.

김호일, 빛깔있는책들『한국의 향교』, 대원사, 2000.

최완기, 빛깔있는책들『한국의 서원』, 대원사, 1996.

조면구, 빛깔있는책들『북한산성』, 대원사, 1998.

정영호, 빛깔있는책들『부도』, 대원사, 1998.

김봉렬, 빛깔있는책들『서원건축』,대원사, 1998.

정동일,『우리고장 고양이야기』, 도서출판 높은빛, 1999.

허　균,『사찰장식 그 빛나는 상징의 세계』, 돌베개, 2000.

문정조,「북한산성(北漢山城)에 숨쉬는 고대숨결을 찾아서」,≪행주얼≫36, 2003, pp62〜67.

정동일, <경기북부지역의 성(城)에 대하여-고양,파주 지역을 중심으로>,≪행주얼≫37, 2003,
　pp22〜37.

정경일, <고봉산 설화를 사실이라고 믿는 근거>,≪행주얼≫35, 2002, pp46〜54.

李殷滿 編, 高陽郡地名由來集, 社團法人 高陽文化院, 1991.

『경기도 역사와 문화』, 경기도사편찬위원회, 1997.

『농심테마파크』, 고양시농업기술센터, 2001.

박영숙 외, 「우리 옛집 이야기」, 열화당, 1998.

신채호, 「조선상고사」, 일신서적출판사, 1969.

김왕직, 「그림으로 보는 한국건축용어」, 도서출판 발언, 2003.

『高陽市 文化財大觀』, 高陽文化院, 1994.

『고양의 얼과 역사』, 고양문화원, 2003.

장영훈, 「왕릉이야말로 조선의 역사다」, 도서출판, 2005

김연실, 「선생님의 행주얼 따라잡기」, 경기도 고양교육청, 2004

문화재청, 「조선왕릉답사수첩」, 미술문화, 2006

김 연 실

·광주교육대학교 졸업
·명지대학교 문화예술대학원 박물관학과 석사과정
·현) 경기도 고양시 낙민초등학교 근무

-저 서-

『선생님의 행주얼 따라잡기』(경기도 고양교육청 2004)
「엄마의 마음」(한겨레 고양시 교육문화정보지) : '고양시를 배웁시다' 연재
E-mail : yonsiri@naver.com

고양시의 역사와 문화재 -행주얼을 찾아서-

- 초판 인쇄　　2007년 8월 31일
- 초판 발행　　2007년 8월 31일

- 지 은 이　　김연실
- 펴 낸 이　　채종준
- 펴 낸 곳　　한국학술정보㈜
　　　　　　　경기도 파주시 교하읍 문발리 526-2
　　　　　　　파주출판문화정보산업단지
　　　　　　　전화　031) 908-3181(대표) · 팩스　031) 908-3189
　　　　　　　홈페이지　http://www.kstudy.com
　　　　　　　e-mail(출판사업팀사업부)　publish@kstudy.com
- 등　　록　　제일산-115호(2000. 6. 19)
- 가　　격　　18,000원

ISBN　　　978-89-534-7451-2　93900 (Paper Book)
　　　　　　978-89-534-7452-9　98900 (e-Book)